Foclóir

Foilsithe ag
CJ Fallon
Bloc B – Urlár na Talún
Campas Oifige Gleann na Life
Baile Átha Cliath 22

An Chéad Eagrán Meitheamh 2008

An tEagrán seo Bealtaine 2012

Clóbhuailte ag
Naas Printing Teoranta
An Nás, Co. Cill Dara

Contents / Clár

Introduction

This revised dictionary is designed to be of practical value to all who require easy access to the most frequently used words in Irish/English. As Irish is a living and evolving language, this dictionary contains many words that have recently become part of everyday Irish/English, e.g. **search engine** (inneall cuardaigh), **clipart** (fáiscealaín), **tool bar** (barra uirlisí) or **e-mail** (ríomhphost, r-phost).

The dictionary also features a new, modern layout that is designed to be as clear, as simple and as user-friendly as possible.

Four appendices have been provided.

■ **Surnames in Irish**
About 600 of our most frequently occuring surnames have been selected and for each of them, one of the most widely-used Irish forms has been listed.

■ **Christian Names**
Almost 300 widely-used Christian names have been translated into Irish.

■ **Counties/Cities and Towns/Rivers/Lakes etc. of Ireland**

■ **Countries/Cities/Rivers etc. – worldwide**
The names in Irish of many of the world's countries, cities etc. are listed in a special appendix. These names have not been included in the dictionary, which does however contain terms such as **Angla-Éireannach** (Anglo-Irish) or **Breatnach** (Welsh).

Foclóir Gaeilge/Béarla: Legend

1. **Nouns and their inflexions**
   abairt *f* **-e -í** sentence
   adharc *f* **-airce -a** horn
   aibhléis *f* **-e** electricity
   aigéad *m* **-éid** ~ acid
   aighneas *m* **-nis** ~ dispute
   ailtire *m* ~ **-rí** architect

   • The above examples are representative of the 'regular' nouns in the **Gaeilge/Béarla** section of the dictionary.

   • *f* and *m* indicate feminine and masculine respectively.

   • The first inflexion in each example shows the **Tuiseal Ginideach Uatha** – abair*te*, adh*airce*, aibhléis*e*, aig*éid*, aigh*nis* and ailtire.

5

- The second inflexion in each example shows the **Tuiseal Ainmneach Iolra** – abairt*í*, adharc*a*, (aibhléis has no plural), aig*éid*, aigh*nis*, ailti*rí*.

- The symbol ~ is used to indicate '**identical to the preceding form**': for example, **aigéad** is the form of both **Tuiseal Ginideach Uatha** and the **Tuiseal Ainmneach Iolra** of **aigéad**.

- The symbol – indicates (i) repetition of the entire headword e.g. abairt becomes abairt*e*, **or** (ii) repetition of part of the headword, up to the first letter before the inflexion e.g. adharc becomes adh*airce*.

2. **Words with multiple meanings**
   acmhainn *f* **-e -í** means wealth; ability, capacity
   airdeall *m* **-dill** care, attention

   - The closely related meanings of words such as **airdeall** are separated by commas.

   - The meanings of words such as **acmhainn**, which are diverse, are subdivided by semi-colons.

3. **Words with unexpected meanings**
   Words in Irish, the exact translation of which might be ambiguous, are sometimes given an extra explanatory note in brackets e.g.
   aibíd habit (religious)
   ainmní subject (grammar)
   alt article (in writing)

   Alternatively, the word may be presented twice e.g.
   cóir right, justice
   cóir apparatus, means

4. **Frequently used adverbial phrases etc.**
   Combinations such as **in aice, in ann, go deo, in éineacht** are usually shown as follows:
   (a)   **aice (in)** beside, near
            deo (go) forever
   (b)   **ann** there (**in ann** capable of)

English - Irish
Dictionary

aA

abandon tréigim, fágaim
abandoned tréigthe
abate laghdaím, maolaím
abatement lascaine, laghdú
abbess banab
abbey mainistir
abbot ab
abdicate tugaim suas
abdication tabhairt suas
abet gríosaím, spreagaim
abhorrence gráin, fuath
abide cónaím, fanaim
ability cumas, ábaltacht, acmhainn
able cumasach, ábalta
abnormal mínormálta
abode áitreabh, áit chónaithe
abolish cuirim ar ceal
about timpeall
abrupt giorraisc, tobann
abscess easpa
absence asláithreacht, easpa
absent as láthair
absolution aspalóid
absolve scaoilim
absorb súim
abstain staonaim
abstinence staonadh
abstract teibí
absurd míréasúnta, áiféiseach
abundance raidhse, flúirse, neart
abundant flúirseach, fairsing, líonmhar
abuse (n.) achasán, masla, mí-úsáid, íde béil
abuse (v.) maslaím
abusive aithiseach, cáinteach, maslach
abyss duibheagán
accede aontaím, géillim
accent blas
accept glacaim
access rochtain (computers)
accessories oiriúintí (computers)

accident timpiste, tionóisc, taisme
accommodation lóistín, iostas
accompany téim i bhfochair, tionlacaim
accomplish comhlíonaim, críochnaím
accomplished comhlíonta, críochnaithe
account costas, trácht, tuairisc
account of, on de thairbhe, mar gheall ar
accountant cuntasóir
accumulate bailím, tiomsaím, carnaim suas
accuracy cruinneas, beaichte
accurate cruinn, beacht, ceart
accusation cúiseamh, gearán
accuse cúisím, cuirim i leith
accustomed cleachtach ar, taithíoch ar
ace an t-aon (cards)
achieve déanaim, cuirim i gcrích
achievement éacht, gaisce
acid (n.) aigéad
acid (adj.) aigéadach, géar, searbh
acknowledge admhaím
acorn dearcán
acquaintance aithne, eolas
acre acra
across trasna
act acht
action gníomh, beart
active gníomhach, beo
activity gníomhaíocht, beocht, luadar
actor aisteoir
actress ban-aisteoir
addict (n.) andúileach
addicted to tugtha do
address seoladh
adhesive greamachán
adjective aidiacht
admiral aimiréal
adoration adhradh
adore adhraim
adorn maisím
adult aosach
adultery adhaltranas
advantage buntáiste, tairbhe, sochar, gar, áis
advantageous tairbheach
Advent Aidbhint
adventure eachtra
adverb dobhriathar

adverse codarsnach
advertise fógraím
advertisement fógra
advertising fógraíocht
advice comhairle
advise comhairlím
advocate abhcóide, cosantóir
aerial aeróg
aerobic aeróbach
aerodrome aeradróm
aeroplane eitleán
aerosol aerasól
affability láíocht, mánlacht
affable lách, mánla, soirbh
affect goillim
affection grá, gean, cion, dáimh
affectionate grámhar, ceanúil
affix greamaím
afflict goinim, buairim
affliction doilíos, léan, buaireamh
afraid eaglach, faiteach
after i ndiaidh, tar éis
afternoon iarnóin
again arís
age aois
agent gníomhaire, ionadaí
agile lúfar, aclaí
agility aclaíocht, lúth
ago ó shin, ó chianaibh
agree aontaím, réitím, toilím
agreeable suáilceach, toilteanach
agreement margadh, conradh, comhaontú
agriculture talmhaíocht
aid cabhair, cúnamh
ailment tinneas, easláinte
aim (n.) aidhm
aim (v.) aimsím, dírím
air (atmosphere) aer
air (tune) fonn
air hostess aeróstach
air-raid aer-ruathar
airline aerlíne
airmail aerphost
airport aerfort
airship aerlong
alarm aláram
alas faraor, monuar, mo léan

alcohol alcól
alder fearnóg
ale leann, beoir
algebra ailgéabar
alien eachtrannach, coimhthíoch
alight (v.) tuirlingím
alignment ailíniú
alive beo
allegiance dílse, géillsine
allow ceadaím
allowance liúntas
allure meallaim, bréagaim
ally comhghuaillí
almond almóinn
almost beagnach, nach mór, geall le
alphabet aibítir
alphabetic order ord aibítre
already cheana
also freisin
altar altóir
alternately gach re seal
although cé, ainneoin go…, fiú amháin
aluminium alúmanam
always i gcónaí, i dtólamh
amateur amaitéarach
ambassador ambasadóir
amber ómra
ambition glóirmhian, uaillmhian
ambitious uaillmhianach
ambulance otharcharr
ambush (n.) luíochán, oirchill
amend leasaím
amendment leasú
amiability geanúlacht
amiable lách, geanúil
amplifier aimplitheoir
amputate teascaim de
amusement caitheamh aimsire, siamsa, cuideachta
amusing greannmhar
anaesthetic anéistéiseach
anarchy ainriail
anchor ancaire
ancient ársa
and agus
angel aingeal
anger fearg, olc, corraí

angle uillinn
angry feargach, fraochmhar, colgach
animal ainmhí, beithíoch
animation anamúlacht; beochan (film)
ankle rúitín, murnán
annalist annálaí
annals annála
announce fógraím
announcement fógra
accouncer bolscaire
annoy ciapaim, buairim
annoyance ciapadh, buaireamh, crá
annual bliantúil
anoint ungaim
anointing ungadh
answer (n.) freagra
answer (v.) freagraím
ant seangán
antics gothaí, cleasaíocht
antiquity ársaíocht, seandacht
antistatic (adj.) frithstatach
antler beann
anvil inneoin
anxiety imní, buaireamh
anxious imníoch, míshuaimhneach
apex barr, buaic, stuaic
apology leithscéal
apostle aspal
apostrophe uaschamóg
apparatus gaireas, gléas, fearas
apparition taibhse, taise
appearance cruth, gné, dealramh, cuma,
   dreach, deilbh
appendix aguisín; aipindic (anatomy)
appetite goile, mian, fonn
apple úll
applicant iarratasóir
application iarratas
appoint ceapaim, cinnim
appointment coinne; ceapachán
apprentice printíseach
approximate cóngarach
apricot aibreog
April Aibreán
apron naprún
arbitration eadráin
arch stua, áirse

archbishop ardeaspag
architect ailtire
archive cartlann
ardent díograiseach
ardour díograis
area achar; limistéar
argue pléim
argument argóint, díospóireacht, conspóid
arithmetic áireamh, uimhríocht
arm (limb) géag, lámh
arm (firearms) arm
armful gabháil, uchtán
armour cathéide
armoured car carr armúrtha
armpit ascaill
army arm
around timpeall
arouse musclaím, dúisím
arrange cóirím, socraím
arranged cóirithe, socraithe
arrangement socrú, eagar
arrive sroichim
arrogance díomas, sotal
arrogant díomasach, sotalach
arrow saighead
arrow key saigheadeochair (computers)
arsenal armlann
art ealaín
artery artaire
artful ealaíonta, beartach
artichoke bliosán
artifice gléas, clisteacht
artificial saorga
ash fuinseog
ashes luaith
ashtray luaithreadán
ask fiafraím, iarraim
asleep ina chodladh
asp nathair
aspen (tree) crann creathach
aspirate análaím
aspiration análú
aspirin aspairín
ass asal
assassin feallmharfóir
assassinate feallmharaím
assault ionsaí, fogha

assemble cruinním, bailím
assembly oireachtas, comhthionól
assent (n.) aontú, toiliú
assent (v.) aontaím
assert dearbhaím
assets sócmhainní, maoin
assist cabhraím le, cuidím le
assistance cabhair, cúnamh, cuidiú
assistant cúntóir
association cumann
asterisk réiltín
asthma múchadh, asma
astray amú, ar seachrán, ar strae
astrology astralaíocht
astronaut spásaire
astronomer réalteolaí
astronomy réalteolaíocht
asylum tearmann
athletic lúfar
athletics lúthchleasaíocht
atlas atlas
atom adamh
atomic adamhach
attach greamaím
attach (n.) ionsaí, fogha
attachment ceangaltán (computers)
attachment iatán (computers)
attack (v.) ionsaím
attempt (n.) iarracht
attempt (v.) bainim triail as
attend freastalaím, friothálaim
attendance freastal
attendant freastalaí
attention aire
attentive aireach
attire feisteas, cóiriú
attitude iompar, seasamh, gotha
attractive tarraingteach, meallacach
attribute (n.) bua, cáilíocht
attribute (v.) cuirim i leith
auction (n.) ceant
auction (v.) cuirim ar ceant
auctioneer ceantálaí
audience lucht éisteachta
audio CD CD fuaime
auditor iniúchóir
auger tarathar

August Lúnasa
aunt aintín
author údar
authorise údaraím
authority údarás, ceannas
autocorrect uathcheartaím
  (computers)
autoformat uathfhormáidigh
  (uathfhormáidím) (computers)
automatic uathoibríoch
autumn fómhar
auxiliary cúntach
avenue ascaill
average meán
aviary éanlann
aviation eitlíocht
avoid seachnaím
awake dúisím, músclaím
awe uafás, uamhan
awful uafásach, scáfar
awkward ciotach, tuathalach
awl meana
awry claon, ar fiar, cearr
axe tua
axis ais
axle acastóir, fearsaid
azure gormghlas

bB

babble cabaireacht, plobaireacht
babbler cabaire, plobaire
baby naíonán, leanbán
bachelor baitsiléir
back droim, muin, cúl; cúlaí (sport)
backbiting cúlchaint
backspace cúlspás (computers)
backup cúltaca
backup copy cóip chúltaca
bacon bagún
bacteria baictéar
bad olc, dona, droch-

badge suaitheantas, comhartha
badger broc
badness olcas, donacht
bag mála
baggage bagáiste
bail banna
bait baoite
baker báicéir
bakery bácús
baking bácáil
balcony balcóin
bald maol
ball liathróid
ballad bailéad
ball-bearing grán iompair
balloon balún
banana banana
band buíon, foireann, díorma, banna (music); crios, banda
bandage bindealán
bandit meirleach
banish díbrím, ruaigim
banishment díbirt
bank bruach, port
bank (for money) banc
banner bratach, meirge
banquet fleá
banshee bean sí
baptism baisteadh
bar code barrachód
bar code scanner scanóir barrachód
bar, scroll bar scrollbharra (computers)
bar, title bar teidealbharra (computers)
bar, tool bar barra uirlisí (computers)
barbed colgach, dealgach
barbeque fulacht
barber bearbóir
barcode barrachóid
bare lom
bark coirt, rúisc
bark (of a dog) tafann, amhastrach
barking tafann, amhastrach, sceamhaíl
barley eorna
barn scioból
barometer baraiméadar
barrel bairille
barren seasc

barrenness seascacht, aimride
barrier bacainn
base (adj.) suarach, cloíte
base (n.) bonn, bun, bunáit
base (v.) bunaím
basement íoslach
bashful faiteach, cotúil
bashfulness cotadh, faitíos, náire
basin báisín
basket ciseán, cliabh
basketball cispheil
bat sciathán leathair; slacán (sport)
batch dol, baisce
bath folcadán
bathe folcaim
battalion cathlán
batter (n.) fuidreamh (food)
battery (electricity) cadhnra
battle cath
battleaxe tua chatha
battlements forbhallaí
bawl béicim, scairtim
bawling screadaíl, béiceadh, scairteadh
bay cuan, bá, camas
bayonet beaignit
beach trá, cladach, duirling
beacon tine rabhaidh, rabhchán
beak gob
beaker eascra
bean pónaire
bear béar
beard féasóg
beast beithíoch, ainmhí
beat buailim
beating bualadh, greasáil
beautiful álainn, sciamhach, dóighiúil, spéiriúil
beauty áilleacht, scéimh, dathúlacht, maise
because mar, siocair, toisc, arae, óir, cionn is, de bhrí
bed leaba
bedspread scaraoid leapa
bee beach
beech feá, fáibhile
beef mairteoil
beehive coirceog
beer leann, beoir

beet biatas
beetle (insect) ciaróg
beetroot biatas
before roimh, os comhair
beforehand roimh ré
beg iarraim, achainím
beget ginim
beggar fear nó bean déirce, bochtán
begin tosaím, cromaim ar
beginning tosach, tús
behaviour iompar
belfry cloigtheach, clogás
believe creidim
bell clog
belligerent cogaíoch
bellows boilg
beloved dil
belt crios
bench binse, forma
bend (n.) lúb, cor
bend (v.) lúbaim, cromaim, feacaim, camaim
benediction beannacht
benefit sochar, leas, buntáiste, tairbhe
benevolent dea-mhéineach
bent cromtha, lúbtha, cam, claon
bereavement méala
beret bairéad
berry caor, sméar
beseech impím, agraím
beside in aice, le hais, cois, láimh le
besides seachas, le cois, freisin
bet geall
betray braithim, feallaim, tréigim
betrayed díolta, braite
betroth luaim, geallaim
bethrothal cleamhnas
bevy scata, foireann
Bible Bíobla
bicycle rothar
bigot biogóid
bigoted biogóideach
bilingual dátheangach
billow brúcht farraige, tonn
bind ceanglaím
binding banna, ceangal, cuimhreach
bingo biongó

biography beathaisnéis
biology bitheolaíocht
birch beith
bird éan
biscuit briosca
bishop easpag
bith blúire, giota, greim
bitch soith, bitseach, gadhairseach
bite (n.) greim, sclamh, plaic
bite (v.) bainim greim as
bitter (taste) searbh, géar, goirt
bittern bonnán
black dubh
blackberry sméar dhubh
blackbird lon dubh
blackboard clár dubh
blacksmith gabha
blackthorn draighean
blade (of grass) tráithnín, seamaide, sifín
blade (of sword) lann
blame (n.) milleán, locht, cáineadh
blame (v.) cáinim, lochtaím, cuirim milleán ar
blank page leathanach bán
blank tape téip ghlan
blanket blaincéad, pluid
blast pléascaim
blaze lasair, bladhm
bleak sceirdiúil
bleating méileach
bleed fuilím
bleeding ag cur fola
blemish smál, ainimh, máchail
bless beannaím, coisreacaim
blessed beannaithe, coisricthe
blessing beannacht
blight dubh, dúchan
blind (adj.) dall, caoch
blind (n.) dallóg
blind (v.) dallaim, caochaim
blister spuaic, clog, balscóid
blithe aerach, gliondrach
block bloc
blockhead dundarlán
blood fuil
bloody fuilteach, crólinnteach
bloom (n.) bláth

bloom (v.) bláthaím
blossom bláth
blot smál, smúit
blouse blús
blow buille
blowing séideadh
blue gorm
bluff dallamullóg, cur i gcéill
blunder botún, tuathal, tuaiplis
blunderer tuathalán, brealsún
blunt maol
blustering gaofar, gáifeach
boar torc, collach
board clár
boast maím
boaster scaothaire, bladhmaire
boastful maíteach, mórtasach, bladhmannach
boasting maíomh, mórtas
boat bád
boating bádóireacht
boatman bádóir
body corp, colainn
bog portach, criathrach
bog-cotton ceannbhán
boil (n.) neascóid
boil (v.) fiuchaim, bruithim, beirím
boiled beirithe, bruite
bold dána, neamheaglach, dalba
bold trom (printing/computers)
bolt saighead, bolta
bomb buama
bondage daoirse, broid, sclábhaíocht
bone cnámh
book leabhar
bookmaker geallghlacadóir
boor amhas, daoi
boot buatais
boot (v.) tosaigh (computers)
booth both, stainnín
booty creach, éadáil
border imeall, ciumhais, bruach
bore pollaim, tollaim
bosom brollach, ucht, cliabh
botch prácas
both araon
bottle buidéal

bottom bun, íochtar, grinneall, tóin
bough géag, craobh
boulder mullán
bounce (n.) preab
bounce (v.) preabaim, léimim
bound (n.) léim, preab
bound (v.) léimim, preabaim
bound (adj.) ceangailte
boundary teorainn, críoch
bout dreas, babhta
bow (n.) bogha
bow (v.) cromaim, feacaim, claonaim
bowed cromtha
bowl scála, cuach; babhla
box bosca
boxer dornálaí
boy buachaill, garsún, stócach
bracket lúibín
brain inchinn
brake scairt, muine
brake (of bicycle) coscán
bramble dris, driseog
bran bran
branch géag, craobh, gabhal, brainse
brass prás
brave cróga, calma, misniúil
bravery crógacht, calmacht, misneach
bread arán
breadth leithead
break brisim
breakfast bricfeasta
bream bran, deargán
breast brollach
breath (n.) anáil
breathe (v.) análaím
breed pór
breeze leoithne, feothan
brew grúdaím
brewery grúdlann
brewing grúdaireacht, bríbhéireacht
briar dris
bribe breab
brick bríce
bride brídeog
bridge droichead
bridle srian
brief gearr, gairid

bright lonrach, geal
brighten (v.) gealaim
brightness control rialú gile (computers)
brightness setting socrú gile (computers)
brim béal
brindled riabhach
brine sáile
broad leathan
broadband leathanbhanda (computers)
broadcast (n.) craoladh
broadcast (v.) craolaim
bronchitis broincíteas
bronze cré-umha
brooch dealg, bróiste
brood ál, éillín
broth anraith, brat
brother deartháir, bráthair (in religion)
brown donn
browsing brabhsail (computers)
bruise brúim, meilim
brush scuab
bubble bolgóid, cloigín, súileog
bucket buicéad
buckle búcla
bud (n.) bachlóg, péaca
bud (v.) bachlaím
budget buiséad, cáinaisnéis
bug (n.) fabht (computers)
build tógaim
builder foirgneoir
building foirgneamh
bulb bleibín (bot.); bolgán (el.)
bulk toirt, méadúlacht
bull tarbh
bullock bullán
bully maistín, bulaí
bun borróg
bunch scoth, dos, dornán
bundle beart, burla
buoy baoi
burial adhlacadh
burial place reilig
burn dóim, loiscim
burrow poll
burst pléascaim
bury adhlacaim
bus bus

bus station busáras
bush tor, tom, scairt, sceach
bushy dosach, tomógach
business gnó
busy gnóthach, cruógach, broidiúil
but ach
butcher búistéir
butter im
buttercup cam an ime
butterfly féileacán
buttermilk bláthach
button cnaipe
button, mouse button cnaipe luiche (computers)
buy ceannaím
buyer ceannaitheoir
buying ceannach
byroad fobhóthar
byte beart

cabbage cabáiste, cál
cabin bothán, bothóg
cable cábla
cable, power cable cábla cumhachta
cadet dalta
cafe caife
cafeteria caifitéire
cage cás
cake cáca, císte
calamity anachain, tubaiste
calculate áirím, comhairím
calculator áireamhán
calendar féilire
calf gamhain, lao
calf (of leg) colpa
call (n.) glao, béic, scairt
call (v.) glaoim, béicim, scairtim
calm ciúin, socair
calumny béadán, cúlghearradh
camera ceamara
camera, video camera físcheamara

camogie camógaíocht
camouflage duaithníocht
camp campa
campaign feachtas
can canna, ceaintín
canal canáil
cancel cealaím
cancer ailse
candidate iarrthóir
candle coinneal
canoe curach, canú
canteen ceaintín
canvas anairt, canbhás
cap caipín
capability cumas
capable ábalta, cumasach
cape ceanntíre, rinn
capital príomh-, ard
capital (city) príomhchathair
capital letter ceannlitir
capital (money) caipiteal
capitalism caipitleachas
caps lock glas ceannlitreacha (computers)
captain captaen
captive príosúnach, cime
captivity príosúnacht, géibheann, braighdeanas
capture (n.) gabháil
capture (v.) gabhaim
car carr, gluaisteán
caraway cearbhas
carcass conablach
card cárta
cardboard cairtchlár
care aire, cúram
careful aireach, cúramach
careless míchúramach
cargo lucht
carnation lus na gile
car park carrchlós
carpenter siúinéir
carriage carráiste
carrot meacan dearg, cairéad
carry iompraím
cart cairt, trucail
cartridge, ink cartridge cartús dúiche
carve snoím
case cás

cashmere caismír
cash register scipéad cláraithe
cassette caiséad
cast (v.) caithim, teilgim
castle caisleán
castor rothán
cat cat
catch beirim ar, gabhaim
cathechism teagasc Críostaí
caterpillar cruimh chabáiste
Catholic Caitliceach
cattle eallach, airnéis, bólacht
cauliflower cóilís
cause ábhar, cúis, fáth
cave uaimh, pluais, uachais
cavity cuasán
CD (compact disk) dlúthdhiosca
CD, audio CD CD fuaime
CD-ROM (compact disk – read-only memory) dlúthdhiosca inléite do-athraithe
ceiling síleáil
celebrate comóraim, ceiliúraim
celery soilire
cell cill, cillín
cellar siléar
cement (n.) stroighin, suimint
cement (v.) táthaím
cemetery reilig
censor cinsire
censorship cinsireacht
central meánach, lárnach
centre ceartlár, lár
centre (v.) lárnaím (computers)
century aois, céad
ceremony deasghnáth, searmanas
certain cinnte, dearfa
certificate teistiméireacht, teastas
certify dearbhaím, deimhním
chain slabhra, cuibhreach
chair cathaoir
chairperson cathaoirleach
chalice cailís
chalk cailc
challenge dúshlán
champion curadh
chance faill, deis, seans

change (n.) athrú; sóinseáil, briseadh (money)
change (v.) athraím, iompaím
changeable athraitheach
channel cainéal
chapel séipéal
chaplain séiplíneach
chapter caibidil
character cáilíocht, teist, tréith, carachtar
characteristic tréith
charcoal fioghual
charge (n.) aire, cúram
charitable carthanach
charity carthanacht
charm draíocht
chart cairt
chase (n.) fiach, seilg, tóir
chaste geanmnaí
chastise smachtaím
chastisement smachtú
chastity geanmnaíocht
chat room seomra comhrá (computers)
cheap saor
cheat (n.) caimiléir
cheat (v.) feallaim
checker, spelling checker seiceálaí litrithe (computers)
cheek pluc, leiceann
cheerful soilbhir, croíúil
cheerfulness croíúlacht
cheerless gruama, duairc
cheese cáis
chemical (adj.) ceimiceach
chemist ceimiceoir, poitigéir
chemistry ceimic
cheque seic
cherry silín
chess ficheall
chest (box) cófra
chest (part of the body) cliabhrach, ucht, cliabh
chestnut cnó capaill
chew cognaím
chicken sicín
chickenpox deilgneach
chief príomh-
chieftain taoiseach, flaith

chilblain fuachtán, fochma
child páiste, leanbh
childhood óige
chimney simléar
chin smig
chip slis (computers), sliseog
chips sceallóga (prátaí)
chisel siséal
chivalrous ridiriúil, cúirtéiseach
chocolate seacláid
choice rogha; togha (best)
choir cór
choke tachtaim
choose toghaim, roghnaím
chop (n.) gríscín
chop (v.) tuaim
chord corda
chosen tofa
christen baistim
Christian Críostaí
Christianity Críostaíocht
Christmas Nollaig
chromium cróimiam
church eaglais, séipéal, teampall
churchyard reilig
churn (n.) cuinneog
churning maistriú
cider ceirtlis, leann úll
cigar todóg
cigarette toitín
cinder aibhleog, cnámhóg
cinema pictiúrlann
cinnamon cainéal
circle ciorcal
circuit ciorcad (technology)
circular cruinn, ciorcalach
circular letter imlitir, ciorclán
circulation cúrsaíocht
circumference imlíne
circus sorcas
cistern sistéal
citizen cathróir, saoránach
city cathair
civil sibhialta, cathartha
civilisation sibhialtacht
Civil Service Státseirbhís
claim éilím

clamorous callánach, scairteach
clan clann, dream, treibh
clap (n.) bualadh bos
clasp (n.) fáscadh, claspa
clasp (v.) fáiscim
class rang, aicme
clause clásal, clás
claw crúb, ionga
clay cré, créafóg
clean (adj.) glan
clean (v.) glanaim
clear soiléir, follasach
clergy cléir
clerk cléireach
clever cliste, éirimiúil, stuama
cleverness clisteacht, stuaim
click (v.) gliogálaim, cliceálaim (computers)
client cliant
cliff aill
climate aeráid
climb dreapaim
climbing dreapadóireacht
clip fáiscín
clipart fáiscealaín (computers)
clipboard gearrthaisce (computers)
cloak clóca, fallaing, brat
clock clog
clockwise deiseal
close (v.) dúnaim, iaim, druidim
close (adj.) meirbh (warm)
clothe gléasaim
clothes éadach
clothes hanger crochadán
clothes peg pionna éadaigh
cloud néal, scamall
cloudy néaltach, scamallach
clove clóbh; ionga (garlic)
clover seamair
clown fear grinn
club smachtín, cleith; cumann
club (cards) triuf
cluster crobhaing
clutch ál
coach cóiste
coal gual
coal (of fire) smeachóid, sméaróid

coarse garbh, borb
coast cósta, cladach
coat casóg, cóta
coax meallaim, bréagaim, cealgaim
cobbler caibléir, gréasaí
cocoa cócó
cock coileach
cockle ruacan
cockroach ciaróg dhubh
cod trosc
code, bar code barrachód
coffee caife
coffin cónra
coin bonn
cold (n.) fuacht; slaghdán
cold (adj.) fuar
collar bóna; coiléar (dog)
collect bailím, cruinním, cnuasaím
collection cruinniú, bailiú, cnuasach
college coláiste
collision imbhualadh
colour (n.) dath
colour (v.) dathaím
coloured daite
colt bromach
column colún
comb (n.) cíor
comb (v.) cíoraim
combat comhrac
come tagaim
comedian aisteoir coiméide, fuirseoir
comedy geandrámaíocht
comet cóiméad
comfort sólás, compord
comfortable seascair, compordach, cluthar
coming teacht
command (n.) ordú, aithne
command (v.) ordaím
commandment aithne
commemorate cuimhním
commemoration cuimhneachán
commerce tráchtáil
committee coiste
common coitianta
commotion ruaille buaille, clampar
communication cumarsáid
communion comaoineach

communism cumannachas
communist cumannaí
community comhphobal, pobal
community school pobalscoil, scoil phobail
compact dlúth
companion compánach, comrádaí
companionship coimhdeacht
company cuideachta, comhlacht (business), comhluadar
compare cuirim i gcomparáid / gcomórtas, déanaim comparáid
comparison comparáid, comórtas
compass compás
compatible comhoiriúnach (computers)
compensation cúiteamh
competition comórtas, iomaíocht, coimhlint
competitor iomaitheoir
complain gearánaim
complaint gearán, casaoid, clamhsán
complete iomlán
complexion dath, lí, snó
compose ceapaim, cumaim
composition ceapadh, cumadh
comprehensive school scoil chuimsitheach
compressed dlúite (computers)
compulsory éigeantach
computer ríomhaire
computer, laptop computer ríomhaire glúine
computer room ríomhlann
comrade comrádaí, compánach
conceit éirí in airde, leithead, mórchúis, postúlacht
conceited leitheadach, postúil
concert ceolchoirm, coirm cheoil
concise achomair, gonta
conclusion críoch, deireadh
condemn daoraim, teilgim
condenser comhdhlúthadán
condescend deonaím
condition staid, riocht, cuntar; coinníoll
conditional coinníollach
conduct (n.) iompar, béasa
conduct (v.) stiúraim, treoraím
conductor stiúrthóir, treoraí

cone coirceog
confederation comhcheangal
conference comhdháil
confess admhaím
confession faoistin
confidence iontaoibh, muinín
confident muiníneach
confinement géibheann, braighdeanas
Confirmation Dul faoi lámh easpaig, Cóineartú
confiscate tógaim suas, coigistím
confiscated tógtha suas
conflagration dóiteán
confluence cóngar; cumar (rivers)
confraternity comhbhráithreachas
confuse cuirim trí chéile, cuirim amú
confused measctha, trína chéile
confusion dallamullóg, easordú, mearbhall
congratulate comhghairdím, molaim, tréaslaím
congratulation comhghairdeas
congregate cruinním, bailím
congregation cruinniú, comhthionól, pobal
congress comhdháil
conjugate réimním
conjurer draíodóir
connect ceanglaím
connection ceangal
connection nasc (computers)
connector nascóir (computers)
conquer cloím, buaim ar
conquest gabháil, concas
conscious comhfhiosach
consecrate coisricim
consecrated coisricthe
Consecration Coisreacan
consecutive leantach
consent (n.) aontú
consent (v.) aontaím
consequently dá bhrí sin, ar an ábhar sin
conservation caomhnú
conservative (adj.) coimeádach, caomhnach
conservative (n.) coimeádach
consider cuimhním, sílim
consideration machnamh
consignment coinsíniú

consistency comhsheasmhacht
consolation sólás
console tugaim sólás
consonant consan
conspicuous feiceálach, suntasach
conspiracy uisce faoi thalamh, comhcheilg
constant buanseasmhach
constellation réaltbhuíon
consternation anbhá, alltacht
constitute bunaím
constitution déanamh; bunreacht
construct tógaim, déanaim
construction tógáil, déanamh
consult téim i gcomhairle le
consultation comhairle
consume ithim, caithim
contact, new contact teagmháil nua
  (computers)
contagion gabháil ghalair
contagious tógálach, gabhálach
contain coinním
container coimeádán
contaminate truaillím
contempt drochmheas, dímheas
contemptible suarach
content (adj.) sásta
content (n.) líon, toilleadh
contention aighneas, caismirt
contest (n.) aighneas, coimhlint
contest (v.) troidim
continent mór-roinn
continually go síoraí
continue leanaim
continuous léanúnach
contract conradh, margadh
contractor conraitheoir
contradict bréagnaím
contrary contrártha
contrast (n.) contrárthacht
contrast (v.) contráraím
contrast setting socrú codarsnachta
contribution síntiús
contrition croíbhrú
control (n.) smacht
control (v.) ceansaím, smachtaím
control (n.) rialtán (computers)
control, brightness control rialú gile
  (computers)

control, volume control rialtán airde
  (computers)
control panel painéal rialúcháin
  (computers)
controversy conspóid
convalescence téarnamh
convenience caoithiúlacht, deis, oiriúnacht
convenient oiriúnach, acrach, caoithiúil
convent clochar
convention comhdháil
conversation comhrá
conversion iompú
convert (n.) iompaitheach
convert (v.) iompaím
convict (n.) daoránach
convict (v.) daoraim
convince áitím
convoy (n.) tionlacan
convoy (v.) tionlacaim
cook (n.) cócaire
cook (v.) déanaim cócaireacht ar, réitím bia
cooker cócaireán
cookery cócaireacht
cool (adj.) fionnuar
cool (v.) fuaraím
cooperate comhoibrím
cooperation comhoibriú
copious flúirseach, líonmhar
copper copar
copy (v.) déanaim cóip de
copy (n.) cóip, macasamhail
coral coiréal
cord corda
core croí
cork corc
corkscrew corcscriú
cormorant broigheall
corn arbhar; fadharcán (on the foot)
cornflakes calóga arbhair
corner cúinne, coirnéal
cornet coirnéad
coronation corónú
corporal (n.) ceannaire
corporal (adj.) corpartha
corporation bardas
corpse corp, marbhán, corpán
correct (v.) ceartaím, leasaím
correspondence comhfhreagras

corridor dorchla
corrupt (v.) truaillím
corrupt (adj.) truaillithe, lofa
cost (n.) costas, luach
cost (v.) cosnaím
costly daor
cosy seascair, teolaí
cot cliabhán
cottage teachín
cotton cadás, cotún
cotton wool flocas cadáis, olann chadáis
couch tolg
cough casacht
coughing casacht
council comhairle
Councillor Comhairleoir
counsel comhairle
counsellor comhairleoir
count áirím, comhairím
countenance cuntanós
counter cuntar
country tír, tuath
county contae
couple cúpla
courage misneach, calmacht, crógacht
courageous misniúil, cróga, calma
course cúrsa, rian
court cúirt
courteous cúirtéiseach, múinte, cneasta
courtesy cúirtéis
cousin col ceathrair (first cousin),
   col seisir (second cousin)
cover (n.) clúdach, clár
cover (v.) clúdaím, cumhdaím
covet santaím
covetousness saint
cow bó
coward cladhaire, meatachán
cowardice meatacht
cowardly meatach, cladhartha
cowhouse bóitheach
cowslip bainne bó bleachtáin
crab portán
crack (n.) cnagadh, pléascadh, scoilt
crack (v.) cnagaim, pléascaim
cradle cliabhán
crafty cleasach, glic

cramp crampa
crane corr mhóna (bird); crann tógála,
   craein
cranky cantalach
crawl snámhaim
cream uachtar
creamery uachtarlann
crease (n.) filltín
create cruthaím
create new folder (v) cruthaigh (cruthaím)
   fillteán nua
creation cruthú
creator cruthaitheoir
creature créatúr
credit creidiúint; cairde, creidmheas
credit card cárta creidmheasa
creed cré, creideamh
creel críol
creep snámhaim
crescent corrán
cress biolar
crew foireann, criú
cricket criogar (insect); cruicéad (game)
crime coir, cion
criminal (n.) coirpeach
criminal (adj.) coiriúil
cripple (n.) mairtíneach, cláiríneach
cripple (v.) martraím, creaplaím
crisis géarchéim
crisp briosc
critic léirmheastóir
critical criticiúil
criticise lochtaím
criticism léirmheastóireacht (literary),
   lochtú
crocodile crogall
crocus cróch
crook crúca, bacán
crooked cam, casta
crop barr, toradh
croquet cróice
cross (n.) cros
cross (v.) crosaim; téim trasna
cross (adj.) cantalach, cancarach, crosta
crossbar trasnán
cross reference crostagairt
crossroad crosbhóthar

croup tochtán
crow (n.) préachán
crowbar gró
crowd (n.) slua, plód, baicle
crowd (v.) brúim
crowfoot crobh préacháin
crown coróin
crozier bachall
crucifix cros chéasta
crucifixion céasadh
cruel danartha, cruálach
cruelty cruáil, danarthacht, cruálacht
crumb cruscar, clúire, crabhróg
crusade crosáid
crush brúim, bascaim
crust crústa
crutch maide croise, croisín
cry (n.) glao, scairt
cry (v.) glaoim, screadaim, scairtim; goilim, caoinim
crying glaoch, caoineadh, gol
crystal criostal
cub coileán
cube ciúb
cubic ciúbach
cuckoo cuach
cucumber cúcamar
cud cíor
cudgel cleith, smachtín
cultivate saothraím
cultivation saothrú, curaíocht
culture cultúr
cunning (n.) gliceas, beartaíocht
cunning (adj.) glic, beartach
cup cupán, corn, cuach
cupboard cupard, almóir
curate séiplíneach, curáideach
curd gruth
curdle téachtaim
cure (n.) leigheas, íoc
cure (v.) leigheasaim, leasaím
curiosity fiosracht, caidéis
curious fiosrach, caidéiseach
curl (n.) coirnín, dual
curl (v.) crapaim
curled casta, catach
curlew crotach

currant cuirín
currency airgeadra
current (n.) sruth
current (adj.) coitianta
curriculum curaclam
curse (n.) mallacht, eascaine
curse (v.) eascainím, mallaím
cursor cúrsóir (computers)
curt giorraisc
curtain cuirtín
cushion cúisín, adhartán
custard custard
custody coimeád, caomhnú
custom nós, béas, gnás
customary coitianta
customer custaiméir
customize (v.) saincheapaim (computers)
cut (n.) gearradh
cut (v.) gearraim, bainim
cut, copy, paste gearr, cóipeáil, greamaigh (computers)
cycling rothaíocht
cyclist rothaí
cylinder sorcóir

daffodil lus an chromchinn
dagger miodóg, daigéar
daily laethúil
dainty beadaí
dairy déirí
daisy nóinín
damage dochar, díobháil, damáiste
damp tais
damson daimsín
dance (n.) rince, damhsa
dance (v.) rincim, damhsaím
dancer damhsóir, rinceoir

dandelion caisearbhán
danger baol, contúirt, dainséar
dangerous baolach, contúirteach, dainséarach
daring misniúil
dark dorcha, dubh
darkness dorchacht, dorchadas
darling muirnín
darn (n.) cliath
darn (v.) cuirim cliath ar
dash (n.) dais (computers)
dart ga
data sonraí
data processor próiseálaí sonraí
data protection cosaint sonraí
database bunachar sonraí
date dáta
daughter iníon
daughter-in-law banchliamhain
dauntless neamheaglach
dawn breacadh an lae, fáinne an lae
day lá
dazzle dallraím, dallaim
dazzling drilseach, dallraitheach
dead caillte, marbh
deaden maraím, maolaím
deadly marfach
deaf bodhar
deafness bodhaire
deal roinnim, dáilim
dear daor; dil
death bás, éag
debate díospóireacht, conspóid
debris bruscar
debt fiach
debugging dífhabhtú (computers)
decade deich mbliana
decanter teisteán
decay (n.) meath, feo
decay (v.) meathaim, feoim, lobhaim
decayed meata, feoite
deceit cealg, calaois, camastaíl
deceitful cealgach, mealltach, cluanach
deceive meallaim
December Mí na Nollag, an Nollaig
deception dallamullóg
decide beartaím, socraím, réitím, cinnim

decimal (n.) deachúil
decimal (adj.) deachúlach
decision breith, cinneadh
deck bord, deic
declare fógraím, dearbhaím
declension díochlaonadh
decorate maisím
decoration maisiúchán
decrease laghdaím
decree ordú
dedicate coisricim, tiomnaím
deed gníomh, beart
deep (adj.) domhain
deep (n.) aigéan, duibheagán
deer fia
default setting réamhshocrú (computers)
defeat (n.) briseadh, díomua
defeat (v.) brisim, cloím
defeated cloíte
defect locht, uireasa
defective easnamhach, lochtach
defence cosaint, díon
defend cosnaím, díonaim
defendant cosantóir
defender cosantóir
deficiency díth, easpa
define sonraím, sainmhíním
definition sainmhíniú
deformed míchumtha
degree céim
delay (n.) moill, stró, righneas
delay (v.) moillím
delegate (n.) toscaire
deletion (n.) scrios (computers)
delf gréithe
delicate mín; leice
delicious sobhlasta
delight áthas, aoibhneas, gliondar, sult
delightful aoibhinn, gleoite
delinquent ciontóir
delirious rámhailleach
delirium rámhaille
deluge díle
demand (n.) éileamh
demand (v.) éilím
democracy daonlathas
democrat daonlathaí**

democratic daonlathach
demonstrate taispeánaim, léirchruthaím
demonstration taispeántas; léirsiú (political)
den pluais, gnáthóg
dense tiubh, dlúth
dentist fiaclóir
deny séanaim, bréagnaím
deodorant díbholaíoch
depart imím
departure imeacht
dependence spleáchas
dependent spleách
depress íslím, lagaím
depressed lionndubhach
depth doimhne
deputation toscaireacht
descend tuirlingím
descendant sliochtach
descent tuirlingt
describe tugaim cuntas ar
description tuairisc, cuntas
desert (n.) fásach, díthreabh, gaineamhlach
desert (v.) fágaim, tréigim
deserted tréigthe
deserter tréigtheoir
desertion tréigean
deserve tuillim, tabhaím
deserved tuillte
design (n.) líniú, dearadh
design (v.) beartaím
desire (n.) fonn, dúil, mian, saint
desire (v.) mianaím, santaím
desktop unit aonad deisce
desolate ainnis, bánaithe
desolation léirscrios, báine
despair éadóchas
despot tíoránach, forlámhaí
despotism tíorántacht, forlámhas
dessert milseog
destination ceann scríbe, ceann riain
destiny cinniúint, dán
destitute dealbh, lom
destitution dealús, bochtaineacht
destroy millim, scriosaim, loitim
destruction scrios
detail sonra

detective bleachtaire
determine cinnim ar, socraím
detest fuathaím
detestable fuafar, gráiniúil
development forleathnú, forbairt
device cleas, gaireas, áis
devil diabhal, deamhan, áibhirseoir
devilish diabhlaí, diabhalta
devotion deabhóid, dúthracht
devour alpaim, slogaim
devout cráifeach, diaganta
dew drúcht
dexterity aclaíocht, deaslámhaí
dexterous deaslámhach, aclaí
diabetes diaibéiteas
diagonal trasnán
diagram léaráid
dial diail, aghaidh
dial (v.) dialaigh (telephones/computers)
dialect canúint
dialogue agallamh, comhrá
diameter lárlíne, trastomhas
diary dialann
dictate deachtaím
dictation deachtú
dictator deachtóir; deachtaire
dictionary foclóir
die faighim bás, éagaim, cailltear mé
diet cothú, beathú, aiste bia
difference difríocht, éagsúlacht
different éagsúil, difriúil
difficult deacair, duaisiúil, doiligh
difficulty deacracht
dig rómhraím, bainim, tochlaím
digest díleáim
digestible indíleáite
digestion díleá
digit digit
digital digiteach
digital camera ceamara digiteach
dignified maorga, uasal
dignify ardaím, oirircím
dignity dínit, maorgacht
diligence dúthracht, díograis
diligent dúthrachtach, dícheallach
diminish laghdaím
diminished laghdaithe

dimple tobairín
diningroom seomra bia, proinnseomra, bialann
dinner dinnéar
dinosaur dineasár
diocese deoise
dip tumaim
diploma dioplóma
diplomat taidhleoir
dire léanmhar, uafásach
direct díreach
direct (v.) seolaim, stiúraim
direction treo, aird
director stiúrthóir
directory eolaire
dirt salachar
dirty salach
disabled martraithe, míchumasach
disablement cróilíocht, míchumas
disadvantage míbhuntáiste
disadvantageous míbhuntáisteach
disagree easaontaím
disagreeable míthaitneamhach
disappoint clisim, caillim, loicim (ar)
disappointment díomá
disaster tubaiste, matalang
disastrous tubaisteach
disc diosca
disciple deisceabal
discipline (n.) smacht, riailbhéas
discipline (v.) smachtaím
discomfort míshuaimhneas, míchompord
disconnect (v.) dínascaim (computers)
discontent doirbheas, míshásamh
discount (n.) lascaine, lacáiste
discover fionnaim, aimsím
discovery fionnachtain
discreet discréideach
discretion discréid
discussion díospóireacht, plé, suaitheadh
disease galar, aicíd, tinneas
diseased galrach
disgrace náire
disgraceful náireach
disguise (n.) bréagriocht
disguise (v.) cuirim as aithne
disgust déistin, samhnas

disgusting déistineach
dish mias
dishonest mímhacánta
dishonesty mímhacántacht
dishonour (n.) easonóir
dishonour (v.) easonóraím
disinfect díghalraím
disinfectant díghalrán
disinherit cuirim as oidhreacht
disk diosca
disk, floppy disk diosca bog
disk, hard disk diosca crua
disk, system disk diosca córais
disk drive dioscthiomáint
dislike (n.) míghnaoi, míthaitneamh
dislike (v.) ní thaitníonn (liom)
disobedience easumhlaíocht
disobedient easumhal
disobey táim easumhal do
disorder anord
dispensary íoclann
dispense riaraim, dáilim, roinnim
disperse scaipim
displeasure míshásamh, aighneas
dispute conspóid, argóint
disrepute míchlú, drochainm
disrespect (n.) easurraim
dissatisfied míshásta, diomúch
distance fad, achar
distant i gcéin
distemper leamhaol; conslaod
distil driogaim
distiller driogaire
distillery drioglann
distinct léir, gléineach; ar leithligh
distinction idirdhealú; gradam
distinguish idirdhealaím
distress angar, anó
distressful anróiteach
distribute riaraim, roinnim, dáilim
distribution riaradh, roinnt, dáileadh
district ceantar, dúiche, limistéar
disunion easaontas
ditch díog
divide roinnim
divided roinnte
divine diaga

division roinnt
divorce colscaradh
dizziness meadhrán, roilleacán
dizzy meadhránach
do déanaim
dock (for ships) duga
dock (weed) copóg
doctor dochtúir
doctrine teagasc, foirceadal
document (n.) cáipéis
document (n.) doiciméad
doe eilit
dog madra, cú, gadhar
doleful duairc, dólásach
doll bábóg
dolmen dolmain
donkey asal
doom cinniúint
doomsday lá an bhreithiúnais,
  lá an bhrátha
door doras
doorkeeper doirseoir
doorknocker murlán
doorpost ursain
dot ponc, pointe
double dúbailt
doubt dabht, amhras
doubtful amhrasach, éiginnte
dough taos
dove colm
dowdy seanfhaiseanta
down clúmh
down, shut down múch (computers)
download (v) íoschóipeálaim, íoslódálaim
  (computers)
downpour clagarnach
dowry spré
doze (v.) titeann néal ar
dozen dosaen
draft dréacht
drag tarraingím, sracaim
drain (n.) clais, caidhséar
drain (v.) taoscaim
drake bardal
drama dráma
draper éadaitheoir
draught tarraingt, séideadh gaoithe

draw tarraingím
drawer tarraiceán
dread imeagla, uamhan
dream brionglóid, taibhreamh
dregs dríodar, deascadh
dress (n.) gúna, éadach
dress (v.) cóirím, gléasaim
dressed gléasta
dresser drisiúr
dried triomaithe, feoite, seargtha
drink (n.) deoch
drink (v.) ólaim
drip (v.) silim
drive tiomáinim
drive tiomantán (computers)
drive, disk drive dioscthiomáint
driver tiománaí
drizzle ceobhrán, brádán
drop (n.) braon
drought spalladh, triomach
drown báim
drowsiness codlatacht
drowsy codlatach
drug druga
drum druma
drunk ar meisce, ólta
drunkard meisceoir
drunkenness meisce
dry (adj.) tirim, tur
dry (v.) triomaím
dryer triomadóir
dryness triomacht, tuire
duck lacha
due ceart; fiach, dleacht
dull dúr, maolaigeanta
dullness dúire
dumb balbh
dumbness bailbhe
dunce dallarán
dung aoileach
duplicate (n.) macasamhail, cóip
duplicate (v.) déanaim cóip, iolraím
durability caitheamh, buaine
durable fadsaolach, buan, buanseasmhach
duration fad, achar
during le linn, ar feadh, i rith
dusk cróntráth

dust deannach, smúit
duster ceirt deannaigh
duty dualgas, cúram
DVD (digital versatile disk) diosca digiteach ilúsáide
dwell cónaím
dwelling (n.) áitreabh, teach cónaithe
dye (n.) dath
dye (v.) dathaím
dying ag fáil bháis, ag dul in éag
dynamo dineamó

eE

eager díocasach, cíocrach
eagerness díocas, cíocras
eagle iolar
ear cluas; dias (of corn)
earl iarla
early moch, luath
earn saothraím, tuillim
earned tuillte, saothraithe
earnest dáiríre, dúthrachtach
earth domhan, cruinne; cré (soil)
earthquake crith talún
earwig gailseach, ceilpeadóir
ease suaimhneas
easel tacas
Easter Cáisc
easy (at ease) suaimhneach, socair
easy (not difficult) furasta, saoráideach, éasca
eat ithim
eaten ite
eaves sceimheal, bunsop
ebb (n.) trá
ebb (v.) tráim
ebbed tráite
echo macalla
eclipse urú
ecology éiceolaíocht
economical barrainneach, tíosach, coigilteach; eacnamaíoch

economics eacnamaíocht
economy coigilteacht, eacnamaíocht; geilleagar
edge bruach, ciumhais; faobhar, imeall
edible inite
edict fógra
edit cuirim in eagar
editor eagarthóir
editorial príomhalt
educate múinim, oilim
education oideachas, oiliúint, scolaíocht
eel eascann
effect (n.) éifeacht, toradh
effect (v.) feidhmím
effective éifeachtúil
efficient cumasach, éifeachtach
effort iarracht
egg (n.) ubh
egg (v.) séidim faoi, spreagaim
eight ocht
eighth ochtú
eighteen ocht déag
eighty ochtó
either ceachtar
elastic (n.) leaistic
elastic (adj.) leaisteach
elbow uillinn
elder (person) seanóir
elder (shrub) trom
elect toghaim
election toghchán
electronic mail ríomhphost (computers)
electric leictreach
electrician leictreoir
electricity aibhléis, leictreachas
elegance grástúlacht
elegant grástúil, galánta
elegy caoineadh, tuireamh, marbhna
elephant eilifint
eleven aon déag
elf síogaí, clutharachán
elk eilc
elm leamhán
elope éalaím
eloquent solabhartha
e-mail r-phost, ríomhphost
emancipation fuascailt, saoradh

embankment claífort
embargo longbhac
embassy ambasáid
ember gríosach, aibhleog, splanc
emblem comhartha
embrace (n.) barróg
embrace (v.) cuachaim
embroider bróidnéirim
embroidery bróidnéireacht
embryo suth, gin
emergency éigeandáil, cruachás
emigration imirce, eisimirce
eminent oirirc
emotion tocht, mothúchán
emperor impire
emphasis treise, béim
emphasise cuirim treise ar,
  leagaim béim ar
employee oibrí, fostaí
employer fostóir
employment obair, gnó, fostaíocht
empower údaraím
emptiness folús
empty (adj.) folamh
empty (v.) folmhaím, taoscaim
enamel (n.) cruan
enamel (v.) cruanaim
encamp téim i gcampa
encampment foslongfort
enchantment draíocht
encourage misním, gríosaim, spreagaim
encouragement spreagadh, misneach
encumbrance ualach, bac
end (n.) críoch, deireadh
end (v.) críochnaím
endeavour iarracht
endurance fulaingt, buaine
endure fulaingím
enemy namhaid
energetic fuinniúil, bríomhar
energy fuinneamh, spionnadh
engaged luaite, geallta (marriage); gafa
  (phone etc.)
engine inneall
engine, search engine inneall cuardaigh
  (computers)
engineer innealtóir
engrave greanaim

engraved greanta
engraver greanadóir
enjoy bainim aoibhneas/taitneamh as
enjoyment sealúchas, taitneamh
enlarge méadaím
enlightened dea-eolach
enmity naimhdeas
enormous ollmhór
enough dóthain
enrol cláraím, cuirim ar rolla
entangle cuirim in achrann
entangled i bhfostú
enter (v.) iontrálaim (computers)
enterprise fiontar, gníomhaíocht
entertain tugaim aíocht do, cuirim siamsa
  ar fáil
entertainment siamsa, oirfide, céilí
entice meallaim, bréagaim
entirely go hiomlán
entrails ionathar
entreat achainím, impím ar
enumerate áirím
envelope clúdach litreach
envoy toscaire
envy éad, formad
epidemic galar forleata
epilepsy titeamas
equal ionann, cothrom
equation cothromóid
equator meánchiorcal
equilateral comhshleasach
equipment gléasra, fearas, trealamh
erase (v.) léirscriosaim
eraser cuimleoir, scriosán
error dearmad, earráid, botún (blunder)
escalator staighre beo
escape (n.) éalú, imeacht
escape (v.) teithim, éalaím
essay aiste
essential riachtanach
establish bunaím
established bunaithe
establishment bunú, bunaíocht
estate eastát
esteem meas
estimate (n.) meastachán
estimate (v.) measaim
estuary inbhear

eternal síoraí
eternity síoraíocht
evacuate folmhaím, tréigim
evacuee aslonnaí
evangelist soiscéalaí
evaporate galaím
even réidh (of surface)
even (adv.) fiú
evening tráthnóna
event imeacht
eventually faoi dheireadh
ever riamh (past), choíche (future)
evergreen síorghlas
everlasting síoraí
every gach
everyone cách
evict díshealbhaím, cuirim as seilbh
eviction díshealbhú
evidence fianaise
evident soiléir, follasach
evil olc, urchóid
ewe caora
exact cruinn, beacht
exactness cruinneas
exaggerate déanaim áibhéil ar
exaggeration áibhéil
exalt ardaím
exalted ardaithe
examination scrúdú
examine scrúdaím
examiner scrúdaitheoir
example sampla, eiseamláir
excel sáraím
excellence feabhas
excellent ar fheabhas, sármhaith
exception eisceacht
excess breis, barraíocht, iomarca
excessive iomarcach
exchange (n.) malartú
exchange (v.) malartaím
excise mál
excite músclaím, spreagaim
excited spreagtha
excitement corraí, spreagthacht
excommunicate coinneallbháim
excommunication coinneallbhá
excuse (n.) leithscéal

excuse (v.) gabhaim leithscéal
execute cuirim chun báis
exercise (n.) cleachtadh, aclaíocht
exercise (v.) aclaím, suaithim, cleachtaim
exhaust traochaim
exhausted traochta
exhibit taispeánaim
exhibition taispeántas
exile deoraí (person)
exile deoraíocht
exit dul amach; slí amach
exit (v.) scoirim (computers)
exonerate saoraim, scaoilim
exorcism díbirt deamhan
expand leathnaím
expect tá coinne agam le, tá súil agam le
expedition eachtra, sluaíocht
expel díbrím, ruaigim
expense costas
expensive costasach, daor
experience taithí, cleachtadh
experiment (n.) triail
experiment (v.) triailim
expert (n.) eolaí, saineolaí
expert (adj.) oilte
explain míním, ciallaím
explanation míniú, ciallú
explode pléascaim
exploit éacht
explore taiscéalaim
explosion pléasc
export (v.) onnmhairim
export (n.) onnmhaire
expose nochtaim
extend leathaim, sínim
extensive fairsing
exterior amuigh, seachtrach
extinguish múchaim
extinguished múchta
extract (n.) úscra; sliocht
extract (v.) bainim as
extravagance áibhéil, rabhairne
extravagant caifeach, rabairneach
exultation lúcháir
eye súil, rosc; cró (eye of needle)
eyeball meall súile
eyebrow mala

eyelash fabhra
eyelid caipín súile

fable finscéal, fabhalscéal
face aghaidh, gnúis
facility éascaíocht; áis, deis
factor toisc, fachtóir
factory monarcha
faculty acmhainn, cumas; dámh (acad.)
fade meathaim, tréigim, sleabhcaim
fail clisim, déanaim faillí, teipeann orm
failure teip
faint (adj.) fann, tréith
faint (n.) fanntais, meirfean, laige
faint (v.) titim i laige
fair (n.) aonach
fair (adj.) breá, álainn; cóir, cothrom; fionn
fairy síóg
faith creideamh
faithful dílis
fall titim
false bréagach, falsa
falsehood bréag, éitheach
fame clú, cáil
familiar muinteartha, teanntásach
family teaghlach, líon tí, clann, muintir
famine gorta
famished stiúgtha, leata
famous cáiliúil, clúiteach, iomráiteach
fan (n.) gaothrán
fan (v.) gaothraím
fanatic fanaiceach
fare táille (fee)
farewell slán, beannacht
farm feirm
farmer feirmeoir
farming feirmeoireacht
farmyard clós feirme
fashion (n.) faisean
fashion (v.) múnlaím, dealbhaím

fashionable faiseanta
fast (n.) troscadh, céalacan
fast (v.) troscaim
fast (adj.) mear, tapa, sciobtha, gasta
fasten ceanglaím, greamaím
fastened ceangailte, greamaithe
fat (n.) saill, geir, méathras, blonag
fat (adj.) ramhar, méith, beathaithe
fatal marfach, cinniúnach
fate cinniúint, dán
father athair
father-in-law athair céile
fatigue tuirse
fault locht
fault-finding cáinteach, lochtach
faulty lochtach
favour fabhar, gar
favourable fabhrach
favouritism fabhraíocht
fawn oisín
fax facs
fear eagla, faitíos, scáth
fearful scanrúil, uafásach
feast fleá, féile, coirm, féasta; cóisir (wedding)
feasible indéanta
feat éacht, gaisce
feather cleite
February Feabhra
fee táille
feeble fann, lag, tréith
feebleness laige
feed (v.) beathaím, cothaím
feed tray tráidire fothaithe (printing)
feel mothaím, airím
feeling mothú
felon feileon
felony feileonacht
female baineann
feminine baininscneach (grammar)
fen eanach, moing
fence claí, fonsa
fender fiondar
fern raithneach
ferret firéad
ferry bád farantóireachta
fertile torthúil

fertility torthúlacht
fervent dúthrachtach, díograiseach
fervour díograis, dúthracht
festival saoire, féile
fetter (v.) cuibhrím
fever fiabhras
fickle guagach, luaineach
fiction cumadóireacht, ficsean
fiddle (n.) fidil
field páirc, faiche, gort
fierce fíochmhar
fiery lasánta
fifth cúigiú
fifty caoga
fight (n.) troid, comhrac
fight (v.) troidim
figure figiúr, deilbh
file (n.) líomhán; comhad (office)
file (v.) líomhaim; cuirim i gcomhad
file name ainm comhaid
fill (n.) dóthain, sáith
fill (v.) líonaim
filling líonadh
film scannán
film, video film físeán
filter scagaim, síothlaím
filth salachar, brocamas
filthy salach, brocach
fin eite
final deireanach
finally i ndeireadh na dála, faoi dheireadh
finance airgeadas
find faighim, aimsím
fine (n.) fíneáil
fine (v.) fíneálaim
fine (adj.) breá; mín
finger méar
finish (v.) críochnaím
fir giúis
fire tine
fire brigade briogáid dóiteáin
firewood brosna
firm daingean, teann
first céad
first, at first ar dtús
first aid garchabhair
fish (n.) iasc

fish (v.) téim ag iascaireacht
fisherman iascaire
fish hook duán
fishing iascaireacht
fist dorn
fit (n.) taom, racht
five cúig
fix (n.) sáinn, ponc, teannta
fix (v.) socraím, feistím
flag brat, bratach, meirge; leac (stone)
flake cáithnín, calóg
flame lasair, bladhm
flannel flainín
flash splanc, bladhm
flask fleasc, flaigín
flat (adj.) cothrom, leibhéalta
flat (n.) árasán
flatter déanaim bladar le, meallaim
flattery plámás, béal bán
flavour blas
flaw locht, máchail
flax líon
flea dreancaid
fledgling gearrcach, scalltán, scallamán
flee teithim
fleece lomra
fleet (n.) cabhlach, loingeas
fleet (adj.) luath, mear, tapa
flesh feoil
flexible solúbtha
flight teitheadh, eitilt
fling caithim, teilgim
flint breochloch
float snámhaim
flock tréad, scata
flog lascaim, léasaim
flogging lascadh, léasadh
flood tuile
floor urlár
floppy disk diosca bog
flour plúr
flourishing bláfar
flow silim, sním, gluaisim
flower bláth, scoth
fluent líofa, pras
fluid lacht
flush (n.) lasadh, deargadh

flush (v.) lasaim, deargaim; sruthlaím
flute fliúit
fly (n.) cuileog, cuil
fly (v.) eitlím
foal searrach
foam cúr, coipeadh
foe namhaid
fog ceo
foggy ceomhar
fold fillim
folded fillte
folder, create new folder (v.) cruthaigh (cruthaím) fillteán nua
foliage duilliúr
folk muintir, pobal, cine
folklore béaloideas
follow leanaim
follower leanúnaí
folly baois, amaidí
fond ceanúil, grámhar
fondness cion, grá
font umar
font cló (computers)
font size clómhéid (computers)
food bia, beatha
fool amadán
foolish baoth, amaideach, díchéillí
foot cos, troigh
football peil, liathróid peile
footballer peileadóir
footer buntásc (computers)
footpath cosán, cabhsa
foot soldier saighdiúir coise
footstep coiscéim
footwear coisbheart
forbid crosaim, toirmiscim, coiscim
forbidden coiscthe
force (n.) neart, fórsa
force (v.) éigním, cuirim d'iallach ar
forceful feidhmiúil, éifeachtach
ford áth
forecast (n.) réamhaisnéis
forecast (v.) tuaraim, tugaim réamhaisnéis ar
forefather sinsear
forehead clár éadain
foreign iasachta, coimhthíoch

foreigner eachtrannach, allúrach, coimhthíoch
foreman maor, saoiste
forest foraois
foretell réimhinsím, tairngrím
forge ceárta
forget dearmadaim
forgetful dearmadach
forget-me-not lus míonla
forgive maithim
forgiveness maithiúnas, pardún
fork gabhlóg, forc, gabhal
forlorn tréigthe, dearóil
form cuma, foirm, cruth
formal foirmiúil
format (n.) formáid (computers)
format (v.) formáidím (computers)
formula foirmle
forsake tréigim
fort dún, daingean
fortnight coicís
fortunate ámharach
fortune ádh; cinniúint
fortuneteller bean feasa, fear feasa
forward tosaí (sport)
foster oilim, altramaím
foster- altrama
foul (adj.) lofa, déistineach, bréan
foul (n.) calaois (sport)
found bunaím, cuirim ar bun
foundation bunú; bunsraith
fountain fuarán, foinse
four ceathair, ceithre
four people ceathrar
fourth ceathrú
fowl éan
fox madra rua, sionnach
fraction codán, cuid
fragile sobhriste
fragment blúire, giota, smut, smidirín
fragrant cumhra
frame fráma
fraud camastaíl, calaois, feall
fraudulent cam, calaoiseach
free (adj.) saor
free (v.) saoraim, scaoilim, fuasclaím
freedom saoirse

freeze reoim, siocaim
freezer reoiteoir
freight lasta
frequent (adj.) minic, iomadúil
frequent (v.) taithím, gnáthaím
fresh úr, nua
friar bráthair, manach
Friday Aoine
fridge cuisneoir
friend cara
friendly muinteartha, lách, cairdiúil
friendly, user friendly cairdiúil
friendship cairdeas, cumann, muintearas
fright scanradh, faitíos, eagla, scáth
frighten scanraím, cuirim eagla ar
frightful uafásach, scáfar
fringe frainse, imeall
frisk damhsaím, siortaím
frisky ceáfrach, meidhréiseach
frivolous baoth, fánach
frock gúna
frog frog, loscann
front tosach, aghaidh
frontier teorainn
frost sioc
frosty reoch, cuisneach
froth cúr, coipeadh
frown grainc
frozen reoite, sioctha
frugal coigilteach, tíosach
fruit toradh
fruitful torthúil, suthach
fry friochaim
frying-pan friochtán
fuchsia fiúise
fuel breosla
fugitive teifeach, éalaitheach
fulfil comhlíonaim
fulfilled comhlíonta
full lán
fumbling (ag) útamáil
fume gal, toit
fun greann, sult, spórt, seó, spraoi
function feidhm
function key feidhmeochair (computers)
fund ciste, stór
funeral sochraid

funny greannmhar, ait
fur fionnadh
furious fíochmhar, fraochmhar
furnace sorn, foirnéis
furnish gléasaim
furniture troscán
furrow clais
fury báiní, fíoch, fraoch
furze aiteann
fuss fuadar, fústar
future todhchaí

gG

gable binn
gain (n.) tairbhe, brabach, sochar
gain (v.) gnóthaím, tuillim
galaxy réaltra
gale gála, anfa
gall domlas
gallon galún
gallows croch
gambler cearrbhach
game cluiche, spórt
gander gandal
gang meitheal, scata, cipe, gasra
gangrene morgadh
gap bearna, mant
garage garáiste
garbage dramhaíl, cosamar
Garda Garda Síochána
garden garraí, gairdín
gardener garraíodóir
gardening garraíodóireacht
garland bláthfhleasc
garlic gairleog
garment ball éadaigh
garnish (v.) maisím
garrison garastún
gas gás
gasp (n.) snag, cnead
gasp (v.) ligim cnead

gate geata
gather bailím, cruinním, cnuasaím
gathering (n.) cruinniú, tionól
gaudy gréagach, gairéadach
gaunt lom, caol
gay suairc, aerach
gaze stánaim
gear feisteas, airnéis; giar (car)
gem seoid, cloch luachmhar
gender inscne
genealogy ginealach
general coiteann
generate ginim
generation glúin; giniúint
generosity féile, flaithiúlacht
generous fial, flaithiúil
gentle caoin, ceansa, séimh, mánla, mín
gentleman duine uasal
gentleness caoine, ceansacht, míne
gentry uaisle
genuflect feacaim
genuflection feacadh
genuine dílis, fíor
geography tíreolaíocht, geografaíocht
geometry céimseata
geranium geiréiniam
germ ginidín, frídín
germinate ginim, péacaim
get faighim
ghost taibhse, sprid, scáil
giant fathach
giddy guagach, aerach
gift bronntanas, tabhartas
gigabyte gigibheart (computers)
gill geolbhach (of a fish)
gipsy giofóg
girdle crios
girl cailín
give tugaim
gizzard eagaois
glad áthasach, gliondrach, lúcháireach
gladness áthas, ríméad, lúcháir
glance sracfhéachaint, súilfhéachaint
gland faireog
glare (n.) dallrú, scalladh
glare (v.) dallraím, scallaim
glass gloine

gleam (n.) léas, loinnir
gleam (v.) dealraím, soilsím
gleaming dealrach
glen gleann
glimpse léargas, gearrfhéachaint
glitter ruithním, soilsím
glittering ruithneach, drithleach, soilseach
globe cruinneog, glób
global domhanda
gloomy dorcha, doiléir
glorify glóirím
glorious glórmhar
glory glóir
gloss snas
glossary gluais
glossy snasta, slíocach
glove lámhainn, miotóg
glue (n.) gliú, glae
glue (v.) gliúálaim
glut brúcht
glutton craosaire, amplóir
gluttony craos
gnash (v.) díoscaim
gnashing díoscadh
gnaw creimim, cnaím
go téim, imím
goad priocaim, broidim
goal cúl; cuspoir, sprioc
goalkeeper cúl báire
goat gabhar
goblet corn, cuach
goblin gruagach, ginid
God Dia
godchild leanbh baistí
goddess bandia
godfather athair baistí
godmother máthair bhaistí
goitre ainglis
gold ór
golden órga
goldfinch lasair choille
golf galf
good maith
good-humoured soilbhir, suairc
good luck ádh, bail
goodwill dea-mhéin
goose gé

gooseberry spíonán
gorse aiteann
gosling góislín
gospel soiscéal
gourmet beadaí
government rialtas
governor rialtóir
grace grásta
graceful grástúil, cruthúil
grade céim, grád
graduate céimí
graft nódaím
grain gráinne
grammar gramadach
granary gráinseach, iothlainn
grand breá
granddaughter gariníon
grandeur gradam, uaisleacht
grandfather seanathair, athair mór
grandmother seanmháthair, máthair mhór
grandson garmhac
granite eibhear
grant (n.) deontas, lamháil
grant (v.) deonaím, lamhálaim
grape fíonchaor
grapefruit seadóg
graphic (adj.) grafach
graphic (n.) grafaic
grasp (n.) greim
grasp (v.) beirim greim ar
grass féar
grasshopper dreoilín teaspaigh
grassy féarmhar
grate (n.) gráta
grate (v.) díoscaim, scríobaim
grateful buíoch
gratify sásaím
gratis in aisce, saor
gratitude buíochas
grave (n.) uaigh
grave (adj.) tromchúiseach, sollúnta
gravel gairbhéal, grean
gravy súlach, anlann
grazing (n.) iníor
grease (n.) bealadh, gréisc, smearadh
grease (v.) gréiscim, smearaim
greasy smeartha

great mór, ard, oll-
greatness méid, mórgacht, ardréim
greed ampla, saint, airc
greedy amplach, santach
green (n.) faiche, plásóg
green (adj.) glas, uaine
greeness glaise
green-linnet glasán darach
greet beannaím
greeting beannacht
grey liath
greyhound cú
grid greille
griddle grideall
gridiron róistín
grief brón, cumha, léan
grievance gearán, casaoid
grieve buairim
grimace strainc, strabhas
grin (n.) dradgháire
grin (v.) déanaim dradgháire
grind cognaím, meilim
grip (n.) greim
grip (v.) greamaím
grit grean
groan (n.) cnead, och
groan (v.) ligim cnead asam
grocer grósaeir
groove clais, eitre
ground talamh
ground-rent bunchíos
groundsel grúnlas
group buíon, scata, gasra, dream
grouse cearc fhraoigh, coileach fraoigh
grove garrán
grow fásaim
growl (n.) gnúsacht, glam, dranntán
growl (v.) drantaím
growth fás
grudge (n.) doicheall, olc
grudge (v.) maím, is mór liom
gruel brachán, praiseach
grumble gearánaim, cnáimhséalaim
grumbling cnáimhseáil, clamhsán
grunt déanaim gnúsach
grunting gnúsacht
guarantee (n.) urra, bannaí

guarantee (v.) téim in urrús ar
guard (n.) garda
guard (v.) gardálaim, cosnaím
guess (n.) tomhas
guess (v.) tomhaisim
guest aoi
guide (n.) treoraí, cinnire
guide (v.) treoraím, seolaim, stiúraim
guile cealg, cluain
guilt ciontacht
guilty ciontach
guitar giotár
gulf murascaill
gull faoileán
gum drandal; guma
gumboil liag dhrandail
gun gunna
gusset asclán
gutter silteán
gymnastics gleacaíocht

hH

habit béas, gnás, cleachtadh; aibíd
habitation cónaí, áitreabh
habitual gnách
hacker bradaí (computers)
haddock cadóg
hag cailleach
haggard (n.) iothlainn
haggard (adj.) caite
hailstone (n.) cloch shneachta
hail (v.) beannaím do
hair gruaig, folt, fionnadh (on animals)
haircut bearradh gruaige
hairdresser gruagaire
hairy gruagach, foltach
hake colmóir
hale folláin, sláintiúil
half leath
halibut haileabó
hall halla

Hallowe'en Oíche Shamhna
halo luan
halt (n.) stad, seasamh
halter adhastar
halve roinnim ina dhá leath
ham ioscaid, más; liamhás
hamlet clochán, gráig
hammer (n.) casúr
hammer (v.) buailim le casúr
hammock leaba luascáin
hamper cis
hand lámh
handball liathróid láimhe
handbook lámhleabhar
handcuffs glais lámh
handful dorn, mám, ladhar
handkerchief ciarsúr
handle (n.) lámh, cos, feac, crann
handle (v.) láimhsím
handsome dathúil, dóighiúil
handy áisiúil; deaslámhach
hang crochaim
hangman crochadóir
happens tarlaíonn
happiness séan, sonas, gliondar
happy séanmhar, sona, gliondrach
harass ciapaim, cráim
harbour cuan, caladh, port
hard crua, deacair, doiligh
hard disk diosca crua
harden cruaim
hardly ar éigean
hardship anró, cruatan
hardware crua-earraí
hardy miotalach, urrúnta
hare giorria
harm (n.) díobháil, dochar
harm (v.) déanaim dochar/díobháil do
harmful dochrach, díobhálach
harmonious binn, ceolmhar
harmony armóin, comhcheol
harness (n.) úim
harness (v.) cuirim úim ar
harp cláirseach, cruit
harpist cláirseoir, cruitire
harpoon muirgha
harrow (n.) bráca, cliath fhuirste

harrow (v.) fuirsím
harsh cruálach, garg
harshness gairbhe, crua
harvest fómhar
hasp haspa, lúbán
haste deabhadh, dithneas, deifir
hasten brostaím, deifrím
hasty deifreach, dithneasach
hat hata
hatch goraim
hatchet tua
hate (n.) fuath, gráin
hate (v.) fuathaim, is gráin liom
haughtiness uaibhreas, mórtas, móiréis
haughty uaibhreach, mórtasach, móiréiseach
haven cuan, dídean
havoc scrios, slad
haw sceachóir
hawk seabhac
hawker mangaire
hawthorn sceach gheal
hay féar, féar tirim
hayfork píce féir
hay rope súgán
haze ceo, rosamh
hazel coll
hazy ceobhránach
head ceann, cloigeann
headache tinneas cinn
header ceanntásc (computers)
headland rinn, ceann tíre
headline ceannlíne
headmaster ardmháistir
headmistress ardmháistreás
headphone cluasán
headquarters ceanncheathrú
headscarf caifirín
headstone cloch chinn
headstrong ceanndána
heal leigheasaim, cneasaím
health sláinte
healthy sláintiúil, folláin
heap (n.) carn, moll
heap (v.) carnaim
hear cloisim, cluinim
hearing éisteacht, cloisteáil

hearse eileatram, cóiste marbh
heart croí
heartbreak briseadh croí
heartburn dó croí
hearth tinteán, teallach
hearty croíúil
heat (n.) teas, brothall
heat (v.) téim
heater téiteoir
heath fraoch
heathen págánach
heather fraoch
heating téamh
heaven neamh, na flaithis
heavenly neamhaí
heaviness troime
heavy trom
hectare heicteár
hedge fál, claí
hedgehog gráinneog
hedge-sparrow donnóg
heed (n.) aire, aird
heed (v.) tugaim aird ar
heedful aireach, airdeallach
heedless neamhairdiúil, neamhaireach
heel sáil
heifer bodóg, bearach, seafaid
height airde
heir oidhre
helicopter heileacaptar
hell ifreann
helm halmadóir
helmet clogad
help (n.) cabhair, cúnamh, cuidiú, fóirithint
help (v.) cabhraím le, cuidím le
helpful cabhrach, cúntach
hemp cnáib
hen cearc
henceforth feasta
henhouse cró cearc
herb luibh, lus
herd tréad, sealbhán
herding aoireacht, buachailleacht
here anseo
heritage oidhreacht
hermit díthreabhach
hero gaiscíoch, laoch, curadh

heroic cróga, curata, laochta
heroine banlaoch
heroism gaisciúlacht, laochas
heron corr ghlas, corr mhóna
herring scadán
hiccup fail, snag
hidden i bhfolach, ceilte
hide (n.) seithe, craiceann
hide (v.) folaím, ceilim, cuirim i bhfolach
high ard
highlight (v.) aibhsím (computers)
highlighted aibhsithe (computers)
hill cnoc
hinder bacaim, coiscim
hindrance bac, toirmeasc, cosc
hinge inse
hint (n.) leid, nod
hint (v.) tugaim leid
hip corróg, cromán
hire (n.) tuarastal, fostú
hire (v.) fostaím, tógaim ar cíos
historian staraí
historical stairiúil
history stair
hit buailim
hive coirceog
hoard (n.) taisce, cnuas
hoard (v.) taiscim, cnuasaím, cuirim i dtaisce
hoarse piachánach, cársánach
hoarseness cársán, piachán
hobby-horse capall maide
hockey haca
hoe grafóg
hogget uascán
hold (n.) greim
hold (v.) coinním, coimeádaim
holding gabháltas
hole poll
holiday (lá) saoire
holiness naofacht
holly cuileann
holy naofa, beannaithe
Holy Spirit Spiorad Naomh
holy orders oird bheannaithe
holy water uisce coisricthe
homage urraim, ómós

home baile
home, at sa bhaile
home page leathanach baile (computers)
homely tíriúil
homewards abhaile
honest cneasta, macánta, ionraic
honesty macántacht, cneastacht, ionracas
honey mil
honeycomb cíor mheala
honeymoon mí na meala
honeysuckle féithleann
honour (n.) onóir, gradam
honour (v.) onóraím
honourable fiúntach, measúil, onórach
hood cochall, húda
hoof crúb
hook (n.) crúca, duán
hook (v.) camaim
hoop fonsa
hop léimim, tugaim truslóg
hope (n.) dóchas
hope (v.) tá dóchas agam
hopeful dóchasach
horizon bun na spéire, fíor na spéire
horn adharc
horned adharcach, beannach
hornless maol
horrible uafásach
horror gráin; uafás
horse capall, each
horse chestnut crann cnó capaill
horseman marcach, eachaí
horsepower each-chumhacht
horseshoe crú capaill
hosiery góiséireacht
hospitable fial, fáilteach
hospital ospidéal
hospitality féile, flaithiúlacht
hostage giall, brá
hostel brú
hostile naimhdeach, eascairdiúil
hostility naimhdeas, eascairdeas
hot te
hotel teach ósta, óstán
hot-headed teasaí
hound cú
hour uair

house teach
household teaghlach, líon tí
housekeeping tíos
hovel prochóg, bráca
hovering (ar) foluain
how conas? cén chaoi?
however áfach, ámh
howl (n.) uaill, glam, búireach
howl (v.) béicim, ligim uaill, glam
hubbub rírá
hue dath
huff stuaic
hug (n.) barróg
hug (v.) fáiscim, cuachaim
huge ollmhór
hull craiceann, faighneog;
  cabhail (hull of ship)
hum crónán, dordán
human daonna
humanity daonnacht
humble (v.) íslím
humble (adj.) uiríseal, umhal
humid tais
humorous greannmhar, barrúil
humour greann, giúmar
hundred céad
hunger ocras
hungry ocrach
hunger strike stailc ocrais
hunt (n.) seilg, fiach
hunt (v.) fiachaim, seilgim
hunter sealgaire
hurdle cliath
hurl teilgim, radaim
hurler iománaí
hurley camán
hurling iománaíocht
hurling ball sliotar
hurricane spéirling, stoirm ghaoithe,
  hairicín
hurry (n.) deifir, deabhadh, dithneas,
  driopás
hurry (v.) brostaím, deifrím
hurt (n.) gortú
hurt (v.) gortaím
hurtful nimhneach, díobhálach, dochrach
husband fear céile

husk crotal, faighneog, blaosc
husky piachánach
hut bothán, creo
hyacinth bú
hydrophobia hidreafóibe
hymn iomann
hyperlink hipearnasc
hyphen fleiscín
hypocrisy bréagchrábhadh, fimíneacht
hypocrite fimíneach
hypotenuse taobhagán
hysterical taomach

ice oighear, leac oighir
iceberg cnoc oighir
ice-cream uachtar reoite
icicle birín seaca
icon deilbhín
icon íocón (computers)
icy oighreata
idea smaoineamh, idé
idiot amadán (male), óinseach (female)
idle díomhaoin
idleness díomhaointeas
idol íol, dia bréige
idolatry íoladhradh
if dá, má
if not muna, mura
ignoble anuasal, suarach
ignorance ainbhios, aineolas
ignorant ainbhiosach, aineolach
ill tinn, breoite
illegal neamhdhlíthiúil, mídhleathach
illegible doléite
ill fame míchlú
ill luck mí-ádh, mífhortún
ill-mannered drochbhéasach
illness breoiteacht, tinneas
ill tidings drochscéal
ill-treatment drochíde, drochúsáid

illustrate léirím
image íomhá, dealbh
imaginary samhailteach
imagination samhlaíocht
imagine samhlaím
imitate déanaim aithris ar
imitation aithris
immaculate gan smál, gan teimheal
immediately láithreach, ar an bpointe, ar an toirt
immerse tumaim
immodest mínáireach
immortal neamhbhásmhar
impatient mífhoighneach
impediment bacainn, constaic
impertinence soibealtacht
implement uirlis, ball acra
implore impím
import allmhaire
importance tábhacht, éifeacht
important tábhachtach
importer allmhaireoir
impossible dodhéanta
imprison cuirim i bpríosún
improve feabhsaím
improvement feabhas, biseach
inbox post isteach (computers)
incense túis
inch orlach
incident eachtra, tarlú
inclination claonadh
income ioncam, teacht isteach
incompatible neamh-chomhoiriúnach (computers)
inconvenience míchongar, míchaothúlacht
inconvenient aistreánach, míchaothúil
increase (n.) ardú, méadú
increase (v.) méadaím
incredible dochreidte
incurable doleigheasta
indeed go deimhin
indefinite éiginnte
indent (n.) eang (computers)
indent (v.) eangaigh (eangaím) (computers)
independent neamhspleách
index innéacs

indifference neamhshuim
indignation díomú, míchéadfa, fearg
indirect indíreach
indulgence logha
industrious saothrach, dlúsúil, ionnúsach
industry tionscal; dúthracht
infant naíonán
infectious tógálach
information, updated information eolas nuashonraithe
information technology teicneolaíocht an eolais
inflation boilsciú
influence tionchar, cumhacht, anáil
influenza fliú
information faisnéis, eolas
ingenious beartach
ingenuity beartaíocht
ingratitude neamhbhuíochas
inhabitant áitritheoir
inhale ionanálaím
inheritance oidhreacht
inhospitable doicheallach
injection instealladh
injury damáiste, dochar, díobháil
injustice éigeart, éagóir
ink dúch
ink cartridge cartús dúiche
inkjet printer scairdphrintéir
inlet góilín
inn ósta, teach ósta
innkeeper óstóir
innocence neamhurchóid
innocent neamhchiontach
input (n.) ionchur
input (v.) ionchuirim
inquire fiafraím, fiosraím
inquisitive fiosrach, caidéiseach
insanity gealtacht, mire
inscription inscríbhinn
insect feithid
insert (v.) ionsáim (computers)
inside taobh istigh
inspector cigire
inspiration anáil
install (v.) suiteálaim (computers)
installation suiteáil (computers)

instead in ionad, in áit
instep droim coise
instinct dúchas
instruction teagasc, múineadh
instructor teagascóir
instrument gléas, ionstraim, uirlis
insult (n.) tarcaisne, masla, achasán
insult (v.) tarcaisním, maslaím
insulting maslach, tarcaisneach
insurance árachas
insurrection ceannairc, éirí amach
intellect intleacht, meabhair
intelligence intleacht, tuiscint, éirim
intelligent éirmiúil
intention rún, intinn
intercede déanaim idirghuí
intercession idirghuí, impí
interest ús (on money); suim, spéis
interesting suimiúil
internet idirlíon
internet options roghanna idirlín
internet service provider soláthraí
  seirbhísí idirlín
interpret míním
interval achar, seal, sos
interview agallamh
into isteach
invasion ionradh
invisible dofheicthe
invitation cuireadh
Irish Gaelach, Éireannach
Irish language Gaeilge
Irish person Gael, Éireannach
Irish speaker Gaeilgeoir
Irish-speaking district Gaeltacht
irritate corraím, feargaím
island oileán, inis
isthmus caol talún, cuing
italic iodálach
itch tochas
ivory eabhar
ivy eidhneán

jackdaw cág
jacket seaicéad
jaded tnáite, traochta
jagged fiaclach, mantach
jail príosún
jam subh
jamb ursain
January Eanáir
jar próca, searróg
jargon béarlagair, glafaireacht
jaundice na buíocháin
javelin bonsach, ga
jaw giall, corrán
jealous éadmhar
jealousy éad
jeep jíp
jeer fonóid, scigireacht
jelly glóthach
jeopardy contúirt, baol, guais
jersey geansaí
jest (n.) ábhacht, greann
jest (v.) táim ag magadh
jet scaird
jet engine scairdinneall
jet plane scairdeitleán
jewel seoid
jeweller seodóir
jig port
job obair
jockey marcach, jacaí
joint (n.) alt, spóla (meat)
joint (adj.) comhpháirteach
joist giarsa
joke magadh, greann
jolly meidhreach, aerach
jotter breacaire
journal tréimhseachán, iris
journalism iriseoireacht
journey (n.) aistear, turas
journey (v.) triallaim
jovial meidhreach, soilbhir

joy áthas, lúcháir, gliondar
joyful áthasach, lúcháireach, gliondrach
jubilant lúcháireach
jubilee iubhaile
judge (n.) breitheamh
judge (v.) tugaim breith
judgement breith, breithiúnas
judo júdó
jug crúiscín, crúsca
juggler lámhchleasaí
juice sú, súlach
juicy súmhar, méith
July Iúil
jump (n.) léim, preab
jump (v.) léimim, preabaim
June Meitheamh
junior sóisear
juror coisteoir
jury coiste, giúire
just cóir, fíréanta, ceart
justice ceart, cothrom; breitheamh
justification comhfhadú (computers)
justify (v.) comhfhadaím (computers)

kale cál
keen géar, faobhrach
keep coimeádaim, coinním
keeper coimeádaí
kelp ceilp
kennel conchró
kernel eithne
kettle citeal, túlán
key eochair
key, function key feidhmeochair
  (computers)
key, return key eochair aisfhillidh
  (computers)
keyboard méarchlár
keys, arrow key saigheadeochair
  (computers)

kick (n.) speach, cic
kick (v.) speachaim, ciceálaim
kid meannán (goat)
kidnap fuadaím
kidnapping fuadach
kidney duán
kill maraím
kiln áith, tornóg
kilometre ciliméadar
kilt filleadh beag
kind (n.) cineál, sórt, saghas
kind (adj.) cineálta, carthanach, lách
kindle fadaím, deargaim
kindness cineáltas, carthanacht
king rí
kingdom ríocht
kingfisher cruidín
kingly ríúil, ríoga
kiss (n.) póg
kiss (v.) pógaim
kitchen cistin
kite eitleog
kitten piscín
knack deaslámhaí
knave cneamhaire, cuireata (at cards)
knead fuinim
knee glúin
kneecap pláitín glúine
kneel téim ar mo ghlúine
knell cling, creill
knife scian
knight ridire
knit cniotálaim
knob cnap, meall, murlán
knock (n.) buille, cnag
knock (v.) buailim, cnagaim
knocker boschrann, cnagaire
knot snaidhm
know aithním, tá a fhios agam
knowledge eolas, fios
knowledgeable eolach
knuckle alt

IL

label lipéad
laboratory saotharlann
laborious saothrach, duaisiúil
labour obair, saothar
labourer oibrí, saothraí
lace lása, iall (shoe-lace)
lacerate stollaim, stiallaim
lack easpa, éagmais, díth
lad garsún, buachaill, stócach, leaid
ladder dréimire
ladle liach
lady bean uasal
lair gnáthóg, uachais
laity tuath
lake loch
lamb uan
lame bacach
lament (n.) caoineadh, éagaoine, olagón
lament (v.) caoinim, éagaoinim
lamentable méileach, cásmhar
lamp lampa
lance sleá, lansa
land (n.) talamh, tír
land (v.) cuirim i dtír, téim i dtír
landlord tiarna talún
lane bóithrín, lána
language teanga; urlabhra
lank tanaí, seang
lantern laindéar, lóchrann
laptop computer ríomhaire glúine
larch learóg
lard blonag, saill mhuice
larder landrús
large mór, toirtiúil
lark fuiseog
laser léasar
laser printer printéir léasair
lash (n.) lasc, leadhb
lash (v.) lascaim, léasaim
last (v.) mairim, seasaim
last (adj.) déanach, deireanach

lasting buan, marthanach
latch laiste
late déanach, mall
lately le déanaí, ar na mallaibh, le gairid
lath lata, slis
lather sobal
latitude domhanleithead
lattice laitís
laudable inmholta
laugh (n.) gáire
laugh (v.) gáirim
laughing-stock ceap magaidh, staicín áiféise
laughter gáire
laundry neachtlann; teach níocháin
laurel labhras
lavish fial, flaithiúil
law dlí, reacht
lawful dleathach, dlisteaneach
lawn faiche, plásóg, léana
lawnmower lomaire faiche
lawsuit cúis dlí
lawyer dlíodóir
lay (v.) leagaim
lay (adj.) tuata
layer sraith, ciseal
layout, page layout leagan amach leathanaigh
laziness leisce, falsacht
lazy leisciúil, falsa
lead (n.) luaidhe
lead (v.) treoraím, stiúraim
leader treoraí, ceann feadhna, ceannaire
leaf duilleog, bileog
leaflet duilleoigín
leafy duilleach
league conradh; sraithchomórtas (sport)
leak braon anuas
leakage sceith, éalú
lean (v.) cromaim, claonaim
lean (adj.) tanaí, lom, caol
leap (n.) léim
leap (v.) léimim
leap year bliain bhisigh
learn foghlaimím
learned (adj.) léannta, foghlamtha
learning foghlaim, léann, eolas

lease léas
least is lú
leather leathar
leave (n.) cead (permission)
leave (v.) fágaim
leavings fuílleach
lecture léacht
lecturer léachtóir
leek cainneann
left clé
left-handed ciotach, ciotógach
leg cos
legacy leagáid, oidhreacht
legal dleathach, dlisteanach
legate leagáid
legend fáthscéal, finscéal
legitimate dlisteanach
leisure scíth, fóillíocht
lemon líomóid
lemonade líomanáid
lend tugaim ar iasacht
length fad
lengthen fadaím
leniency boige, trócaire
lenient bog, trocáireach
Lent Carghas
lent tugtha ar iasacht
lentils piseánach
leopard liopard
leper lobhar
leprosy lobhra
lessen laghdaím
lesson ceacht
let ceadaím (allow)
letter litir
letter, capital letter ceannlitir
lettuce leitís
level (adj.) cothrom, leibhéalta
lever luamhán
leveret patachán, glasmhíol
levy tobhach
liar bréagadóir
libel leabhal
liberal fial, lách
liberate saoraim, fuasclaím
liberty saoirse
librarian leabharlannaí

library leabharlann
licence cead, ceadúnas
lichen crothal, duileascar
lick lím
lid clár, claibín
lie (n.) bréag, éitheach
lie (v.) luím
lieutenant leifteanant
life beatha, saol
lift (n.) ardaitheoir
lift (v.) tógaim, ardaím
light (n.) solas
light (v.) lasaim, adaím
light (adj.) éadrom
lighthouse teach solais
lightning tintreach, splanc
like (n.) lcithéid
like (v.) is maith liom
like (adj.) cosúil le
likeness cosúlacht, dealramh
lilac líológ
lily lile
limb géag
lime aol
limestone aolchloch
lime tree teile
limit teorainn
limited teoranta
limpet bairneach
linchpin pionna rotha
line líne, dorú (fishing line)
line, off line as líne (computers)
line, on line ar líne (computers)
linen línéadach
ling langa
linger moillím
linguist teangeolaí
lining líneáil
link (n.) lúb
link (v.) ceanglaím
link nasc (computers)
link (v.) nascaim (computers)
linnet gleoiseach
linseed ros lín
lint líonolann
lion leon
lioness leon baineann

lip liopa
lips beola, liopaí
lipstick béaldath
liquid (n.) leacht
liquid (adj.) leachtach
lisp briotaíl
list liosta
listen éistim
listener éisteoir
listless spadánta, fuaránta
litany liodán
literature litríocht
litre lítear
litter bruscar (rubbish); ál (brood)
little (n.) beagán
little (adj.) beag
live (v.) mairim, cónaím
live (adj.) beo
livelihood slí bheatha
liveliness beogacht, anamúlacht
lively beoga, anamúil
liver ae
livery libhré
livestock beostoc
livid glasghnéitheach
living beo, ina bheatha
lizard earc luachra, laghairt
load (n.) ualach
load (v.) ualaím
load (v.) lódálaim (computers)
loaf builín, bulóg
loan iasacht
loathe (v.) fuathaím, gráiním
loathing fuath, gráin
lobster gliomach
local áitiúil
locate aimsím
lock (n.) dual, dlaoi (of hair); glas (of door)
lock (v.) cuirim gaoi ghlas
lock, caps lock glas ceannlitreacha
  (computers)
locust lócaiste
lodging lóistín, ósta
loft lochta
log sail (of wood)
log in/out logáil ann/as
logic loighic

loiter moillím
loiterer máingeálaí
lollipop líreacán
lone aonair, aonraic
loneliness cumha, uaigneas
lonely uaigneach, aonarach
long (adj.) fada
long (v.) tá mé ag tnúth le
long ago fadó
longing tnúthán, dúil
longitude domhanfhad
long lived fadsaolach
long-term fadtéarma
look féachaim, amharcaim, dearcaim,
  breathnaím
loom seol
loop lúb
loose (adj.) scaoilte
loose (v.) scaoilim, bogaim
loot creacaim
lord tiarna
Lord Mayor Ardmhéara
lorry leoraí
lose caillim
loss cailleadh, caillteanas
lot cinniúint (fate)
lottery crannchur
loud ard, glórach
loudspeaker callaire
lout bastún
love (n.) grá, gean, cion
love (v.) gráim
loveliness áilleacht, scéimh
lover leannán
loving grách, geanúil, ceanúil
low (n.) géim (of cow)
low (adj.) íseal
loyal dílis
loyalty dílseacht
lucid solasmhar, soilseach
luck ádh
lucky ádhúil, ámharach
luggage bagáiste
lukewarm bogthe, patuar
lullaby suantraí
luminous lonrach, solasmhar
lump meall, cnap, ailp

lumpy cnapánach
lunacy buile, gealtacht
lunatic gealt
lunatic asylum teach na ngealt
lunch lón
lung scamhóg
lust ainmhian, drúis
lustre loinnir
luxuriant bláfar
luxurious sómasach
luxury só
lyre lir

machine inneall, meaisín
mackerel ronnach, maicréal
mad ar buile, ar mire
madman duine buile, gealt
madness báiní, buile, gealtacht
maggot cruimh
magic (n.) draíocht
magician draoi
magnet adhmaint, maighnéad
magpie snag breac, meaig
maid maighdean, ainnir
mail cathéide (armour); post (letters)
mail, electronic mail ríomhphost
  (computers)
mail message teachtaireacht ríomhphoist
  (computers)
mailbox bosca ríomhphoist (computers)
mainland mórthír
majority formhór, bunáite, tromlach
make déanaim
male (adj.) fireann
malice mailís, mioscais, mírún
mallet máilléad
malt (n.) braich
malt (v.) braichim
man fear
manage riaraim, stiúraim

management riaradh, stiúradh
management, project management
  bainistíocht tionscadail
manager bainisteoir
mane moing
mange claimhe
manger mainséar
manhood aois fir
maniac máineach
manicure lámh-mhaisiú
mankind an cine daonna
manly fearúil, cróga
manner modh, dóigh, caoi
mannerly béasach, múinte
manor mainéar
mansion teach mór
manslaughter marú, dúnorgain
mantelpiece matal
mantle fallaing, clóca
manufacture déantús
manure (n.) aoileach, leasú
manure (v.) leasaím
manuscript lámhscríbhinn
many mórán, go leor
map léarscáil, mapa
maple mailp
marble marmar; mirlín
March Márta
march (v.) máirseálaim
mare láir
margarine margairín, buíoc
margin imeall, ciumhais, bruach
marigold ór Muire
mariner mairnéalach, maraí
mark (n.) marc, sprioc
mark (v.) marcálaim
market margadh
market-day lá margaidh
marmalade marmaláid
marquee ollphuball
marriage pósadh
married pósta
marrow smior
marrow mearóg (vegetable)
marry pósaim
marsh corrach, riasc, bogach
martyr mairtíreach

marvel iontas
marvellous iontach
masculine fireann; firinscneach (grammar)
mash (v.) brúim
mask aghaidh fidil; púicín, masc
mason saor cloiche
Mass Aifreann
massacre (n.) ár, sléacht, coscairt
massacre (v.) coscraím
massive toirtiúil
mast crann seoil
master (n.) máistir
master (v.) smachtaím, ceansaím
mastiff maistín
mat mata, cáiteog
mat, mouse mat mata luiche/luchóige
match lasán, cipín solais
mate comrádaí, compánach, máta
material ábhar
mathematics matamaitic
matter ábhar
mattress tocht
mature aibí
May Bealtaine
mayor méara (**lord mayor** ardmhéara)
meadow móinéar, cluain
meal (adj.) béile, proinn; min
mean (adj.) suarach, sprionlaithe
meaning brí, ciall, míniú
means deis (opportunity)
meantime idir an dá linn
measles bruitíneach
measure (n.) tomhas
measure (v.) tomhaisim
meat feoil
mechanic ceardaí, meicneoir
medal bonn
medicine leigheas
meditate meabhraím
meek ceansa
meekness ceansacht
meet casaim ar, buailim le
meeting cruinniú, tionól
megabyte meigibheart (computers)
melancholy dubhach
melodious binn, séisbhinn
melody séis, fonn

melon mealbhacán
melt leáim
member ball
memorial (adj.) cuimhnitheach
memorise cuirim de ghlanmheabhair
memory cuimhne
mend deisím, leasaím
mended deisithe
mention luaim
menu roghchlár (computers)
menu, pop-up menu roghchlár aníos
  (computers)
menu card biachlár
merchant ceannaí
merciful trócaireach
merciless míthrócaireach
mercy trócaire
merge cumasc (computers)
merit (n.) luaíocht, tuillteanas
merit (v.) tuillim
mermaid maighdean mhara, murúch
merriment soilbhreas, meidhir, suairceas
merry meidhreach, súgach
message teachtaireacht
message, mail message teachtaireacht
  ríomhphoist (computers)
messenger teachtaire
metal miotal
metalwork miotalóireacht
method modh, dóigh
microphone micreafón
microscope micreascóp
midday meán lae
middle lár, meán
middling cuibheasach, measartha
midnight meán oíche
midwinter dúluachair
might neart
mild séimh, caomh, cineálta
mildew caonach liath, coincleach
mildness séimhe, caoimhe, boige
mile míle
milk (n.) bainne
milk (v.) crúim, blím
milking-parlour bleánlann
milkman fear bainne
milky way bealach na bó finne
mill (n.) muileann**

mill (v.) meilim
miller muilleoir
million milliún
millionaire milliúnaí
millstone bró, cloch (mhuilinn)
mimic (n.) aithriseoir
mimic (v.) déanaim aithris ar
mincer miontóir
mind (n.) cuimhne, meabhair, aigne
mind (v.) tugaim aire do
mine mianach
miner mianadóir
mineral (adj.) mianrach
minister ministir; aire (in government)
mint miontas
minute (n.) nóiméad
miracle míorúilt
miraculous míorúilteach
mirror scáthán
mirth gliondar, meidhréis, sult
miscellany meascra
mischief urchóid, díobháil, dochar
mischievous mailíseach
miser truailleachán, sprionlóir
miserable ainnis, cráite
misery anó, ainnise
misfortune mí-ádh, anachain, mífhortún
mishap míthapa, taisme
mist ceobhrán
mistake earráid, dearmad, botún
mistletoe drualus
mistress máistreás
mitten mitín
mix meascaim
mixture cumasc, meascán
moan (n) ochlán, éagaoin
moat móta
mob gramaisc
mobile (adj.) soghluaiste
mock déanaim magadh, fonóidim
mockery magadh, scigireacht
mode dóigh, modh
mode mód (computers)
mode, safe mode mód slán (computers)
model samhail
modem móideim (computers)
moderate measartha

modern nua-aoiseach, nua-aimseartha
modest modhúil, cúlánta
modesty modhúlacht, cúlántacht
moist tais
moisture fliuchras, taisleach
mole ball dóráin (on skin); caochán (animal)
monastery mainistir
Monday Luan
money airgead
monitor monatóir (computers)
monk manach
monkey moncaí
monster arrachtach, ollphéist
month mí
monthly míosúil
monument leacht, cloch chuimhne
moon gealach, ré
moor móinteach, caorán
mop mapa, strailleán
morning maidin
morsel ruainne
mortal marfach, básmhar
mortar moirtéar
moss caonach, bogach
moth leamhan
mother máthair
mother-in-law máthair chéile
motion gluaiseacht
motive bunchúis, siocair
motor-cycle gluaisrothar
mould múnlaím
mound tulach, mullóg
mount (v.) téim suas
mountain sliabh
mountain ash caorthann
mourn caoinim
mournful dubhach, dobrónach, éagaointeach
mouse luch
mouse luch/luchóg (computers)
mouse button cnaipe luiche
mouse mat mata luch/luchóige
mouse pointer pointeoir luiche/luchóige
mouth béal
mouthful bolgam, béalóg
move aistrím, corraím, gluaisim

movement gluaiseacht
much mórán, a lán
mud lathach, pluda, puiteach, láib
mudguard pludgharda
muffin bocaise
mug muga
mulberry maoildearg
mule miúil
mullet milléad
multimedia ilmheáin
multiplication méadú, iolrú
multiply méadaím
multitude ollslua
multi-user (adj.) ilúsáideora (computers)
mumps leicneach, plucamas
murder (n.) dúnmharú
murder (v.) dúnmharaím
murderer dúnmharfóir
murmur monabhar
museum músaem, iarsmalann
mushroom beacán, muisiriún
music ceol
musical ceolmhar
musician ceoltóir
mustard mustard
mute gan fuaim (computers)
mutiny ceannairc
mutton caoireoil
my mo
mystery rúndiamhair, mistéir

nail tairne; ionga (on finger)
naked nocht
name (n.) ainm, gairm; clú,
  cáil (good name)
name (v.) ainmním
nameplate ainmchlár
nap néal codlata, sámhán codlata
napkin naipcín
narrow cúng, caol

nasal srónach
nasty gránna, salach
nation náisiún
national náisiúnta
nationalism náisiúnachas
nationalist náisiúnaí
native (n.) dúchasach
native (adj.) dúchasach
natural nádúrtha, dual
nature nádúr, dúlra
nausea déistin, samhnas, masmas
navigation loingseoireacht
navigator maraí, loingseoir
navy cabhlach
negligent faillitheach
neap tide mallmhuir
near in aice, cóngarach, i ngar do
nearly beagnach, nach mór, geall le
nearness foisceacht, cóngar, giorracht
neat néata, slachtmhar, córach
necessary riachtanach
necessity riachtanas, gá
neck muineál
necklace bráisléad, muince (brád)
need riachtanas, gá
needle snáthaid
needy easpach, gátrach
negative diúltach
neglect (n.) faillí, neamhaire
neglect (v.) faillím
neglectful faillíoch, neamartach
negligence neamhchúram, faillí
neigh seitreach
neighbour comharsa
neighbourhood comharsanacht
neighbouring cóngarach
neither ceachtar
nephew nia
nerve néaróg
nervous teasaí, imníoch, neirbhíseach
nest (n.) nead
nest (v.) neadaím
net líon, eangach
nettle neantóg
network líonra, mogalra
neuralgia néarailge
neuter neodrach

neutral neodrach
never choíche, go brách, go deo
nevertheless mar sin féin
new nua, úr
new contact teagmháil nua (computers)
news scéala, nuacht
newspaper nuachtán
New Year's Day Lá Caille
nice deas
nickname leasainm
niece neacht
night oíche
nightfall titim na hoíche
nightmare tromluí
nimble lúfar, aclaí
nine naoi
ninth naoú
nitrogen nítrigin
nobility uaisleacht
noble uasal, maorga
nobleman uasal
nod sméideadh; néal (sleep)
noise torann, callán, fothram, gleo
noisy glórach, callánach
nomination ainmniúchán
nonsense seafóid, raiméis, díth céille, áiféis
nonsensical díchéillí, amaideach, raiméiseach
nook cúil
noon meán lae, nóin
noose snaidhm reatha
normal view gnáthradharc (computers)
north thuaidh, tuaisceart
North Pole Mol Thuaidh
north-west iarthuaisceart
nose srón
nostril polláire, poll sróine
not responding gan freagairt (computers)
notable sonrach, suntasach
notch eang
note nóta
notebook leabhar nótaí
nothing neamhní, dada, faic
notice (n.) fógra, rabhadh
notice (v.) tugaim faoi deara
notion nóiseann, smaoineamh
notorious míchlúiteach

notwithstanding ainneoin
nought neamhní
noun ainm, ainmfhocal
nourish beathaím, cothaím
nourishing beathaitheach
nourishment cothú
novel (adj.) nua, úr
novel (n.) úrscéal
novelist úrscéalaí
November Mí na Samhna, Samhain
novice nóibhíseach
now anois
nozzle soc
nuisance crá
numb gan mhothú, mairbhleach
number (n.) uimhir, líon
number (v.) áirím
numbness fuarnimh, barrliobar, eanglach
numerous líonmhar, ionadúil
nun bean rialta
nurse banaltra, altra
nursing altranas, banaltracht
nut cnó
nutcracker cnóire
nutritious cothaitheach
nutshell blaosc cnó

oak dair
oak-wood doire
oar maide rámha
oath mionn
oatmeal min choirce
oats coirce
obedience umhlaíocht
obedient umhal, géilliúil
obelisk oibilisc
obey géillim
object (n.) cuspóir, ábhar
object (v.) cuirim i gcoinne
objection agóid

obligation dualgas, ceangal, oibleagáid
obligatory éigeantach
oblique fiar, sceabhach
obscene gáirsiúil, graosta
obscure (adj.) dorcha, doiléir, smúitiúil
obscure (v.) doirchím
observant aireach, grinn
observation sonrú, breathnú
observe comhlíonaim; breathnaím, tugaim faoi deara
obstacle bac, constaic
obstinate ceanntréan
obstruct bacaim, toirmiscim
obstruction bac
obtain faighim
obtainable infhaighte, le fáil
obtuse maol
obvious soiléir, foillasach
occasion ócáid
occasional corr-
occasionally anois agus arís
occupation post
occupy sealbhaím
occurrence teagmhas, tarlú
ocean aigéan, bóchna
October Deireadh Fómhair
oculist súil-lia
odd corr, aisteach
odour boladh
offline as líne (computers)
offence coir
offend maslaím
offensive tarcaisneach, maslach
offer (n.) tairiscint
offer (v.) tairgim
offering íobairt; tairiscint
office oifig
officer feidhmeannach, oifigeach
official oifigiúil, údarásach
offspring sliocht, gin
often go minic
oil (n.) ola
oil (v.) olaím, cuirim ola ar
oily olúil
ointment ungadh
old aosta, sean
Olympic Oilimpeach

omelette uibheagán
omen tuar, mana
omission faillí
omnipotent uilechumhachtach
online ar líne (computers)
one aon, amháin
one-eyed aonsúileach
onion oinniún
onset ionsaí, fogha
open (adj.) osclaím
opera ceoldráma
operation (medical) obráid, seanairt
operator oibreoir
opinion tuairim, barúil
opportune tráthúil, caoithiúil
opportunity faill, caoi, deis
oppose cuirim i gcoinne
opposite ar aghaidh, os comhair
opposition freasúra
oppress déanaim foréigean ar
oppression leatrom, foréigean
oppressive éigneach, leatromach
optician radharceolaí
option rogha
options, internet options roghanna idirlín
or nó
orange oráiste
oration óráid
orator óráidí
oratory óráidíocht
orchard úllord
orchestra ceolfhoireann
ordain oirním
order (n.) ordú (command); eagar (arrangement); Ord Beannaithe (Holy Order)
order (v.) ordaím
order, alphabetic order ord aibítre
ordinary coitianta, gnách
ore mianach
organ orgán
organisation eagraíocht
organise eagraím
origin bunadh, bunús, bunúdar
original bunaidh
ornament (n.) ornáid
ornament (v.) ornaídím, maisím

orphan dílleachta
orphanage dílleachtlann
ostrich ostrais
other eile
otter dobharchú, madra uisce
ounce unsa
our ár
out amach
outbox post amach (computers)
outcast díbeartach
outcome toradh
outlaw eisreachtaí, ceithearnach coille
outline imlíne, creatlach
outline view radharc imlíneach
  (computers)
output aschur
outrage éigneach, feillbheart
outrageous éigneach; scannalach
outside lasmuigh de, taobh amuigh de
oval ubhchruthach
oven oigheann
over os cionn, thar
overboard thar bord
overcome (v.) sáraím, cloím
overcome (adj.) sáraithe, cloíte
overflow (n.) sceitheadh
overflow (v.) sceithim, tuilím
overseer feitheoir, maor
overtake tagaim suas le
overthrow cloím, treascraim
overtime ragobair (work)
owe tá euro agam air (he owes me a euro)
owl ulchabhán, scréachóg reilige,
  ceann cait
own (v.) sealbhaím
owner úinéir
oyster oisre
ozone ózón

pace coiscéim; luas
pacify síothaím, ceansaím
package pacáiste
packet paicéad, beartán
paddle (n.) céasla
paddle (v.) céaslaím
paddock banrach
padlock glas fraincín
pagan (n.) págánach
paganism págántacht
page (of book) leathanach, duilleog
page (servant) giolla
page, blank page leathanach bán
page, home page leathanach baile
page, web page leathanach gréasáin
page break briseadh leathanaigh
  (computers)
page down/up brúigh leathanach síos/suas
page layout leagan amach leathanaigh
paid díolta
pain (n.) pian
pain (v.) gortaím, goillim
painful pianmhar, nimhneach
painkiller pianmhúchán
paint (n.) dath, péint
paint (v.) péinteálaim
painter péintéir
pair péire
palace pálás
palate carball
pale mílítheach, bánghnéitheach
palm (tree) pailm
palm (of hand) bos, dearna
pamphlet paimfléad
pan friochtán, panna
pancake pancóg
pane pána
panel painéal
panel, control panel painéal rialúcháin
  (computers)
pansy goirmín; piteog

pantomime geamaireacht
pantry pantrach
paper páipéar
paper tray tráidire páipéir (printing)
parable fabhalscéal, fáthscéal
parachute paraisiút
parade mórshiúl, taispeántas, paráid
paradise parthas
paragraph alt
parallel comhthreomhar
parapet slatbhalla, uchtbhalla
parasol scáth gréine
parcel beart, ceangaltán
parched spallta, stiúgtha
parchment pár, meamram, cairt
pardon (n.) pardún, maithiúnas
pardon (v.) maithim
pare bearraim
parent tuismitheoir
parish paróiste
park páirc
parliament parlaimint
parlour parlús
parrot pearóid
parse miondealaím, parsálaim
parsley peirsil
parsnip meacan bán
part (n.) cuid, páirt
part (v.) scaraim
part-time páirtaimseartha
partial claonta
partiality claonadh
particle cáithnín, gráinnín
partition deighilt, rann
partner páirtí
partnership páirtíocht
partridge patraisc
party páirtí (political); cóisir;
　comhluadar (pleasure)
pass (n.) altán, bearnas, mám
pass (v.) gabhaim thar
passage pasáiste
passenger paisinéir
passive smoking caitheamh fulangach
passport pas
paste leafaos, taos
paste (v.) greamaím (computers)

pastime caitheamh aimsire
pastry taosrán
pasture féarach
patch (n.) preabán, paiste; geadán, leadhb
　(land)
patch (v.) paisteálaim
path cosán, cúrsa
patience foighne
patient (n.) othar
patient (adj.) foighneach
patriot tírghráthóir
patriotism tírghrá
patronage coimirce, pátrúnacht
pattern sampla, eiseamláir, patrún
pause stad, moill
pavement pábháil
paw crúb, lapa
pawn fichillín (chess)
pay pá, tuarastal
payment íocaíocht, luach saothair
pea pis
peace síocháin, suaimhneas
peaceable síochánta, suaimhneach
peach péitseog
peacock coileach péacóige
peak speic (of cap); binn (of a mountain)
peaked biorach, speiceach
pear piorra
pearl péarla
pebble méaróg, púróg
peculiar aisteach
pedal troitheán
pedestal coisí bun, seastán
pedestrian coisí
pedigree ginealach
pedlar mangaire
peel (n.) craiceann
peel (v.) bainim an craiceann de
peep gliúc, gíoc
peevish colgach, cantalach
peevishness cantal
peg bacán, pionna
pen (for writing) peann
pen (for sheep) cró, loca
penance aithrí
pencil peann luaidhe
pendulum luascadán

penetrate pollaim
penisula leathinis, glasoileán
penny pingin
pension pinsean
pensioner pinsinéir
pensive smaointeach
Pentecost Cincís
penury bochtaineacht, gátar
people (in general) daoine, pobal
people (set) lucht, muintir
pepper piobar
perceive mothaím, airím, tuigim
percentage céatadán
perception aireachtáil, tuiscint
perch péirse (fish)
percolator síothlán
perfect (adj.) foirfe
perfect (v.) foirfím
perfume cumhrán
peril baol, contúirt, guais
perilous baolach, contúirteach, guaiseach
perimeter imlíne
period tréimhse, seal, achar
periodical (adj.) tréimhsiúil
periodical (n.) irisleabhar, tréimhseachán
perished préachta (with the cold)
periwinkle faocha, miongán
perjury mionnú éithigh
permanent buan, seasta, seasmhach
permission cead
permit (n.) ceadúnas
permit (v.) ceadaím
perpetual síoraí, buan
perplex mearaím
perplexity mearú, mearbhall
persecute cráim, ciapaim
persecution géarleanúint, spídiúlacht
perseverance buanseasmhacht
persevere leanaim de
person duine, pearsa
personal pearsanta
personnel pearsanra
perspiration allas
persuade áitím ar
perverse urchóideach
pest (plague) plá
pet peata

petition achainí, impí
petrol peitreal, artola
petticoat fo-ghúna
pettish cantalach, meirgeach
pettishness cantal, colg
petty suarach, beag
phantom taibhse, scáil, samhail
pheasant piasún
phenomenon feiniméan
philosopher fealsamh
philosophy fealsúnacht
photograph grianghraf
phrase abairt, leagan cainte, frása
physician lia, dochtúir
physicist fisiceoir
physics fisic
piano pianó
pick bainim, cnuasaim, piocaim, roghnaím
pickaxe piocóid
picnic picnic
picture pictiúr
pie pióg
piece píosa, giota
pig muc
pigeon colúr, colm
pike (fish) liús
pile carn, carnán, cruach
pill piollaire
pillar colún, piléar, cuaille
pillow ceannadhairt, piliúr, adhairt
pilot píolóta
pimple goirín
pin biorán
pine (tree) giúis
pineapple anann
pink bándearg
pinnacle stuaic, binn
pint pionta
pious cráifeach, diaganta
pipe píopa, feadóg, píb
pipeline píblíne
piper píobaire
pirate foghlaí mara
pit clais, poll, sloc
pitcher crocán
pity trua
place áit, ionad

placid ciúin, sámh, séimh, suaimhneach
plaice leathóg
plain (n.) machaire, má
plain (adj.) soiléir, follasach, pléineáilte
plaintiff éilitheoir, gearánaí
plan plean, beart, scéim, seift
plane locar; plána (tool)
planet pláinéad
plant planda
plantation fáschoill, plandáil
plaster plástar
plate pláta
plateau ardchlár
play (n.) imirt, súgradh; dráma
play (v.) imrím
playback (n.) athsheinm
player imreoir
playful spórtúil, spraíúil
playing imirt, súgradh; seinm (music)
plaything áilleagán, bréagán
plead pléadálaim; impím
pleasant taitneamhach, pléisiúrtha,
　aoibhinn
please más é do thoil é
please (v.) sásaím, toilím, taitním le
pleasure sásamh, pléisiúr, sult, taitneamh
pledge geall
plentiful flúirseach, iomadúil, líonmhar
plenty neart, flúirse, raidhse
pleurisy pliúraisí
plight caoi, bail, riocht
plot comhcheilg
plot (of ground) ceapach
plough (n.) céachta
plough (v.) treabhaim
ploughed treafa
ploughman treabhdóir
plover feadóg
plug stopallán, dallán
plug (n.) plocóid
plug in (v.) plugálaim
plum pluma
plumber pluiméir
plump páinteach, beathaithe
plunder (n.) slad, creach
plunder (v.) creachaim, bánaím, foghlaím
plunderer creachadóir, foghlaí

plural iolra
pocket póca
pod cochall, faighneog
poem dán
poet file
poetical fileata
poetry filíocht
point bior, rinn, pointe; cúilín (sport)
pointer pointeoir (computers)
pointer, mouse pointer pointeoir
　luiche/luchóige
poison nimh
poker priocaire; pócar (cards)
pole cuaille, polla
policy polasaí, beartas
polish snasán, snas
polite múinte, béasach
political polaitiúil
politician polaiteoir
politics polaitíocht
pollute salaím, truaillím
pollution salachar, truailliú
poltroon scraiste, meatachán
pomp mustar
pompous mustrach
pond lochán, linn
pony pónaí, gearrchapall, capaillín
pooka púca
pool linn, lochán
poor bocht, dealbh, daibhir
Pope Pápa
poplar poibleog
pop-music popcheol
poppy poipín
population daonra, líon daoine
populous daoineach
pop-up menu roghchlár aníos
porch póirse
pore póir
pork muiceoil
porpoise muc mhara
porridge leite
port port, caladh, calafort
port port (computers)
portend tuaraim, tairngrím
porter doirseoir, giolla; leann dubh, pórtar
portion cuid, roinn

position suíomh, áit, ionad
position (post) post
positive dearfach
possession seilbh, sealúchas
post cuaille; post (job)
posterity sliocht
postpone cuirim are cairde, cuirim siar
pot corcán, pota
potato práta
potato crisps brioscáin phrátaí, criospaí
potent cumhachtach, éifeachtach
pouch púitse, spaga
poultice ceirín
pound punt
pound (for animals) póna, gabhann
pour doirtim, scairdim, steallaim
pouring scairdeadh
poverty dealús, bochtaineacht
powder púdar
power cumhacht, cumas, údarás
power cable cábla cumhachta
power-station cumhachtstáisiún
powerful cumhachtach, cumasach
practical praiticiúil
practice taithí, cleachtadh
practise taithím, cleachtaim
praise (n.) moladh
praise (v.) molaim
pram pram
prank cleas, bob
prattle gliogarnach
pray guím
prayer urnaí, paidir, guí
precious luachmhar
precise beacht, cruinn, gonta
precocious seanchríonna
predestination réamhchinneadh,
    réamhchinneadh, réamhordú
predict tairngrím
prefabricated réamhdhéanta
preface brollach, réamhrá
pregnant torrach, ag iompar
prehistoric réamhstairiúil
prejudice claontacht
premium préimh (insurance)
preparation ullmhúchán
prepare ullmhaím, réitím

preposition réamhfhocal
prescribe ordaím
prescription ordú, oideas
presence láithreacht
present (adj.) i láthair
present (n.) féirín, bronntanas
present (v.) tairgim, cuirim rud os comhair
presentation cur in aithne
president uachtarán
press (n.) cófra
press (v.) fáiscim, brúim, teannaim
press (v.) brúim (computers)
pressure brú, fáisceadh
presumption andóchas; dánacht
pretence cur i gcéill
pretend ligim orm
pretty deas, gleoite
prevent coiscim, stopaim, bacaim
preview réamhamharc (computers)
price luach, praghas
prickly deilgneach
pride uabhar, díomas, bród
priest sagart
priesthood sagartacht
primrose sabhaircín
prince prionsa, flaith
princess banfhlaith, banphrionsa
principal príomhoide (school)
principle prionsabal
print (n.) cló, lorg
print (v.) clóim, priontálaim
print preview amharc roimh phriontáil
printer clódóir
printer printéir (computers)
printer, inkjet printer scairdphrintéir
printer, laser printer printéir léasair
printout asphrionta
prison príosún, carcair
prisoner príosúnach, cime
private príobháideach
privilege pribhléid
prize duais
probable cosúil, dealraitheach
probation promhadh
problem fadhb
procession mórshiúl
processor próiseálaí

processor, data próiseálaí sonraí
processor, word processor próiseálaí focal
prodigal drabhlásach, díomailteach
produce toradh
professional proifisiúnta; gairmiúil
professor ollamh
profit sochar, buntáiste, brabach
progeny sliocht, clann
programme clár
programme ríomhchlár (computers)
prohibition cosc, toirmeasc
project tionscadal
project management bainistíocht
  tionscadail
projector teilgeoir
prolific bisiúil, torthúil, raidhsiúil
promise (n.) gealltanas
promise (v.) geallaim
pronoun forainm
proof cruthú, cruthúnas
prop taca
propaganda bolscaireacht
proper ceart, cóir, cuí, oiriúnach
property sealúchas, maoin
prophecy (n.) tairngreacht, fáistine
prophesy (v.) tairngrím
prophet fáidh, tairngire
proportion coibhneas, comhréir
propose cuirim romham; molaim
prosper rathaím
prosperity bláth, rathúnas, séan, rath
properous séanmhar, rathúil
protect cosnaím, caomhnaím
protection cosaint, dídean, caomhnú
protection, data protection cosaint sonraí
protective cosanta, caomhnaitheach
protest agóidim
Protestant Protastúnach
proud bródúil, mórchúiseach, uaibhrach
prove cruthaím; promhaim
proverb seanfhocal
provide soláthraím
provider, internet service provider
  soláthraí seirbhísí idirlín
province cúige
provoke spreagaim, gríosaim, saighdim
prow gob, srón (báid)

prowess crógacht, calmacht, laochas
proximity foisceacht, gaireacht
prudence stuaim, críonnacht, gaois
prudent stuama, críonna, gaoismhear
prune (n.) prúna
prune (v.) bearraim
public poiblí
public house tábhairne, teach tábhairne
publican tábhairneoir
publication foilseachán
publicity poiblíocht
publish foilsím
publisher foilsitheoir
pudding putóg, maróg
puddle locháinín
puff puth
pull (v.) tarraingím
pulpit puilpíd
pulse cuisle
pump (n.) caidéal, pumpa
pump (v.) taoscaim, teannaim (tyre)
pun imeartas focal
punctual sprioctha, poncúil
puncture (n.) poll
punishment pionós
pup coileán
pupil dalta, scoláire
pupil (of eye) imreasc
purchase ceannaím
purple corcra
purpose cuspóir, aidhm
purr crónán
purse sparán
pursue leanaim
pursuer tóraí
pursuit lorgaireacht, tóraíocht
pus brach, angadh
push (v.) brúim,
push (n.) brú, sonc
put cuirim
putty puití
putrefy lobhaim, morgaim
putrid lofa, bréan
puzzle (n.) dúcheist, fadhb
puzzle (v.) mearaím, cuirim i dteannta
pyjamas pitseámaí

qQ

quagmire scraith ghlugair, criathar
qualification cáilíocht
quality cáilíocht, cineál
quality, recording quality cáilíocht taifeadta
quarrel achrann, clampar, troid
quarrelsome achrannach, clamprach
quarry cairéal
quarter ceathrú
quay cé, caladh
queen banríon
question ceist
questionnaire ceistiúchán, ceistneoir
quick (n.) beo
quick (adj.) tapa, gasta, mear
quiet ciúin, suaimhneach, socair
quietness ciúnas
quieten ciúnaím
quilt cuilt
quit fág (computers)

rR

rabbit coinín
rabble daoscarshlua, gráscar
race cine, stoc (people)
race rás (running etc.)
racehorse capall rása
rack raca
racket racán, ruaille buaille; raicéad (tennis)
radiant lonrach, soilseach
radio raidió
radioactivity radaighníomhaíocht
rafter rachta
rag giobal, ceirt, cifleog, balcais

rage báiní, fraoch, cuthach
raid ruathar, creach
rail ráille
railway bóthar iarainn, iarnród
rain fearthainn, báisteach
rainbow tuar ceatha, bogha báistí
raining ag cur fearthainne, ag cur báistí
rainy báistiúil, fearthainneach
raise ardaím, tógaim
raisin rísín
rake (n.) ráca
rake (v.) rácálaim
ram reithe
range sraith, sraithraon
rank rang, céim
ransom (n.) fuascailt
ransom (v.) fuasclaím
rape banéigean
rapid (adj.) tapa, gasta, sciobtha
rare annamh
rascal bithiúnach
rash (n.) gríos
rash (adj.) tobann
rasher slisín
rasp raspa
raspberry sú chraobh
rat francach
rate ráta
rath ráth
ratio cóimheas
ration (n.) ciondáil
ration (v.) ciondálaim
rattle gliogarnach
ravage (n.) scrios, slad, creach
ravage (v.) scriosaim, sladaim, creachaim
raven fiach dubh
ravenous cíocrach, craosach
raving rámhaille, speabhraídí
raw amh
ray léas, ga (of light)
razor rásúr
reach sroichim, bainim amach
read léim
reader léitheoir
reading léamh, léitheoireacht
ready ullamh, réidh
real fíor

realise tuigim

reality, virtual reality réaltacht shamhalta (computers)

really go fíor, ó cheart, i ndáiríre

reap bainim

reaper buanaí, bainteoir

rear (n.) deireadh, cúl

rear (v.) tógaim, oilim

reason fáth, cúis, réasún

reasonable réasúnta

rebel (n.) ceannairceach

rebel (v.) éirím amach in aghaidh

rebellion ceannairc, éirí amach

rebellious ceannairceach

reboot (v.) atosaím (computers)

rebuke (n.) milleán, casaoid, ceartú

rebuke (v.) lochtaím, ceartaím

receipt admháil

receive faighim

recent úrnua

recently le gairid, le déanaí

receptionist fáilteoir

recipe oideas

recital aithris

recitation aithriseoireacht

recite aithrisím

reckon áirím, comhairim

recluse díthreabhach

recognise aithním

recognition aithne

recollect cuimhním

recollection cuimhne

recommend molaim, comhairlím

recommendation teistiméireacht, moladh

recompense (n.) aisíoc, cúiteamh

recompense (v.) aisíocaim, cúitím

reconcile réitím

reconnaissance taiscéalaíocht

record tuairisc, cuntas; taifead

record (music) ceirnín

recorder taifeadán

recording quality cáilíocht taifeadta

recover tagaim chugam féin (from illness); faighim ar ais, tagann biseach orm

recovery téarnamh, biseach

recreation caitheamh aimsire

recruit earcach

rectangle dronuilleog

rectangular dronuilleogach

rectify ceartaím

red dearg, rua

redeem fuasclaím

redeemer fuascailteoir, slánaitheoir

redemption fuascailt

redo (v.) athdhéanaim

reduce íslím, laghdaím

reeds giolcach

reef sceir, fochais (ridge of rocks)

reel (n.) cor, ríl

reel (v.) luascaim

refer tagraím

referee réiteoir

reference tagairt

refine scagaim

refined scagtha; deismíneach

reflection scáil

reform leasaím

reformation athleasú

refrigerator cuisneoir

refuge dídean, tearmann

refugee dídeanaí

refusal diúltú, eiteachas

refuse (n.) cosamar, dramháil, bruscar

refuse (v.) diúltaím, eitím

refute bréagnaím

regal ríoga

regard meas, aird, urraim

regarding maidir le, i dtaca le

regiment reisimint

region réigiún, limistéar, ceantar

register (n.) clár

register (v.) cláraím

regret (n.) aiféala, cathú

regretful aiféalach

regular rialta

regulation rialú, cóiriú

rehearse aithrisím, cleachtaim

reign réimeas

rein srian

reindeer réinfhia

reinforce athneartaím

reinforcement athneartú

rejoicing gairdeas, lúcháir

relapse (n.) athiompú

relapse (v.) athiompaím, atitim
relate insím, eachtraím
related gaolmhar
relationship gaol
relative gaol
release scaoilim
reliable muiníneach, iontaofa
relic taise, iarsma
relief faoiseamh
relieve maolaím, fóirim ar
religion reiligiún
religious cráifeach, diaganta
rely tá iontaoibh agam as
remain fanaim
remainder fuílleach, iarsma
remarkable suntasach
remedy leigheas
remember cuimhním ar
remembrance cuimhne
remind cuirim i gcuimhne do
remission maitheamh
remit maithim, maolaím
remnant fuílleach
remote iargúlta, imigéiniúil
remote control device cianrialtán
remove aistrím
rend stróicim, stiallaim
renounce tréigim
renown clú, cáil
renowned clúiteach, iomráiteach, cáiliúil
rent cíos
repair deisím
reparation cúiteamh
repay aisíocaim
repent déanaim aithrí
repentance aithrí, aithreachas
repetition athrá
reply (n.) freagra
reply (v.) freagraím
report (n.) ráfla, iomrá, tuarascáil, tuairisc
report (v.) tugaim tuairisc ar
reporter tuairisceoir
republic poblacht
republican poblachtach
reputation clú, cáil
request (n.) iarratas, achainí
request (v.) iarraim, achainím

require teastaíonn uaim
rescue (n.) tarrtháil, sábháil
rescue (v.) tarrthálaim, sábhálaim
research taighde
resemblance cosúlacht, dealramh
resemble tá cosúlacht agam le
residence cónaí, teach cónaithe, áras
residue iarmhar, farasbarr
resolution rún
resourceful seiftiúil
respect (n.) meas, urraim, ómós
respect (v.) tá meas agam ar
respectable fiúntach, galánta, creidiúnach
respectful urramach, ómósach
responding, not responding gan freagairt (computers)
responsible freagrach
rest (n.) sos, scíth
rest (v.) ligim scíth, glacaim suaimhneas
restitution aisíoc
restless míshuaimhneach
restrain coiscim
restraint bac, srian, cosc
result toradh
resurrection aiséirí
retire éirím as
retreat (n.) cúlú
retreat (v.) cúlaím
return (n.) sochar, brabach; filleadh
return (v.) fillim
return (n.) aisfhilleadh (computers)
return key eochair aisfhillidh (computers)
reveal nochtaim, taispeánaim
revelry pléaráca
revenge (n.) díoltas
revenge (v.) bainim díoltas as
reverence urraim
review léirmheas
revolt ceannairc
revolution réabhlóid
revolver gunnán
reward (n.) luach saothair
reward (v.) tugaim luach saothair
rheumatism scoilteacha, daitheacha
rhubarb biabhóg
rhyme rím
rib easna; ribe (hair)

ribbon ribín
rice rís
rich saibhir
riches saibhreas
ride marcaíocht
rider marcach
ridge droim, iomaire
ridicule fonóid, magadh
ridiculous áiféiseach
riding marcaíocht
rifle raidhfil
right ceart, cóir
right (hand) deas
rim faobhar, bile; fonsa (of wheel)
rind coirt, craiceann
ring (n.) fáinne
ring (v.) buailim, clingim
ringlet bachall
rinse sruthlaím
riot círéib
ripe aibí
rise éirím
risk (n.) fiontar, riosca
rival iomaitheoir
rivalry iomaíocht
river abhainn
rivulet sruthán
roach róiste
road bóthar, ród
roar (n.) búir
roast róstaim
robber robálaí
robbery slad, creachadh
robe róba, fallaing
robin spideog
rock (n.) carraig
rock (v.) luascaim
rockfish ballach
rod slat
rogue bithiúnach, cladhaire, rógaire
roll (n.) rolla
roll (v.) rollaim
ROM (read-only memory) cuimhne inléite dho-athraithe
romance finscéal
romanticism rómánsaíocht
romantic rómánsach

roof díon, ceann
room seomra; áit, slí (space)
room, chat room seomra comhrá (computers)
room, computer room ríomhlann
roost fara
root fréamh, bunús
rope téad, rópa
rot (n.) lobhadh
rot (v.) lobhaim, morgaim
rotten lofa, morgtha
rough garbh, ainmhín
roughness gairbhe
round cruinn
round tower cloigtheach
rouse dúisím, músclaím
row (n.) gleo, racán, achrann (quarrel); líne, sraith
row (v.) rámhaím, iomraím
rowing rámhaíocht, iomramh
royal ríoga, ríúil
rub cuimlín
rubber rubar
rubbish truflais, bruscar
rude garbh, tútach, míbhéasach
rug ruga, súsa
rugby rugbaí
ruin (n.) creachadh, scrios; fothrach (building)
ruin (v.) millim, scríosaim
ruined millte, creachta, scriosta
rule (n.) riail
rule (v.) rialaím
ruler rialóir; rialtóir (person)
rumour ráfla, scéal reatha
rumpus raic
run rithim
runner reathaí
rush brostaím
rust meirg
rusty meirgeach
rye seagal

sS

sabbath sabóid
sack (n.) mála, sac
sack (v.) creachaim, scriosaim
sack (v.) tugaim bata agus bóthar do (from work)
sacrament sacraimint
sacred naofa, beannaithe
sacrifice (n.) íobairt
sacrifice (v.) íobraím
sacrilege sacrailéid
sacrilegious sacrailéideach
sacristy sacraistí
sad brónach, dubhach
saddle diallait
sadness brón, dobrón, cian
safe (n.) taisceadán
safe (adj.) slán, sábháilte
safe mode mód slán (computers)
sail (n.) seol
sail (v.) seolaim
sailing seoltóireacht
sailor mairnéalach
saint naomh
sake ar son, ar mhaithe le (for the sake of)
salad sailéad
salary tuarastal
sale díol, reic
saliva seile
salmon bradán
salt (n.) salann
salt (adj.) goirt (bitter)
salt-cellar sáiltéar
salutation beannú
salute beannaím
salvation slánú
same céanna
sample sampla
sanction ceadú, smachtbhanna
sanctuary tearmann, sanctóir
sand gaineamh
sandal cuarán
sandbank oitir ghainimh

sand-martin gabhlán gainimh
sandwich ceapaire
sandy gainmheach
sap sú, súlach
sapling buinneán
sarcasm searbhas
sarcastic searbhasach
sardine sairdín
satchel tiachóg, mála (scoile)
satin sról
satire aoir
satisfaction sásamh
satisfactory sásúil
satisfied sásta
satisfy sásaím
Saturday Satharn
sauce anlann
saucepan sáspan, scilléad
saucer sásar, fochupán
sausage ispín
savage fiáin, allta
save sábhálaim, tarrthálaim
saver, screen saver spárálaí scáileáin (computers)
saving coigilt
saviour slánaitheoir
savoury blasta, sobhlasta
saw (n.) sábh, toireasc (tool)
say deirim
saying rá, aithris
scab gearb
scabbard truaill
scabby gearbach
scaffold scafall
scaffolding scafall
scald scallaim
scale scála; lann, gainne (on fish)
scales meá (weighing)
scallion scailliún
scalp scairt an chinn
scan (v.) scanaim (computers)
scandal scannal
scandalise scannalaím
scandalous scannalach
scanner scanóir (computers)
scanner scanóir
scar colm
scarce gann, tearc

scarcely ar éigean
scarcity ganntanas
scare (n.) scanrú, scaoll
scare (v.) scanraím
scarecrow fear bréige
scarf scaif
scatter scaipim, spréim, croithim
scene amharc, radharc
scent boladh, cumhracht
schedule sceideal
scheme scéim
scholar scoláire
scholarship scoláireacht
school scoil
schoolhouse teach scoile
schoolmaster máistir scoile
schoolmistress máistreás scoile
science eolaíocht
scientist eolaí
scissors siosúr
scold sciollaim
scoop (n.) scaob
scoop (v.) scaobaim
score scór
scorn (n.) tarcaisne, drochmheas
scorn (v.) caithim drochmheas ar
scornful tarcaisneach, drochmheasúil
scoundrel bithiúnach, ropaire
scour sciúraim
scout gasóg
scrap blúire, ruainne, giota
scrape scríobaim, scrabhaim
scratch scríobaim
scream (n.) scread, scréach, béic, éamh
scream (v.) screadaim, scréachaim, béicim
screen scáileán
screen saver spárálaí scáileáin
screw scriú
scribe scríobhaí
scripture scrioptúr
scroll (v.) scrollaigh (computers)
scroll bar scrollbharra (computers)
sculptor dealbhóir
sculpture dealbhóireacht
scuttle buicéad guail
scythe speal
scythe stone cloch speile

sea farraige, muir
seagull faoileán
seal (n.) rón (sea creature); séala
seal (v.) séalaím
seam uaim
seaport calafort, baile cuain
search (n.) cuardach, lorg, cuardach (computer)
search (v.) cuardaím
search engine inneall cuardaigh
sea-robber foghlaí mara
seashore trá, cladach
seasickness tinneas farraige
season (n.) séasúr, ráithe
season (v.) blaistím
seasonable tráthúil
seat suíochán
seaweed feamainn
second (adj.) dara
second (n.) soicind
secondary school meánscoil
second-hand athlámh
secret (n.) rún
secret (adj.) rúnda
secretary rúnaí
secretly faoi rún
sect seict
section roinn
secure (adj.) sábháilte, daingean
secure (v.) daingním, teannaim
security sábháilteacht, slándáil
sediment dríodar, deascadh
seduce meallaim, truaillím
seduction mealladh
see feicim
seed síol, sliocht, pór
seek cuardaím
seesaw maide corrach, crandaí bogadaí
segment teascán
seize gabhaim
seldom annamh
select toghaim, roghnaím
selector roghnóir
selfish leithleasach
sell díolaim
senate seanad
senator seanadóir

send cuirim, seolaim
sender seoltóir (computers)
senior sinsear
sense ciall, meabhair, stuaim; céadfa
senseless dícheillí
sensible céillí, stuama, ciallmhar
sensor brathadóir
sentence (n.) abairt; breith (punishment for crime)
sentence (v.) daoraim
sentry fairtheoir
separate (v.) scaraim, dealaím
separation scaradh, deighilt, scarúint
September Meán Fómhair
sepulchre tuama
series sraith
sermon seanmóir
serpent nathair
servant seirbhíseach, searbhónta, giolla
serve freastalaím, fónaim
server freastalaí (computers)
service seirbhís, áis, feidhmeannas
serviceable garach, fóinteach
session seisiún
setter gadhar gunna
setting, brightness setting socrú gile (computers)
setting, contrast setting socrú codarsnachta (computers)
setting, default setting réamhshocrú (computers)
settle socraím, áitrím, cóirím
seven seacht
seventh seachtú
sever scaraim
several go leor, a lán
severe géar, dian
severity géire, déine, cruas
sew fuaim
sex gnéas
shabby smolchaite, suarach
shade (n.) scáth
shade (v.) cuirim scáth ar
shadow scáth, scáil
shady foscúil
shaggy mothallach
shake croithim

shallow éadomhain
shame (n.) náire
shame (v.) náirím
shameful náireach, scannalach
shamrock seamróg
shape (n.) cuma, cruth
shape (v.) cumaim, múnlaím
shapely dea-chumtha
share (n.) cuid, páirt, riar, scair
share (v.) roinnim
shark siorc, liamhán (basking)
sharp géar
sharpen cuirim faobhar ar, faobhraím
shave (n.) bearradh
shave (v.) bearraim
shawl seál, brat
sheaf punann
shear lomaim, bearraim
shears deimheas
sheath truaill
shed (n.) both, scáthlán, seid
shed (v.) silim, doirtim
sheep caora
sheepfold cró caorach
sheepish uascánta, cúlánta
sheet bráillín
shelf seilf
shell sliogán, blaosc
shell-fish iasc sliogach
shelter (n.) fothain, foscadh, dídean, scáthlán
shelter (v.) tugaim dídean do
sheltered foscúil, fothainiúil
shepherd aoire, tréadaí
sheriff sirriam
shield (n.) sciath
shield (v.) cumhdaím, cosnaím
shin lorga
shine (n.) loinnir, dealramh
shine (v.) lonraím, dealraím, soilsím
shining lonrach, niamhrach
ship long, soitheach
shipwreck longbhriseadh
shirt léine
shiver crithim
shoal scoil
shock (n.) turraing, tuairt

shock (v.) suaithim
shoe bróg; crú (of a horse)
shoemaker gréasaí
shoemaking gréasaíocht
shoot (n.) péacán, buinneán
shoot (v.) lámhachaim, péacaím; eascraím
shop siopa
shopkeeper siopadóir
shopping siopadóireacht
shopping centre ionad siopadóireachta
shore cladach
short gearr, gairid
shortcut aicearra, cóngar
shorten giorraím
shorthand luathscríbhinn
shot urchar
shoulder gualainn
shout (n.) gáir, béic, liú, scairt
shout (v.) gáirim, glaoim, béicim
shove (n.) sunc, brú
shove (v.) brúim
shovel sluasaid
show (n.) taispeántas, seó
show (v.) taispeánaim, léirím
shower cith
showery ceathach
showy péacach, feiceálach
shrewd géarchúiseach
shrewdness géarchúis
shrimp ribe róibéis
shrink crapaim, giortaím
shroud taiséadach
Shrovetide Inid
shrub tor, tom
shrubbery rosán, caschoill
shrug bainim searradh as
shun seachnaím
shut dúnaim, druidim
shut down (v.) múchaim (computers)
shutter comhla
shuttlecock eiteán
shy cúthail, scáfar, cotúil
shyness cotadh, cúthaileacht, scáth
sick tinn, breoite
sickness tinneas, breoiteacht
side (n.) taobh, cliathán
side (v.) taobhaím

sideboard cornchlár
sideline taobhlíne
siege léigear, imshuí
sieve (n.) criathar
sift criathraím
sigh osna
sight radharc, amharc
sign comhartha, tuar
signature síniú
silence tost, ciúnas
silent tostach, ciúin
silk síoda
silkworm seiriceán
silky síodúil
silly baoth, amaideach, seafóideach
silver airgead
silversmith gabha geal
similar cosúil le
simile samhail
simmer bogfhiuchaim, suanbhruithim
simple simplí, saonta
simpleton leathdhuine, gamal, simpleoir
simplicity simplíocht, saontacht
simplify simplím
sin (n.) peaca, coir
sin (v.) peacaím
since ó shin
sincere dílis, fíréanta
sinew féitheog
sinful peacúil
sing canaim
singer amhránaí
singing amhránaíocht
single aonair, singil
singular uatha (grammar)
sink (n.) doirteal
sink (v.) téim faoi uisce
sinner peacach
sip (n.) bolgam
sip (v.) ólaim ina shúimíní
sister deirfiúr
sit suím
site láthair, suíomh
situated suite
situation suíomh
six sé
sixth séú

sixty   seasca
size   toirt, méid
skate (n.)   scáta, sleamhnán
skate (v.)   scátálaim
skeleton   creatlach, cnámharlach
sketch (n.)   sceitse
sketch (v.)   sceitseálaim
skewer   briogún
skid   sciorraim
skilful   sciliúil, deaslámhach
skill   scil, deaslámhaí
skilled   oilte
skim   scinnim, bearraim
skin (n.)   craiceann, seithe, coirt, cneas
skin (v.)   feannaim
skip   caithim foléim; scipeálaim
skirt   sciorta
skull   cloigeann, blaosc
sky   spéir
skylark   fuiseog
skyscraper   ilstórach
slam   plabaim
slander (n.)   athiomrá, cúlghearradh, clúmhilleadh
slander (v.)   clúmhillim, tugaim míchlú ar
slant   fána
slanting   ar fiar
slap (n.)   boiseog, leadóg
slap (v.)   buailim, greadaim
slate   slinn
slaughter (n.)   ár, marú
slaughter (v.)   maraím
slave   sclábhaí, daor
slavery   daoirse, daorbhroid, daorsmacht
slay   maraím
sledge-hammer   ord, ceapord
sleep (n.)   codladh, suan
sleep (v.)   codlaím
sleepy   codlatach
sleet   flichshneachta
sleeve   muinchille
slender   caol, seang
slice (n.)   slisne, stiall
sling (n.)   guailleán; crann tabhaill
sling (v.)   teilgim, caithim
slip   sleamhnaím, sciorraim
slipper   slipéar

slippery   sleamhain
sloe   airne
slogan   mana
slope   fána, claon
slot   scoilt
sloth   leisce, falsacht
slothful   leisciúil, falsa
slovenly   lodartha, sraoilleach
slow   mall
sluice-gate   loc-chomhla
slur   masla, aithis
sly   sleamhain, glic
small   beag, mion
smallness   laghad
smart   géar, gasta, beo
smear   smearaim
smell (n.)   boladh
smell (v.)   bolaím
smelt   bruithním
smile   miongháire, meangadh
smite   buailim
smith   gabha
smoke (n.)   deatach, toit
smoke (v.)   caithim, ólaim (a pipe)
smoking, passive smoking   caitheamh fulangach
smooth (adj.)   réidh, mín
smooth (v.)   slíocaim
smother   múchaim, plúchaim
smut   smúiteán
snail   seilide
snake   nathair
snare (n.)   dol, súil ribe
snare (v.)   beirim ar – i ndol, i súil ribe
snarl (n.)   drannadh
snarl (v.)   drannaim
snatch   sciobaim, aimsím
sneak (n.)   snámhaí, slíbhín
sneer (n.)   seitgháire, fonóid
sneer (v.)   déanaim fonóid
sneeze (n.)   sraoth
sneeze (v.)   ligim sraoth
sneezing   sraothartach
snipe (n.)   naoscach
snob   duine mórluachach
snobbery   baothghalántacht
snore (n.)   srann

snore (v.) srannaim
snout soc, smut; pus
snow sneachta
snowball liathróid sneachta
snowdrop plúirín sneachta
snowflake calóg shneachta
snuff snaois
snug (adj.) cluthar, seascair, teolaí
soak maothaím
soaking ar maos
soap gallúnach
soar éirím ar eitilt
sober measartha, céillí
soccer sacar
sociable caidreamhach, cuideachtúil
socialism sóisialachas
society cuideachta, cumann; caidreamh
sock stoca gearr
socket cró, soicéad
sod fód, scraith
soda sóid
sodality cuallacht
sofa tolg
soft bog, maoth, tláith
soften bogaim, maolaím
softness boigéis, míne, maoithe
software bogearraí
soil (n.) ithir, úir
soil (v.) salaím
solace sólás
sold díolta
solder (n.) sádar
solder (v.) sádrálaim
soldier saighdiúir
sole bonn (of the foot); sól (fish)
solemn sollúnta
solid daingean
solitary aonarach, aonair
solitude uaigneas
solstice grianstad
solution réiteach; tuaslagán (chemical)
solve réitím
some roinnt, cuid
son mac
song amhrán
son-in-law cliamhain
soon ar ball, go luath, gan mhoill

soot súiche
soothe maolaím, tugaim sólás do
sore (n.) créacht, cneá
sore (adj.) tinn, nimhneach
sorrel samhadh
sorrow brón, cumha, léan
sorrowful brónach, doilíosach, léanmhar
sort (n.) sórt, saghas, cineál
sort (v.) sórtálaim, scagaim
soul anam
sound (n.) fuaim, glór
sound (adj.) folláin, slán
soup anraith
sour géar, searbh
source údar; foinse (of a river)
south deas, deisceart
South Pole Mol Theas
south-west iardheisceart
souvenir cuimhneachán
sow (n.) cráin (mhuice)
sow (v.) cuirim síol
space spás, achar
spaceship spáslong
spacing spásáil (computers)
spade rámhainn, spád, láí
spade spéireata (in cards)
spanner castaire
spare (v.) spárálaim
sparing coigilteach
spark drithle, aithinne, spréach
sparkling drithleach, lonrach
sparrow gealbhan
speak labhraím
speaker cainteoir
speaker callaire (technology)
spear sleá, ga
special ar leith, áirithe, speisialta
speck ballóg, bricín
speckled breac
spectacles spéaclaí
spectre tais, taibhse
speech caint, urlabhra; óráid
speed luas
speedometer luasmhéadar
spell (n.) draíocht, geasa
spell (v.) litrím
spellcheck (n.) litreoir (computers)

spelling litriú
spelling checker seiceálaí litrithe
  (computers)
spend caithim
spendthrift baothchaiteoir
spice spíosra
spider damhán alla
spill doirtim
spinach spionáiste
spine cnámh droma
spinning wheel tuirne
spire spuaic
spirit spiorad, sprid, anam
spiritual spioradálta
spit seile
spite mioscais, olc, gangaid
spittle seile
splinter scealp
split scoiltim
spoil (v.) creachaim, loitim, millim
spoke spóca
sponge spúinse, múscán
spool spól, eiteán
spoon spúnóg
sport caitheamh aimsire, spórt
spot ball, láthair; spota
spouse céile
spout sconna
sprain leonaim (e.g. ankle)
spread leathaim, spréim
spreadsheet scarbhileog
spring (n.) Earrach; preab, scinneadh
spring (v.) lingim, preabaim
spring tide rabharta
sprite ginid, síofra
sprout (n.) péac, bachlóg
sprout (v.) péacaim, gamhraím
spur (n.) spor
spur (v.) sporaim, spreagaim
spy spiaire
Spy Wednesday Céadaoin an Bhraith
square (n.) cearnóg
square (adj.) cearnach
squeak gíog
squeeze fáiscim, brúim
squirrel iora (rua)
squirt scairdim, steallaim

stab sáim
stabilise buanaím
stable (n.) stábla
stack cruach
stadium staid
staff foireann oibre
stag carria
stage stáitse
stagger tuislím
stain smál, teimheal
stairs staighre
stake cuaille, sáiteán
stale stálaithe
stalk gas
stall stalla; stainnín
stallion stail
stammer (n.) stad cainte
stammerer stadaire
stamp stampa
stand (n.) seastán
stand (v.) seasaim
standard caighdeán
staple stápla
star réalta
starch stáirse
stare stánaim
starling druid
start (n.) geit, preab, bíog; tosú
start (v.) tosaím; geitim, bíogaim
starvation gorta
state (n.) staid, bail, riocht; stát
stately maorga, stáidiúil
station stáisiún
stationery páipéarachas, stáiseanóireacht
statue dealbh, íomhá
statute reacht
stay fanaim
steady socair
steak stéig
steal goidim
stealing goid
steam gal
steamer galtán
steel cruach
steep rite, géar
steer stiúraim, seolaim
stem cos, gas

step céim, coiscéim
stepfather leasathair
stereo (adj.) steirió
stern dian, géar, crua
stew (n.) stobhach
stew (v.) stobhaim
steward maor, stíobhard
stick (n.) bata, maide
stiff righin, teann
still ciúin, socair
sting (n.) ga, cealg, goimh
sting (v.) cealgaim
stir corraím, bogaim
stitch (n.) greim
stoat easóg
stock stoc
stocking stoca
stomach goile, bolg
stone cloch
stool stól
stoop cromaim
stop stadaim, stopaim
store (n.) stór, taisce
store (v.) taiscim, soláthraím
store (v.) stórálaim (computers)
stork corr bhán
storm stoirm, anfa, doineann
stormy stoirmiúil, doineanta
story scéal
story-teller scéalaí, seanchaí
stout (n.) leann dubh
stout (adj.) tréan, láidir, daingean
stove sorn
straight díreach
straighten dírím
strain (v.) scagaim, teannaim
strainer scagaire
strait caol, cúng
strand trá, cladach
strange ait, aisteach
stranger coimhthíoch, eachtrannach, strainséir
strap iall, stropa
straw tuí
strawberry sú talún
stray (v.) téim ar seachrán
straying ar seachrán

streak síog, stríoc
stream sruth, caise, glaise, sruthán
street sráid
strength neart, láidreacht
strengthen neartaím
stress (n.) béim
stretch sínim, leathaim
stretcher sínteán
strew scaipim
strict cruinn, beacht
strife imreas, achrann
strike (n.) stailc; buille, béim
strike (v.) buailim
string sreangán, corda
strip (n.) stiall, leadhb
strip (v.) nochtaim
stripe stríoc, riabh
striped stríocach, riabhach
strive déanaim mo dhícheall
stroke stróic
stroll téim ag spaisteoireacht
strong láidir, tréan
stronghold daingean, dún
struggle coimhlint
stubble coinleach
stubborn ceannláidir, stuacánach, ceanndána
student mac léinn, scoláire
studious tugtha don léann
study (n.) staidéar
study (v.) déanaim staidéar
stuff (n.) ábhar, mianach
stuff (v.) líonaim
stuffing líonadh
stumble (n.) tuisle
stumble (v.) tuislím
stump stocán
stupid dallintinneach, dúr
stutter (n.) stad
sty cró (for pigs); sleamhnán (on eye)
style modh, stíl
stylish galánta, faiseanta
subdue ceansaím
subdued ceansaithe
subject (n.) ábhar
subject (adj.) umhal
submission géilleadh, umhlú

submit géillim, umhlaím
subscription síntiús
substance substaint
substantial substaintiúil
substitute ionadaí
subtract dealaím, bainim as
suburb bruachbhaile
succeed éiríonn liom; tagaim i ndiaidh
success bua, rath
successor comharba
such mar, a leithéid
suck diúlaim
sudden tobann
suddenly go tobann, go grod
suds sobal
sue agraím ar, éilím ar
suede svaeid
suet geir
suffer fulaingím
sufficiency leor, dóthain
sugar siúcra
suicide féinmharú
suit (n.) culaith
suit (v.) oirim, feilim
suitable oiriúnach, feiliúnach, fóirsteanach
sulky stuacánach
sulphur ruibh
sultry brothallach, meirbh
sum suim, iomlán
summary (adj.) achomair
summary (n.) achoimre
summer samhradh
summit mullach, barr
summon scairtim, glaoim
sun grian
Sunday Domhnach
sunflower lus na gréine
sunny grianmhar
sunrise éirí na gréine
sup bolgam
superintendent maor, ceannfort, feitheoir
superior uachtarán
supernatural osnádúrtha
superstition piseog
supervisor maoirseoir
supper suipéar
supply (n.) riar, soláthar

supply (v.) riaraim, soláthraím
support tacaíocht
suppose sílim, cuirim i gcás
sure dearfa, deimhin, cinnte
surface dromchla
surge borradh
surgeon máinlia
surname sloinne
surpass sáraím
surplus fuílleach, barraíocht
surprise ionadh, iontas
surround timpeallaím
survey suirbhé
surveying suirbhéireacht
suspicion amhras
swallow (n) fáinleog (bird)
swallow (v) slogaim
swamp eanach
swan eala
swarm saithe, scaoth
swear mionnaím, móidím
sweat allas
sweep scuabaim
sweet (n.) milseán
sweet (adj.) milis (to the taste); binn (to the ear)
sweetheart leannán, muirnín
sweetness milseacht
swell ataim, borraim
swift luath, mear, tapa
swiftness luas
swim snámhaim
swimsuit culaith shnámha
swing luascaim
switch (n.) lasc
switch (v.) lascaim
switch off (v.) cuirim as
switch on (v.) cuirim air
sword claíomh
sycamore seiceamar
syllable siolla
symbol comhartha, siombail
sympathy trua, cás, comhbhrón, comhbhá
syringe steallaire
system córas
system disk diosca córais (computers)

tT

tab (n.) táb (computers)
tabernacle taibearnacal
table bord, tábla
tablecloth éadach boird
tableland ardchlár
tablet taibléad
tack (n.) tacóid
tack (v.) daingním
tackle (n.) fearas, trealamh
tackle (v.) tugaim faoi
tadpole torbán
tail eireaball
tailor táilliúir
taint (n.) truailliú, smál
taint (v.) truaillím
tainted truaillithe
take gabhaim, tógaim, glacaim
tale scéal
talk (n.) caint, cabaireacht
talk (v.) labhraím, déanaim caint
talkative cainteach, cabanta
tall ard
tame (adj.) ceansa, umhal
tame (v.) ceansaím, smachtaím
tan (adj.) crón
tan (v.) leasaím
tank umar
tap sconna, buacaire
tape téip
tape, blank tape téip ghlan
taper páideog
tapestry taipéis
tar tarra
target cuspóir, targaid, sprioc
tarnish teimhlím
tart (n.) toirtín
tart (adj.) searbh, géarbhlasta
task tasc, dualgas, obair
taskbar tascbharra
tassel siogairlín
taste (n.) blas

taste (v.) blaisim
tasteless leamh
tastelessness leamhas
tasty blasta
tattered gioblach
tattler cabaire, geabaire
tavern tábhairne, teach tabhairne
tax (n.) cáin
tax (v.) gearraim cáin ar
tea tae
teach múinim, teagascaim
teacher múinteoir, oide
teaching múineadh, teagasc
team foireann
teapot taephota
tear (n.) deoir
tear (v.) sracaim, stróicim, stiallaim
tearful deorach
tease griogaim, clipim
teat sine, ballán cíche
technician teicneoir
technologist teicneolaí
technology teicneolaíocht
technology, information technology
  teicneolaíocht an eolais
tedious fadálach, leadránach
teenager déagóir
telecommunications teileachumarsáid
telephone guthán, teileafón
telescope teileascóp
television teilifís
television set teilifíseán
tell insím, deirim
telling insint
temper meon; colg
temperance measarthacht
temperate measartha
temperature teocht
tempest anfa, stoirm
template teimpléad (computers)
temple teampall; uisinn (of the head)
temporal saolta
temporary sealadach
tempt cuirim cathú ar
temptation cathú
ten deich
tenant tionónta

tendency claonadh
tender (n.) tairiscint
tender (v.) tairgim
tender (adj.) bog, mín, maoth
tennis leadóg
tennis court cúirt leadóige
tense (n.) aimsir (grammar)
tense (adj.) teann, rite
tent puball
tenth deichiú
tenure sealbhaíocht
tepid bogthe
term téarma
terminus ceann cúrsa
terrace ardán (houses)
terrible scanrúil, uafásach
terrier brocaire
terrify scanraím
terrifying scanrúil, scáfar
terror uamhan, scéin, sceimhle, scanradh
test (n.) triail, tástáil
test (v.) triailim, tástálaim
test-tube promhadán
testament tiomna, uacht
testimony teist
thank tugaim buíochas
thankful buíoch
thankfulness buíochas
thanks buíochas
thatch tuí
thaw leáim
theatre amharclann
theft goid, gadaíocht
then ansin
theology diagacht
theory teoiric
there ansin
therefore dá bhrí sin, ar an ábhar sin
thermostat teirmeastat
thick tiubh, ramhar, dlúth
thicken tiubhaím, ramhraím
thicket muine, mothar
thickness tiús, raimhre
thief gadaí
thigh ceathrú, leis
thimble méaracán
thin (adj.) tanaí, caol

thin (v.) tanaím, caolaím
thing rud, ní
think smaoiním, measaim, ceapaim, sílim
third (n.) trian
third (adj.) tríú
thirst tart, íota
thirsty tartmhar
thirteen trí déag
thirty tríocha
thistle feochadán
thorn dealg, spíon
thorny deilgneach, spíonach
thorough cruinn, críochnúil
thought smaoineamh, machnamh
thousand míle
thread snáth
threat bagairt
threaten bagraím
three trí, triúr (persons)
throat scornach
throne ríchathaoir
throng plód, brúdán, slua
throw caithim
thrush smólach
thumb ordóg
thump (n.) paltóg
thunder toirneach
thunderbolt saighneán, caor thine
Thursday Déardaoin
ticket ticéad
tickle ciglím
tide taoide
tidings tuairisc, scéala
tidy (adj.) slachtmhar, néata
tidy (v.) feistím, réitím
tie (n.) ceangal, nasc, cuing;
  carbhat (article of dress)
tie (v.) ceanglaím
tied ceangailte
tiger tíogar
tight teann, daingean
tighten teannaim, fáiscim
tights riteoga
tile leacán
till (v.) saothraím
tillage curaíocht
timber adhmad

time am, aimsir, tamall, achar
timely tráthúil
timer amadóir
timid faiteach, scáfar
timidity faitíos
tin stán
tiny bídeach
tire tuirsím, traochaim
tired tuirseach, tnáite
tiresome tuirsiúil
tissue uige
tissue (paper) ciarsúr páipéir
title teideal
title bar teidealbharra (computers)
toast (n.) tósta (bread)
toast (v.) tóstaim
tobacco tobac
today inniu
toe barraicín, méar coise
together le chéile, in éineacht
toilet leithreas
token comhartha
toll cáin bhealaigh, dola
tomato tráta
tomb tuama, feart
tombstone leac uaighe
tomorrow amárach
ton tonna
tone glór, guth
toner tonóir (printing)
tongs tlú
tongue teanga
tonight anocht
tonsil céislín
tonsilitis céislínteas
tool uirlis
toolbar barra uirlisí (computers)
tooth fiacail
toothache tinneas fiacaile
top mullach, barr, buaic
torch tóirse, trilseán
torment (n.) céasadh, crá, ciapadh
torment (v.) céasaim, ciapaim, cráim
torrent tuile, caise
torture céasadh, crá
toss caithim, suaithim
touch teagmhaím le, bainim le

tough righin
tour turas
tourist turasóir
towards faoi dhéin, i dtreo
towel tuáille
tower túr
town baile
toy bréagán, áilleagán
trace (n.) rian, lorg
trace (v.) leanaim lorg, léirím
track lorg, rian
tractor tarracóir
trade (n.) ceird; trádáil
trade (v.) déanaim
trade union ceardchumann
tradesman ceardaí; trádálaí
tradition traidisiún, béaloideas
traffic trácht
traffic lights soilse tráchta
tragedy tragóid, tubaiste; traigéide, bróndráma (theatre)
train (n.) traein
train (v.) múinim, traenálaim
training oiliúint
traitor tréatúir; fealltóir
tramp (n.) bacach, fear siúil
tramp (v.) siúlaim go trom
trance támhnéal
tranquil ciúin, suaimhneach, sámh
tranquility ciúnas, suaimhneas
transcription athscríobh
transfer aistrím
transitive aistreach (grammar)
translate aistrím, tiontaím
translation aistriúchán
transmit (v.) tarchuirim
transmitter tarchuradóir
transparent follasach, trédhearcach
transport (n.) iompar
transport (v.) iompraím
trap sás, gaiste
travel (n.) taisteal
travel (v.) taistealaím
traveller taistealaí
trawler trálaer
tray tráidire
tray, feed tray tráidire fothaithe (printing)

tray, paper tray tráidire páipéir (printing)
treacherous fealltach, cealgach
treachery feall, cealg
treacle triacla
tread siúlaim, céimním
treason tréas
treasure stór, maoin
treasurer cisteoir
treasury ciste
treatment íde
treaty conradh
tree crann
tremble crithim, creathnaím
trembling ballchrith, creathach
trench díog, trinse, clais
trespass sárú dlí, foghail
tress dlaoi, dual
trial triail
triangle triantán
tribe treibh
tribute onóir, ómós
trick cleas, cluain, bob
trickery cleasaíocht, cneamhaireacht
trickster cleasaí, gleacaí
tricky cleasach, glic, cluanach
trim (adj.) comair, deismir
trim (v.) feistím, cóirím
triumph caithréim
triumphant caithréimeach
troop buíon, díorma
trophy trófaí
trot (n.) sodar
trot (v.) táim ag sodar
trouble trioblóid, buaireamh
troubled corraithe, suaite, buartha
troubleshooting fabhtcheartú (computers)
troublesome trioblóideach, crosta
trough umar
trousers bríste
trout breac
trowel lián
truce sos cogaidh
true fíor
trump mámh
trumpet stoc, trumpa
trunk tamhan, trunc
trust (n.) muinín, iontaoibh

trust (v.) tá iontaoibh/muinín agam as
truth fírinne
truthful fírinneach
try (v.) déanaim iarracht
try (n.) úd (rugby)
tub tobán
tube feadán, píobán; tiúb (of tyre)
tuber tiúbar
Tuesday Máirt
tuft tom, dos
tumour sceachaill, siad
tumult círéib, gleo, clampar
tune fonn, port
tunic tuineach
tunnel tollán
turf móin
turf-spade slcán
turkey turcaí
turn (v.) casaim
turnip tornapa
turnscrew bísire
turpentine tuirpintín
twelve dó dhéag
twenty fiche
twice faoi dhó
twig craobhóg
twilight coimheascar, clapsholas, breacsholas
twin leathchúpla
twine sreang, corda
twist casaim
twisted casta
two dó, dhá, beirt (persons)
type cló (printing)
typewriter clóscríobhán
typhus tífeas
typist clóscríobhaí
tyranny tioránacht, ansmacht
tyrant tíoránach, aintiarna
tyre bonn

uU

udder úth
ugly gránna
ulcer othras
umbrella scáth fearthainne, scáth báistí
umpire moltóir
unanimous d'aon ghuth
unawares gan fhios
uncertain éiginnte
uncle uncail
uncommon neamhchoitianta
unconscious gan aithne, gan eolas
uncouth cábógach, aineolach
under faoi
undergraduate fochéimí
underhand cam, claon
underline (v.) cuirim líne faoi
underpants fobhríste
understand tuigim
understanding tuiscint
undo (v.) cealaigh
unemployment dífhostaíocht
unequal neamhionann, éagothrom
unexpectedly gan choinne
unfair éagórach
unfortunate mí-ámharach
unfurl scaoilim
ungainly liopasta, míofar
ungrateful míbhuíoch
unhappy míshona
unhealthy easláintiúil
uniform éide (clothing)
uninstall (v.) díshuiteálaim (computers)
union aontas, comhcheangal
union, trade union ceardchumann
unite ceanglaím
unity aontacht
universal uilíoch, comhchoitianta
university ollscoil
unjust éagórach
unknown anaithnid
unlawful neamhdhleathach, mídhleathach

unlimited neamhtheoranta
unplug (v.) díphlugálaim
unrest míshuaimhneas
unsteady corrach
untidy míshlachtmhar
unusual neamhghnách, neamhchoitianta
update (n.) nuashonrú (computers)
update (v.) nuashonraím (computers)
updated information eolas nuashonraithe
upper uachtarach
uproar gleo, callán
upstart sotaire, boicín
urge gríosaim, spreagaim
urgent práinneach
usage nós, béas
use (n.) feidhm, úsáid
use (v.) bainim feidhm as, úsáidim
useful úsáideach, áisiúil
user úsáideoir (computers)
user friendly cairdiúil
usual gnách
usually de ghnáth
utensil gléas, uirlis

vacancy folús, folúntas
vacant folamh
vacate fágaim
vacation saoire
vacuum folús
vacuum-cleaner folúsghlantóir
vagabond seachránach
vagrant fánach, seachránach
vague doiléir, míshoiléir
vain in aisce
vale gleann
valet giolla coimhdeachta
valiant cróga, calma, curata
valid dlisteanach
valley gleann
valour crógacht, calmacht; gaisce (deed)
valuable mórluachach, luachmhar

valuation luacháil
value luach, fiúntas
valve comhla
van veain
vandalism loitiméireacht
vanish téim as radharc
vanity baois, móráil
vapour gal
variety éagsúlacht
various éagsúil, usually éagsúla (plural)
varnish (n.) vearnais
varnish (v.) cuirim vearnais ar
vase vása
vast ollmhór
vat dabhach
vault áirse, tuama
veal laofheoil
vegetable glasra
vehicle feithicil
veil caille
vein féith
vending machine díolmheaisín
venerable cásach, urramach
veneration onóir, urraim, cás
vengeance díoltas
velvet veilbhit
venial solathach
venison fiafheoil
verb briathar
verge imeall, bruach, ciumhais
verify fíoraím
verse rann, ceathrú, véarsa
version leagan, insint
very an-
vessel soitheach, árthach
vest veist
vestment éide
veterinary surgeon tréidlia
vex cráim, cuirim fearg ar
vexation buaireamh, crá, fearg
vexed feargach
vial fial
vice duáilce
vicinity comharsanacht
victorious buach, caithréimeach
victory bua, caithréim
video camera físcheamara

video-cassette físchaiséad
video film físeán
video recorder fístaifeadán
video tape fístéip
view (n.) amharc, radharc
view (v.) féachaim, breathnaím
view, normal view gnáthradharc
　(computers)
view, outline view radharc imlíneach
　(computers)
vigorous bríomhar, beoga
vigour brí, fuinneamh
vile suarach
village sráidbhaile
villain cladhaire, bithiúnach, meirleach
villainy bithiúntas, claidhreacht
vine fíniúin
vinegar fínéagar
vineyard fíonghort
violence foréigean, lámh láidir
violent foréigneach
violet sailchuach
violin veidhlín
virgin maighdean
virtual reality réaltacht shamhalta
virtue suáilce
virus víreas
visible sofheicthe
vision amharc, radharc; fís, aisling
visit cuairt
visitor cuairteoir
vocational school gairmscoil
voice guth, glór
volcano bolcán
voltage voltas
volume toirt (size)
volume airde (sound)
volume control rialtán airde (computers)
voluntary toilteanach, deonach
volunteer óglach (military)
vomit aiseag, urlacan
vote (n.) vóta
vote (v.) vótáil
vow (n.) móid
vow (v.) móidím
voyage aistear mara, turas farraige
vulgar comónta, otair, gráisciúil

wW

wafer abhlann; sliseog (computers)
wag croithim, luascaim
wager geall
wages tuarastal, pá
wagon vaigín
wagtail glasóg
wail (n.) caoineadh, olagón
wail (v.) caoinim
waist coim
wait (v.) fanaim
waiter freastalaí
waiting-room seomra feíthimh
wake (n.) tórramh, faire
wake (v.) dúisím, músclaím
walk (n.) siúl, siúlóid
walk (v.) siúlaim
wall balla
wallet tiachóg, vallait
wallflower lus an bhalla
wallow iomlascaim
walnut gallchnó
wan mílítheach, tuartha
wand fleasc, slat
wander téim ag falróid
wanderer fánaí, seachránaí
wandering fánaíocht
wane meathaim
want (n.) díth, easpa, ceal;
  tá leabhar uaim (I want a book)
wanting teastáil
war cogadh
war-cry rosc catha
ward barda
wardrobe vardrús
warm (adj.) te, brothallach
warm (v.) téim, goraim
warmth teas, boigeacht
warn tugaim rabhadh do
warning fógairt, rabhadh, foláireamh
warp stangaim
warrant barántas

warrior gaiscíoch, laoch
wart faithne
wash (v.) ním
washing-machine meaisín níocháin
wasp foiche
waste (n.) dramhaíl, fuíoll
waste (v.) diomlaím; ídím
wasteful caifeach, diomailteach
watch (n.) uaireadóir
watch (v.) fairim
watchful aireach, airdeallach
watchman fear faire
water uisce
watercress biolar
waterfall eas
waterhen cearc uisce
watt vata
wave (n.) tonn
wave (v.) croithim
wavering creathach
wax céir
way slí, bóthar, bealach
weak lag, fann, tréith
weaken lagaím
weakness laige, lagar, fanntais
wealth saibhreas, maoin, acmhainn,
  rachmas
wealthy saibhir
weapon arm
wear caithim
weary tuirseach, cortha
weasel easóg, bláthnaid
weather aimsir
weave fím
weaver fíodóir
web fíochán, gréasán
web page leathanach gréasáin
website láithreán/suíomh gréasáin
wed pósaim
wedding pósadh, bainis
wedge ding
Wednesday Céadaoin
weed(s) fiaile
weedkiller fiailnimh
week seachtain
weekly seachtainiúil
weep goilim, caoinim

weigh meáim
weight meáchan
weir cora
welcome fáilte
weld táthaím
welfare leas, sochar, rath
well (n.) tobar
well (adj.) maith
well spoken blasta
welt fearb
west iarthar, siar (motion); thiar
wet (v.) fliuchaim
wet (adj.) fliuch
whale míol mór
what? céard? cad?
whatever cibé
wheat cruithneacht
wheel roth
wheelbarrow bara (rotha)
when nuair
when? cathain?
where? cá?
whiff puth, gal
while (n.) achar, tamall, scaitheamh
while (adj.) fad, le linn
whine (n.) geonaíl
whip (n.) lasc, fuip
whip (v.) lascaim, fuipeálaim
whirlpool coire guairneáin
whirlwind iomghaoth, cuaifeach
whisker féasóg
whiskey uisce beatha
whisper cogar, siosarnach
whistle (n.) fead; feadóg
whistle (v.) ligim fead
white bán, geal; gealacán (white of egg)
whiten bánaím, gealaim
whiteness báine, gile
whitewash gealaim le haol
whiting faoitín
Whit Sunday Domhnach Cincíse
who? cé?
whoever cibé
whole iomlán
wholesome folláin
whooping cough triuch
why? cén fáth? cad ina thaobh?
  cad chuige?

wicked olc, urchóideach
wickedness olc, urchóid
wide leathan
widen leathnaím
widow baintreach
widower baintreach fir
width leithead
wife bean chéile
wig bréagfholt, peiriúic
wild fiáin, allta
wilderness fásach
wile gliceas, beartaíocht
wilful toiliúil, ceanndána
will toil, mian; uacht (legal)
willing fonnmhar, deonach, toilteanach
wily glic, beartach, cealgach
win buaim, gnóthaím
wind (n.) gaoth
wind (v.) tochraisim, casaim
windmill muileann gaoithe
window fuinneog
windpipe píobán
windy gaofar
wine fíon
wing sciathán, eiteog
wink (n.) caochadh, sméideadh
wink (v.) caochaim
winnow cáithim
winter geimhreadh
wipe cuimlím
wire sreang
wisdom eagnaíocht, críonnacht, eagna
wise críonna, eagnaí, gaoiseach
wish (n.) fonn, mian
wish (v.) tograím, tá dúil agam i …
wisp sop, sifín
wit éirim
witch bandraoi, cailleach
witchcraft asarlaíocht, draíocht
withdraw cúlaím
wither críonaim, feoim, seargaim
withered feoite, seargtha
witness finné
witty deisbhéalach
wizard draíodóir, asarlaí
woe léan, brón, mairg
wolf mac tíre, madra allta, faolchú
wolfhound cú faoil

woman bean
womankind bantracht
wonder (n.) ionadh, iontas
wonder (v.) tá iontas orm
wonderful iontach, éachtach
wood coill; adhmad
woodbine féithleann
woodcock creabhar
woodwork adhmadóireacht
wool olann
woollen olla
word focal, briathar
word processor próiseálaí focal
work (n.) obair, saothar
work (v.) oibrím
worker oibrí, saothraí
world domhan, saol
worldly saolta
worm cruimh, péist
worn caite
worried buartha, cráite
worry (n.) imní, buairt
worry (v.) cráim, ciapaim
worse níos measa
worship (n.) adhradh, onórú
worship (v.) adhraim
worth fiú
worthy fiúntach
wound (n.) lot, créacht, cneá, goin
wound (v.) goinim, lotaim
wounded gonta
wrap fillim, cornaim
wreath bláthfhleasc
wreck (n.) briseadh, raic
wreck (v.) réabaim, brisim
wren dreoilín
wrench (n.) casadh; rinse (instrument)
wrench (v.) freangaim
wrestle déanaim iomrascáil
wrestler iomrascálaí
wrestling iomrascáil
wretched ainnis, dearóil
wring fáiscim
wrinkle roc, furca
wrinkled rocach
wrist caol láimhe, rosta
write scríobhaim

writer scríbhneoir, údar
writing scríbhneoireacht
written scríofa
wrong (n.) éagóir, olc
wrong (adj.) éagórach, mícheart
WWW (World Wide Web) Gréasán
Domhanda, An

x-ray x-ghathú
xylophone xileafón

yacht luamh
yard clós; slat (measure)
yarn snáth
yawn (n.) méanfach
yawn (v.) déanaim méanfach
year bliain
yearly bliantúil
yeast giosta
yell (n.) liú, béic
yell (v.) liúim, béicim
yelling liúireach, béicíl
yellow buí
yelp (n.) sceamh
yelp (v.) sceamhaim
yesterday inné
yet go fóill, fós
yew iúr
yield géillim, bogaim; tugaim (produce)
yoke (n.) cuing
yoke (v.) cuingrím
yolk buíocán (of egg)

yonder   ansiúd
young   óg
your   do (singular), bhur (plural)
youth   óige; ógánach, macaomh
youthful   óigeanta

zZ

zeal   dúthracht, díograis
zealous   dúthrachtach, díograiseach
zenith   buaic
zero   nialas
zig-zag   fiarlán
zinc   sinc
zone   crios
zoo   zú
zoology   zó-eolaíocht
zoom (n.)   súmáil
  (computers/photography)
zoom (v.)   súmálaim
  (computers/photography)

Irish-English Dictionary

aA

ab *m* **-a -aí** abbot
abair say
abairt *f* **-e -í** sentence
ábalta able
ábaltacht *f* **-a** ability
abhac *m* **-aic** ~ dwarf
abhaile homewards
abhainn *f* **-ann aibhneacha** river
abhantrach *f* **-traí -a** river-basin
ábhar *m* **-air** ~ cause, material, subject
abhcóide *m* ~ **-í** barrister, counsel
abhlann *f* **-ainne -a** wafer
abhus here, on this side
acadamh *m* **-aimh** ~ academy
acadúil academic
acastóir *m* **-óra -í** axle
ach but
achainí *f* ~ **-íocha** request
achar *m* **-air** ~ area, extent of time, distance etc.
achasán *m* **-áin** ~ insult
achoimre *f* ~ **-rí** summary
achomair *adj.* summary, brief
achomaireacht *f* **-a -aí** summary
achomharc *m* **-airc** ~ appeal
achrann *m* **-ainn** ~ quarrel
achrannach quarrelsome
acht *m* **-a -anna** act, law
aclaí limber, supple
acmhainn *f* **-e -í** means, wealth; ability, capacity
acmhainneach capable, wealthy
acra *m* **-í** acre
adaím I light
adamh *m* **-aimh** ~ atom
adamhach atomic
ádh *m* **-áldh** luck
adhaint *f* **-e** ignition, kindling
adhairt *f* **-e -eanna** pillow
adharc *f* **-airce -a** horn
adhastar *m* **-air** ~ halter

adhlacadh *m* **-ctha -cthaí** burial
adhlacaim I bury
adhmad *m* **-aid** ~ timber
adhmadóireacht *f* **-a** woodwork
adhradh *m* **-artha** worship
adhraim I worship
ádhúil lucky
admháil *f* **-ála -álacha** acknowledgement
admhaím I acknowledge
aduaidh from the north
ae *m* ~ **aenna** liver
aer *m* **aeir** air
aerach airy, gay
aeradróm *m* **-óim** ~ aerodrome
aeráid *f* **-e -í** climate
aeraíocht *f* **-a -aí** open-air entertainment
aerárthach *m* **-aigh -thaí** aircraft
aerasól *m* **-óil** ~ aerosol
aerfort *m* **-oirt** ~ airport
aerím I ventilate
aerlasta *m* ~ **-í** air freight
aerlíne *f* ~ **-nte** airline
aerlong *f* **-oinge -a** airship
aeróbach aerobic
aeróg *f* **-óige -a** aerial
aeróstach *m* **-aigh** ~ air-host(ess)
aerphost *m* **-oist** airmail
aer-ruathar *m* **-air** ~ air-raid
áfach however
agallamh *m* **-aimh** ~ dialogue, interview
aghaidh *f* **-e -eanna** face
aghaidh fidil mask
agó *m* ~ doubt
agóid *f* **-e -í** objection
aguisín *m* ~ **-í** addendum
agus and
áibhéil *f* **-e** exaggeration
aibhléis *f* **-e** electricity
aibhsigh (v.) highlight (computers)
aibhsím I highlight (computers)
aibhsithe highlighted (computers)
aibí ripe
aibíd *f* **-e -eacha** habit (religious)
aibím I ripen
aibítir *f* **-tre -trí** alphabet
Aibreán *m* **-áin** ~ April
aice (in) near, beside

aiceann *m* **-inn** ~ accent, stress
aiceanta natural
aicearra *m* ~ **-í** shortcut
aicíd *f* **-e -í** disease, infection
aicme *m* ~ **-mí** class
Aidbhint *f* **-e** Advent
aidhm *f* **-e -eanna** aim, purpose
aidiacht *f* **-a -aí** adjective
aiféala *m* ~ regret
aiféalach regretful
áiféis *f* **-e** nonsense
áiféiseach ridiculous
Aifreann *m* **-rinn** ~ Mass
aigéad *m* **-éid** ~ acid
aigéadach acid (adj.)
aigéan *m* **-éin** ~ ocean
aigeanta spirited, intellectual
aighneas *m* **-nis** ~ dispute
aigne *f* ~ mind
áil *f* pleasure, desire
áiléar *m* **-éir** ~ loft, gallery
ailgéabar *m* **-air** algebra
ailigéadar *m* **-air** ~ alligator
ailíniú *m* **-the** alignment
aill *f* **-e -te** cliff
áilleacht *f* **-a -aí** beauty
ailse *f* ~ **-í** cancer
ailtire *m* ~ **-rí** architect
aimhleas *m* **-a** disadvantage
aimhleasta harmful
aimhréidh disordered
aimiléis *f* **-e** misfortune
aimplitheoir *m* **-óra -í** amplifier
aimsím I aim, attain
aimsir *f* **-e** weather; tense (grammar)
ain- an- (no hyphen) in-, non-, un-
ainbhios *m* **ainbheasa** ignorance
ainbhiosach ignorant
aincheart *m* **-chirt** injustice
aindleathach illicit
aineolach ignorant
ainéistéiseach *m* **-sigh** ~ anaesthetic
aingeal *m* **-gil** ~ angel
ainglí angelic
ainm *m* ~ **-neacha** name
ainm comhaid *m* ~ **-neacha** file name
ainmchlár *m* **-áir** ~ nameplate

ainmfhocal *m* **-ail** ~ noun
ainmhí *m* ~ **-mhithe** animal
ainmneach *m* **-igh** ~ nominative
ainmní *m* ~ **-nithe** subject (grammar)
ainmním I name
ainmniúchán *m* **-áin** ~ nomination
ainneoin in spite of
ainnir *f* **-e -eacha** maiden
ainnis miserable
ainnise *f* ~ misery
ainniseoir *m* **-ora -í** a miserable person
ainriail *f* **-alach -alacha** anarchy
ainriartha disorderly
ainspianta exaggerated in character, shape or size
ainsprid *f* **-e -í** evil spirit
aintiarna *m* ~ **-í** tyrant
aintín *m* ~ **-í** aunt
aintiún *m* **-úin** ~ anthem
aíocht *f* **-a** hospitality
aipindic *f* **-e -í** appendix (anatomy)
airc *f* **-e** greed
aird *f* **-e** ~ direction; attention
airde *f* ~ height
airde *f* ~ volume (sound)
airdeall *m* **-dill** care, attention
aire *f* ~ attention
aire *m* ~ **-rí** minister (government)
aireach careful
áireamh *m* **-rimh** ~ arithmetic, counting
áireamhán *m* **-áin** ~ calculator
airgead *m* **-gid** ~ money, silver
airgeadas *m* **-dais** ~ finance
airgeadra *m* ~ **-í** currency
airím I hear, feel
áirím I count, reckon
áirithe certain (in particular)
airne *f* ~ **-í** sloe
airneán *m* **-áin** night visit or work
áirse *f* ~ **-í** arch
ais (ar) back (**le hais** beside)
áis *f* **-e -eanna** convenience, device
aisce *f* ~ **-í** gift (**in aisce** for nothing)
áiseach convenient, handy
aiseag *m* **-sig** vomit
áiseanna closamhairc *f* audio-visual aids

aiséirí *m* ~ **-rithe** resurrection
aiséirím I rise again
aisfhilleadh *m* **-lidh** return (computers)
aisíocaim I repay
aisling *f* **-e -í** vision
aispeist *f* **-e** asbestos
aiste *f* ~ **-tí** essay
aisteach strange
aistear *m* **-tir** ~ journey
aisteoir *m* **-ora -í** actor
aisteoireacht *f* **-a** acting
aistreach moving, transitive (grammar)
aistrím I transfer, translate
aistriúchán *m* **-áin** ~ translation
ait strange, pleasant
áit *f* **-e -eanna** place
áitainm *m* ~ **-neacha** place name
áiteamh persuading, arguing
aiteann *m* **-tinn** furze, whins
aitheanta recognised
aitheantas *m* **-tais** acquaintance, recognition
aitheasc *m* **-thisc** ~ address, lecture
aithne *f* ~ recognition
aithne *f* ~ **aitheanta** commandment
aithním I recognise
aithreachas *m* **-ais** regret, repentance
aithrí *f* ~ repentance
aithris *f* **-e -í** imitation, recital
aithriseoireacht *f* **-a** recitation
áitím I persuade, argue
áitiúil local
ál *m* **áil** ~ brood, clutch
álainn beautiful
aláram **-aim** ~ alarm
alcól *m* **-óil** alcohol
allas *m* **-ais** perspiration
allmhaire *f* ~ **-rí** import
allmhaireoir *m* **-ora -í** importer
allmhairím I import
allta savage
alltacht *f* **-a** wildness
allúrach *m* **-aigh** ~ foreigner
almóir *m* **-óra -í** press, wardrobe
alpaim I devour
Alpa na h- Alps

alt *m* **ailt** ~ joint; paragraph, article (in writing)
altóir *f* **-óra -í** altar
altrama foster
altranas *m* **-ais** nursing
altú *m* **altaithe** thanksgiving, grace at meals
alúmanam *m* **-aim** aluminium
am *m* **-a amanna** time
am codlata bedtime
am dinnéir dinner time
am lóin lunchtime
amach out
amadán *m* **-áin** ~ fool
amadóir *m* **-óra -í** timer
amaidí *f* ~ foolishness
amaitéarach *m* **-aigh** ~ amateur
amárach tomorrow
ambasadóir *m* **-óra -í** ambassador
ambasáid *f* **-e -í** embassy
amchlár *m* **-áir** ~ timetable
amh raw
ámh however
amháin one, only
ámharach lucky
amharc *m* **-airc** ~ sight
amharc roimh phriontáil *m* print preview (computers)
amharclann *f* **-ainne -a** theatre
amhastrach *f* **-aí** bark
amhlaidh thus, the same
amhrán *m* **-áin** ~ song
amhránaí *m* ~ **-aithe** singer
amhránaíocht *f* **-a** singing
amhras *m* **-ais** doubt
amhrasach doubtful
amú astray
amuigh outside
an- (with hyphen) very
an- ain- (without hyphen) un-, in-, non- etc
anabaí immature, premature
anachain *f* **-ana** calamity, harm
anáil *f* **-ála -álacha** breath, inspiration
anailís *f* **-e -í** analysis
anairt *f* **-e** sailcloth, canvas, coarse linen
anaithnid unknown

análaím I breathe
anall hither, from the other side
anam *m* **-a -acha** soul
anamúil lively
anás *m* **-áis** need, poverty
anbhás *m* **-áis** ~ sudden or violent death
ancaire *m* ~ **-rí** anchor
andóchas *m* **-ais** ~ presumption
andúileach *m* **-ligh** ~ addict
aneas from the south
anfa *m* ~ **-í** storm, fright
Angla-Éireannach Anglo-Irish
aniar from the west, from behind
aníos from below
anlann *m* **-ainn** sauce
ann there **in ann** capable of
annála (pl.) annals
annamh seldom
anocht tonight
anoir from the east
anois now
anonn from here
anraith *m* ~ **-í** soup
anró *m* ~ hardship
anróch severe, full of hardship
ansa most beloved
ansacht *f* **-a -aí** affection
anseo here
ansin there, then
ansiúd there, yonder
ansmacht *m* **-a** tyranny
antaibheathach *m* **-aigh** ~ antibiotic
anuas from above
anuraidh last year
aoí *m* ~ **aíonna** guest
aoibh *f* **-e** smile, pleasing aspect
aoibhinn pleasant
aoibhneas *m* **-nis** delight
aoileach *m* **-ligh** manure
Aoine *f* Friday
Aoine an Chéasta Good Friday
aoir *f* **-e aortha** satire
aoire *m* ~ **-rí** shepherd
aoireacht *f* **-a** herding
aois *f* **-e -eanna** age
aoisteorainn *f* **-ann -eacha** age limit
aol *m* **-oil -ta** lime

aolchloch *f* **-oiche -a** limestone
aon *m* **-oin -ta** one, ace
aon- mono-, uni-, equal, same
aonach *m* **-aigh aontaí** fair
aonad *m* **-aid** ~ unit
Aonad Airgeadra Eorpach *m* **-aid** ~
   European Currency Unit (ECU)
aonad amharcthaispeána *m* **-aid** ~
   visual display unit (VDU)
aonad deisce *m* **-aid** ~ desktop unit
aonar *m* **-air** single, one person
aonarach alone, lonely
aonarán *m* **-áin** ~ solitary person
aontacht *f* **-a** unity
aontaím I agree
Aontas Eorpach European Union
aontreo one-way
aos *m* **-a** folk (**aos léinn** students)
aosach adult
aosta old
ápa *m* ~ **-í** ape
ár our
ár *m* **áir** slaughter
ar líne on line
árachas *m* **-ais** ~ insurance
araon both
áras *m* **-ais** ~ residence
árasán *m* **-áin** ~ flat
áraslann *f* **-ainne -a** block of flats
arbhar *m* **-air** corn
ard *m* **aird -a** height, hill
ard high, tall
Ard-Aighne *m* ~ Attorney-General
ardaím I raise
ardaitheoir *m* **-ora -í** lift, hoist
ardán *m* **-áin** ~ hillock; stage, stand
ardeaspag *m* **-aig** ~ archbishop
ardchlár *m* **-áir** ~ plateau
ardmháistir *m* ~ **-trí** headmaster
ardmháistreás *f* **-a -aí** headmistress
Ard-Rí High King
aréir last night
argóint *f* **-e -í** argument
arm *m* **airm** ~ army, weapon
ársa ancient
ársaíocht *f* **-a** antiquity
artaire *m* ~ **-rí** artery

árthach *m* **-aigh** **-aí** vessel
artola petrol
arú inné (amárach) the day before
  yesterday (after tomorrow)
as líne offline
asal *m* **-ail** ~ ass
ascaill *f* **-e** **-í** armpit, avenue
aschur *m* **-uir** output
aspairín *m* ~ **-í** aspirin
aspal *m* **-ail** ~ apostle
aspalóid *f* **-e** absolution
asphrionta *m* ~ **-aí** printout
astralaíocht *f* **-a** astrology
at *m* **ait** **-anna** swelling
ataim I swell
áth *m* **-a** **-anna** ford
athair *m* **-ar** **aithreacha** father
athartha fatherly
áthas *m* **-ais** gladness
áthasach glad
athbheochan *f* **-a** revival
athbhliain *f* **-ana** **-anta** next year,
  new year
athchoilltiú *m* **-ithe** reafforestation
athchúrsáil *f* **-ála** recycling
athdhéanaim I redo
athdhéanamh *m* **-nta** revision
athghairm *f* **-e** **-eacha** repeal
athlámh second-hand
athnuachan *f* **-a** renewal
athrá *m* ~ **-ite** repetition (in speech)
athraím I change
athrú *m* **-raithe** change
athscríobhaim I transcribe
athscríobh *m* **-ofa** transcription
athsheinm *f* **-sheanma** playback
athsmaoineamh *m* **-nimh** **-nte**
  afterthought
atlas *m* **-ais** ~ atlas
atmaisféar *m* **-éir** atmosphere
atosaigh (v.) reboot (computers)
atosaím I reboot (computers)
atuirse *f* ~ weariness
aturnae *m* ~ **-tha** attorney

bB

bá *f* ~ affection, partiality
bá *f* ~ **-nna** bay
babhla *m* ~ **í** bowl
babhta *m* ~ **-í** turn, bout
bábóg *f* **-óige** **-a** doll
bac *m* **-aic** ~ hindrance, obstruction
bacach *m* **-aigh** ~ tramp, cripple;
  lame person
bacaí *f* ~ lameness
bácáil *f* **-ála** baking
bacaim I hinder, mind
bacainn *f* **-e** **-í** barrier
bácálaim I bake
bacán *m* **-áin** ~ crook, peg
bachall *f* **-aille** **-a** crozier
bachlóg *f* **-óige** **-a** bud, sprout
baclainn *f* **-e** **-eacha** armful
bacstaí *m* ~ boxty
bácús *m* **-úis** ~ bakery
bád *m* **-áid** ~ boat
bád iascaigh fishing boat
bád iomartha rowing boat
bádóir *m* **-óra** **-í** boatman
bádóireacht *f* **-a** boating
bagairt *f* **-artha** **bagairtí** threat
bagáiste *m* ~ baggage
bagraím I threaten
bagún *m* **-úin** bacon
báicéir *m* **-éara** **-í** baker
baicle *f* ~ **-lí** crowd
baictéar *m* **-éir** ~ bacteria
bail *f* **-e** success, condition
bailbhe *f* ~ dumbness
baile *m* ~ **-lte** home; town
bailéad *m* **-éid** ~ ballad
bailím I collect
bailitheoir *m* **-ora** **-í** collector
báille *m* ~ **-lí** bailiff
báim I drown
baincéir *m* **-éara** **-í** banker
baineann female

báiní *f* ~ madness

bainim I cut, remove

báinín *m* ~ -**í** white flannel jacket, homespun

baininscneach feminine (grammar)

bainis *f* -**e** -**eacha** wedding

bainisteoir *m* -**ora** -**í** manager

bainistíocht tionscadail *f* project management

bainne *m* ~ milk

bainne bó bleachtáin cowslip

baint *f* -**e** connection, cutting

baintreach *f* -**rí** -**a** widow

báire *m* ~ -**í** game; goal

bairéad *m* -**éid** ~ biretta, beret

bairille *m* ~ -**lí** barrel

bairín *m* ~ -**í** loaf

bairín breac barmbrack

bairneach *m* -**nigh** ~ limpet

báirseach *f* -**sí** -**a** virago

báisín *m* ~ -**í** basin

báisín níocháin wash-basin

báisteach *f* -**tí** rain

baisteadh *m* **baiste** -**tí** baptism

baistim I baptise

baitsiléir *m* -**éara** -**í** bachelor

balbh dumb

balbhán *m* -**áin** ~ dumb person

balcais *f* -**e** -**í** rag

balcóin *f* -**óine** -**í** balcony

ball *m* -**aill** ~ spot, limb, article (of dress)

balla *m* ~ -**í** wall

ballchrith *m* -**reatha** trembling

balscóid *f* -**e** -**í** blister

balún *m* -**úin** ~ balloon

bán *m* -**áin** -**ta** grassland

bán white

banab *f* -**a** -**aí** abbess

ban-aisteoir *m* -**ora** -**í** actress

banaltra *f* ~ -**í** nurse

banbh *m* -**ainbh** ~ young pig

banc *m* -**ainc** ~ bank

banchliamhain *m* ~ -**eacha** daughter-in-law

bándearg pink

bandia *m* -**dé** -**déithe** goddess

banéigean *m* -**gin** rape

bánghnéitheach palefaced

banna *m* ~ -**í** bond, band (music)

banríon *f* -**a** -**acha** queen

bantracht *f* -**a** womenfolk

banúil womanly

baoi *m* ~ -**the** buoy

baois *f* -**e** folly

baoite *m* ~ -**tí** bait

baol *m* -**oil** danger

baolach dangerous

baoth vain, silly

barántas *m* -**ais** ~ warrant

bara rotha *m* wheelbarrow

barbartha barbaric

bard *m* -**aird** ~ bard

bardal *m* -**ail** ~ drake

bardas *m* -**ais** ~ corporation (of town)

barr *m* -**airr** -**a** top, crop

barra uirlisí *m* toolbar (computers)

barrachód *m* -**óid** ~ bar code

barraghraf *m* -**aif** ~ bar graph

barraicín *m* ~ -**í** toe, toe-cap

barraíocht *f* -**a** excess

barróg *f* -**óige** -**a** embrace, grip

barrthuisle *m* ~ -**lí** stumble

barúil *f* -**úla** -**úlacha** opinion

bás *m* -**áis** -**anna** death

bascaim I destroy

bastún *m* -**úin** ~ lout

bata *m* ~ -**í** stick

báúil affectionate, sympathetic

bé *f* ~ -**ithe** maiden

beacán *m* -**áin** ~ mushroom

beach *f* -**eiche** -**a** bee

beacht exact, precise

beadaí *m* ~ -**aithe** gourmet

beadaí sweet-toothed (adj.)

beag small

beagán *m* -**áin** small amount

beagnach almost

beaignit *f* -**e** -**í** bayonet

beairic *f* -**e** -**í** barrack

béal *m* -**éil** ~ mouth

bealach *m* -**aigh** -**aí** way

béalbhach *f* -**aí** -**a** bridle bit

béaloideas *m* -**dis** oral tradition, folklore

béalscaoilte open-mouthed, indiscreet

Bealtaine *f* May
bean *f* **mná** ~ woman
bean chéile *f* ~ wife
bean rialta *f* nun
bean sí *f* banshee, fairy woman
beann *f* **binne** **-a** peak, regard
beannacht *f* **-a** **-aí** blessing
beannaím I bless
beannaithe blessed, holy
béar *m* **-éir** ~ bear
bearbóir *m* **-óra** **-í** barber
Béarla *m* ~ English language
bearna *f* ~ **-í** gap
bearradh *m* shave
bearradh gruaige *m* haircut
bearraim I shave, shear
bearrtha shaven, clipped
beart *m* **birt** **-a** parcel; deed, plan
beart *m* **-irt** **-a** byte (computers)
beartaím I propose
beartas *m* **-ais** ~ policy
béas *m* **-a** ~ custom
béasach polite
beatha *f* ~ **-í** life
beathaím I support
beathaisnéis *f* **-e** **-í** biography
béic *f* **-e** **-eacha** scream
béicim I scream
béile *m* ~ **-lí** meal
béim *f* **-e** **-eanna** blow
béim *f* **-e** emphasis
beirim I catch, give birth to
beirím I boil
beirithe boiled
beirt *f* **-e** **-eanna** two persons
beith *f* **-e** **-eanna** birchtree
beithíoch *m* **-ígh** ~ beast
beo alive
beoga lively
beoir *f* **-orach** **-oracha** beer
beola lips
beostoc *m* **-oic** livestock
bhur your (plural)
bia *m* ~ **-nna** food
biabhóg *f* **-óige** rhubarb
bialann *f* **-ainne** **-a** restaurant
biatas *m* **-ais** beet, beetroot

bídeach tiny
bileog *f* **-oige** **-a** leaf
bille *m* ~ **-í** bill, note
binb *f* **-e** force, venom
bindealán *m* **-áin** ~ bandage
binn melodious
binn *f* **-e** **beanna** gable, peak
binneas *m* **-nis** melodiousness
binse *m* ~ **-sí** bench
Bíobla *m* ~ **-í** Bible
bíogaim I start, become excited
biolar *m* **-air** watercress
biongó *m* ~ bingo
bior *m* **-a** **-anna** point, skewer
biorán *m* **-áin** ~ pin
biotáille *f* ~ **-lí** spirits
biseach *m* **-sigh** ~ improvement,
  recovery
bith *m* **beatha** world, existence
bitheolaíocht *f* **-a** biology
bithiúnach *f* **-aigh** ~ thief, rascal
bladar *m* **-air** flattery, coaxing
bladhaire *m* ~ **-rí** blaze, flame
bladhm *f* **-a** **-anna** flame, blaze
bláfar flowery
blaincéad *m* **-éid** ~ blanket
blaisim I taste
blaosc *f* **-oisce** **-anna** shell, skull
blas *m* **-ais** **-anna** taste; correct accent
blasta tasty; well spoken
bláth *m* **-a** **-anna** flower
bláthach *f* **-aí** buttermilk
bláthadóir *m* **-óra** **-í** florist
bláthfhleasc *f* **-eisce** **-a** wreath
bleachtaire *m* ~ **-í** detective
bleánlann *f* **-ainne** **-a** milking parlour
bléin *f* **-e** **-te** groin
bliain *f* **-ana** **-anta** year
bliantúil yearly
blím I milk
bloc *m* **-oic** ~ block
blonag *f* **-aige** lard
blúire *m* ~ **-rí** fragment
blús *m* **-úis** **-anna** blouse
bó *f* **bó ba** ~ cow
bob *m* ~ **-anna** trick
bonailín *m* ~ **-í** tassel

bocht poor
bochtaineacht *f* **-a** poverty
bochtán *m* **-áin** ~ poor person
bodach *m* **-aigh** ~ churl
bodhar deaf
bodhrán *m* **-áin** ~ deaf person, goatskin
drum
bog soft, easy
bogaim I soften, loosen, move
bogán *m* **-áin** ~ softshelled egg,
soft ground
bogearraí *m* software
bogha *m* ~ **-nna** bow
bogha báistí rainbow
boige *f* ~ softness
boilsciú *m* **-ithe** inflation
boirbe *f* ~ harshness
bóithrín *m* ~ **-í** narrow road
bólacht *f* **-a** cattle
boladh *m* **-aidh** **-aithe** smell
bolaím I smell
bolcán *m* **-áin** ~ volcano
bolg *m* **-oilg** ~ belly
bolgach *f* **-aí** **-a** smallpox
bolgam *m* **-aim** ~ mouthful
bolgán *m* **-áin** ~ lampbulb
bolgóid *f* **-e** **-í** bubble
bolscaire *m* ~ **-rí** announcer
bolscaireacht *f* **-a** propaganda
bolta *m* ~ **-í** bolt
bóna *m* ~ **-í** collar
bonn *m* **-oinn** ~ sole of the foot; coin,
medal, tyre
bonn base (n.)
bórach bandy-legged
borb rough, haughty
bord *m* **-oird** ~ table, board
bos *f* **-oise** **-a** palm of the hand
bosach flat-footed
bosca *m* ~ **-í** box
bosca ríomhphoist *m* mailbox
(computers)
boschrann *m* **-ainn** ~ doorknocker
both *f* **-a** **-anna** tent, booth
bothán *m* **-áin** ~ hut
bóthar *m* **-air** **-óithre** road
botún *m* **-úin** ~ error, mistake

brabach *m* **-aigh** gain, profit
brabhsáil *f* **-ála** browsing (computers)
brabús *m* **-úis** profit
bráca *m* ~ **-í** harrow
brách (go) forever
bradach thieving
bradaí *m* ~ **-aithe** hacker (computers)
bradaíl *f* **-íola** trespassing, thieving
bradán *m* **-áin** ~ salmon
braighdeanas *m* **-ais** captivity
braillín *m* ~ **-í** sheet
brainse *m* ~ **-sí** branch
braithim I feel, depend on
bráithreachas *m* **-ais** brotherhood
branar *m* **-air** fallow land
branda *m* ~ **-í** brand; brandy
braon *m* **-oin** **-ta** drop
brat *m* **-ait** ~ cloak
bratach *f* **-aí** **-a** flag
brathadóir *m* **-óra** **-í** informer, spy,
sensor
bráthair *m* **-ar** **-áithre** brother
(in religion)
bratógach tattered
breá fine
breab *f* **-eibe** **-anna** bribe
breabaireacht *f* **-a** bribery
breac *m* **bric** ~ trout
breac (adj.) ~ spotted
breacaim I speckle, I write
breacsholas *m* **-ais** twilight
bréag *f* **-éige** **-a** lie
bréagach false
bréagaim I coax
bréagán *m* **-áin** ~ toy
breagnaím I refute
bréagriocht *m* **-reachta** **-aí** disguise
breall *f* **-eille** **-a** blemish, blunder
brealsún *m* **-úin** ~ dunderhead
bréan foul, rotten
bréantas *m* **-ais** rottenness
bréáthacht *f* **-a** beauty
breathnaím I observe, look
Breatnach Welsh
Breatnais *f* **-e** Welsh language
breicneach *f* **-í** freckles
bréid *f* **-e** frieze

bréidín *m* ~ homespun cloth
breis *f* -e -eanna increase, majority
breischéim *f* -e -eanna comparative degree
breith *f* -e -eanna carrying, birth; judgement
breitheamh *m* -thimh -thiúna judge
breithiúnas *m* -ais ~ judgement
breoite sick
breoiteacht *f* -a sickness
breosla *m* ~ -í fuel
brí *f* ~ -onna meaning; vigour
briathar *m* -air -thra word, verb (grammar)
briathartha verbal
bríbhéireacht *f* -a brewing
bríce *m* ~ -í brick
bríceadóir *m* -óra -í bricklayer
bricfeasta *m* ~ breakfast
brícín móna *m* ~ -í peat briquette
brídeog *f* -óige -a bride, maiden
bríomhar vigorous
brionglóid *f* -e -í dream
briosc crisp, brittle
briosca *m* ~ -í biscuit
brioscáin phrátaí *m* potato crisps
Briotanach British
briseadh leathanaigh *m* -iste -isteacha page break (computers)
brisim I break
bríste *m* ~ -í trousers
brobh *m* -oibh ~ blade of grass
broc *m* -oic ~ badger
bród *m* -óid joy, pride
bródúil proud
bróg *f* -óige -a shoe
bróicéir *m* -éara -í broker
broidiúil busy
broincíteas *m* -tis bronchitis
broinn *f* -e -te womb
bróiste *m* ~ -tí brooch
brollach *m* -aigh ~ breast
bromach *m* -aigh ~ colt
brónach sorrowful
bróndráma tragedy
bronnaim I bestow
bronntanas *m* -ais ~ gift

brosna *m* ~ -aí bundle of sticks
brostaím I hurry
brothall *m* -aill heat
brú *m* ~ -nna hostel, bruise
brú pressure
bruach *m* -aigh -a brink, bank (of river, etc.)
bruachbhaile suburb
brúchnaipe *m* ~ -pí push-button
brúchtaíl *f* -íola belching, bursting forth
brúchtaim I rush out, I belch
brúdóireacht *f* -a hostelling
brúigh leathanach síos/suas page down/up (computers)
brúim I bruise, press
bruinneall *f* -nille -a maiden
bruíon *f* -íne -ta quarrel
bruite cooked, boiled
brúite crushed, brushed
bruithim I boil, cook
brúitín *m* ~ mash
bruitíneach *f* -ní measles
brus *m* -uis debris, dust
bruscar *m* -air fragments, litter
bruthaire *m* ~ -rí cooker
bua *m* ~ -nna victory
buach victorious
buacach proud, feeling positive
buachaill *m* -alla -í boy
buaic *f* -e -eanna pinnacle
buailim I strike, thresh
buaim I win, overcome
buaireamh *m* -rimh affliction, sorrow
buairt *f* -artha -arthaí grief, worry
buaite won
buama *m* ~ -í bomb
buan lasting
buanaí *m* ~ -aithe reaper
buanaim I reap
buanaím I prolong, persevere
buartha troubled
buatais *f* -e -í boot
búcla *m* ~ -í buckle
buí yellow
buicéad *m* -éid ~ bucket
buidéal *m* -éil ~ bottle
buile *f* ~ -lí madness

builín *m* ~ **-í** loaf
buille *m* ~ **-lí** blow
buíocán *m* **-áin** ~ yolk of egg
buíoch thankful
buíochas *m* **-ais** thanks
buíóg *f* **-óige** **-a** yellowhammer
buíon *f* **-íne** **-ta** band, troop, company
buirgléir *m* **-éara** **-í** burglar
buiséad *m* **-éid** ~ budget
búistéir *m* **-éara** **-í** butcher
buitléir *m* **-éara** **-í** butler
bullán *m* **-áin** ~ bullock
bun *m* **-uin** **-anna** base, bottom
bunachar sonraí *m* database
bunadh *m* **-aidh** stock, people, origin
bunaím I found, I base
bunáite *f* ~ majority
bunoscionn upside down, at variance
  (with)
buntáiste *m* ~ **-tí** advantage
buntásc *m* **-áisc** **-a** footer (computers)
bunús *m* **-úis** ~ origin; majority
bus *m* ~ **-anna** bus
bus friothálach *m* ~ **-anna** feeder bus
busáras *m* **-ais** ~ bus station

cC

cá where?
cabaireacht *f* **-a** prattling
cabáiste *m* ~ cabbage
cabhail *f* **-bhlach** **-bhlacha** body, trunk
cabhair *f* **-bhrach** **-bhracha** help
cabhlach *m* **-aigh** ~ navy
cabhraím I help
cabhsa *m* ~ **-í** causeway, path
cábla cumhachta *m* ~ **-aí** power cable
cábóg *f* **-óige** **-a** ignorant person
cáca *m* ~ **-aí** cake
cách everyone
cad what?
cadás *m* **-áis** cotton

cadhnra *m* ~ **-í** battery
cad ina thaobh why?
cadóg *f* **-óige** **-a** haddock
cág *m* **-áig** **-a** jackdaw
caibidil *f* **-dle** **-dlí** chapter
caidéal *m* **-éil** ~ pump
caidreamh *m* **-rimh** intercourse
caife *m* ~ coffee, café
caifitéire *m* ~ **-rí** cafeteria
caighdeán *m* **-áin** ~ standard
caighdeánach standard (adj.)
cáil *f* **-e** **-eanna** reputation
cailc *f* **-e** **-eanna** chalk
cailín *m* ~ **-í** girl
cáilíocht *f* **-a** **-aí** quality, qualification
cáilíocht taifeadta *f* recording quality
cailís *f* **-e** **-í** chalice
cáiliúil famous
cailleach *f* **-lí** **-a** hag
caillim I lose
caillteanas *m* **-ais** ~ loss
caime *f* ~ crookedness, dishonesty
cáin *f* **-ánach** **-ánacha** tax
cáinaisnéis *f* **-e** **-í** budget
caincín *m* ~ **-í** (snub) nose
cáinim I censure
caint *f* **-e** **-eanna** talk
cainteach talkative
cainteoir *m* **-ora** **-í** speaker
cáipéis *f* **-é** **-í** document
caipín *m* ~ **-í** cap
caipitleachas *m* **-ais** capitalism
cairde *m* ~ credit, respite
cairdeagan *m* **-ain** ~ cardigan
cairdeas *m* **-dis** friendship
cairdín *m* ~ **-í** accordion
cairdinéal *m* **-éil** ~ cardinal
cairdiúil friendly, user-friendly
  (computers)
cairéad *m* **-éid** ~ carrot
cairéal *m* **-éil** ~ quarry
cairt *f* **-e** **-eacha** chart, charter, cart
cairt aimsire weather chart
cairtchlár *m* **-áir** cardboard
cáis *f* **-e** **-eanna** cheese
Cáisc *f* **Cásca** Easter
caiséad *m* **-éid** ~ cassette

caisearbhán *m* **-áin** ~ dandelion
caisleán *m* **-áin** ~ castle
caismirt *f* **-e -í** conflict
caite thrown; past (tense); worn
caiteach wasteful
caiteachas *m* **-ais** expenditure
caitheamh *m* **-thimh** decay,
  act of throwing, spending
caitheamh fulangach *m* passive smoking
caithim I throw, spend, wear
Caitliceach *m* **-cigh** ~ Catholic
cál *m* **-áil** ~ kale, cabbage
caladh *m* **-aidh -aí** quay, ferry
calafort *m* **-foirt** ~ harbour, port
calaois *f* **-e** fraud; foul (sport)
callaire *m* ~ **-í** speaker (technology)
callán *m* **-áin** noise, uproar
calmacht *f* **-a** bravery
calóg *f* **-óige -a** flake
calóga arbhair cornflakes
cam crooked
camall *m* **-aill** ~ camel
camán *m* **-áin** ~ hurley
camastaíl *f* **-íola** fraud
camógaíocht *f* **-a** camogie
campa *m* ~ **-í** camp
canáil *f* **-ála -álacha** canal
canaim I sing
canbhás *m* **-áis** ~ canvas
cancar *m* **-cair** ill temper
cancrach cranky
cangarú *m* ~ **-nna** kangaroo
canna *m* ~ **-aí** can
canóin *f* **-óna -ónacha** cannon
canónach *m* **-aigh** ~ canon
canta *m* ~ **-í** slice (of bread)
cantain *f* **-ana** singing
canúint *f* **-úna -úintí** dialect
caoch blind, wink
caochaim I blind
caoga fifty
caoi *f* ~ **caíonna** way, opportunity
caoile *f* ~ narrowness, slenderness
caoin gentle
caoinim I weep
caoireoil *f* **-eola** mutton
caol narrow

caolaím I grow thin, dilute, make slender
caolas *m* **-ais** ~ strait
caomhnaím I conserve
caomhnóir *m* **-óra -í** guardian
caomhnú conservation
caonach *m* **-aigh -a** moss
caor *f* **-oire -a** berry; a live coal
caora *f* **-ch -oirigh** sheep
caorthann *m* **-ainn** ~ rowan
caoithiúil convenient
caoithiúlacht *f* **-a** convenience
capall *m* **-aill** ~ horse
captaen *m* **-aein** ~ captain
cara *m* **-d cairde** friend
carachtar *m* **-air** ~ character
carbad *m* **-aid** ~ chariot
carbhat *m* **-ait** ~ tic, cravat
carcair *f* **-crach -cracha** prison
Carghas *m* **-ais** ~ Lent
carn *m* **-airn** ~ heap
carnaim I heap up
carr *m* **-airr -anna** car
carraig *f* **-e -eacha** rock
carráiste *m* ~ **-tí** carriage
carrbhealach dúbailte *m* **-aigh -í** dual
  carriageway
carrchlós *m* **-óis** ~ car park
cárt *m* **-áirt** ~ quart
cárta *m* ~ **-í** card
carthanach charitable
carthanacht *f* **-a** charity
cartlann *f* **-lainne -a** archive
cartús *m* **-úis** ~ cartridge
cartús dúiche *m* **-úis** ~ ink cartridge
carúl *m* **-úil** ~ carol
cás *m* **-áis -anna** case, cage
casacht *f* **-a** cough
casaim I twist, turn, meet
casóg *f* **-óige -a** coat
castaire *m* ~ **-rí** spanner
casúr *m* **-úir** ~ hammer
cat *m* **-ait** ~ cat
cath *m* **-a -anna** battle
cathain when?
cathair *f* **-thrach -thracha** city
cathaoir *f* **-each -eacha** chair
cathaoirleach *m* **-ligh** ~ chairperson

cathartha civic, civil
cathlán *m* **-áin** ~ battalion
cathróir *m* **-óra -í** citizen
cathú *m* **-thaithe -thuithe** temptation, regret
CD fuaime audio CD
cé who? **cé acu** which? **cén áit** where?
cé *f* ~ **-éanna** quay
cé although
ceacht *m* **-a -anna** lesson
céachta *m* ~ **-í** plough
ceachtar either, neither
cead *m* **-a -anna** permission
céad *m* **-éid -ta** hundred; first
Céadaoin *f* ~ **-eacha** Wednesday
Céadaoin an Bhraith Spy Wednesday
Céadaoin an Luaithrigh Ash Wednesday
céadar *m* **-air** ~ cedar
ceadúnaí *m* ~ **-aithe** licensee
ceadúnas *m* **-ais** ~ licence
ceadúnas teilifíse TV licence
ceal lack (**cuirim ar ceal** I cancel)
cealaigh (v.) undo (computers)
cealaím I undo (computers)
cealg *f* **-eilge -a** sting
ceamara *m* ~ **í** camera
ceamara digiteach *m* digital camera
ceamara reatha cine camera
ceangailte bound
ceangaltán *m* **-áin** ~ attachment (computers)
ceanglaím I tie, bind
ceann *m* **cinn** ~ head, unit
céanna same
ceannaí *m* ~ **-aithe** merchant
ceannaím I buy
ceannairc *f* **-e -í** mutiny
ceannaire *m* ~ **-rí** leader
ceannaitheoir *m* **-ora -í** buyer
ceannann white-headed
ceanndána stubborn
ceannlitir *f* **-reach -reacha** capital letter
ceanntásc *m* **-áisc -a** header (computers)
ceannas *m* **-ais** authority, sovereignty
ceannasaí *m* ~ **-aithe** controller, commander

ceanndána headstrong
ceannfort *m* **-oirt** ~ superintendent, commandant
ceannlíne *m* ~ **-nte** headline, end-line
ceannlitir *f* **-treach -treacha** capital letter
ceann-nochta bareheaded
ceannteideal *m* **-dil** ~ heading
ceann tíre *m* headland
ceansa meek, tame, gentle, kind
ceant *m* ~ **-anna** auction
ceantálaí *m* ~ **-aithe** auctioneer
ceantar *m* **-air** ~ district
ceaintín *m* ~ **-í** canteen
ceanúil loving
ceapach *f* **-aí -a** patch of ground, tillage bed
ceapachán *m* **-áin** ~ appointment
ceapaim I think, appoint
ceapaire *m* ~ **-rí** sandwich
ceapóg *f* **-óige -a** green plot, flower bed
ceapord *m* **-oird** ~ sledgehammer
ceaptha appointed
cearc *f* **circe -a** hen
cearc fhraoigh grouse
cearc uisce waterhen
céard what?
ceardaí *m* ~ **-aithe** tradesman
ceardchumann *m* **-ainn** ~ trade union
ceardscoil *f* **-e -eanna** vocational school
cearnach square (adj.)
cearnóg *f* **-óige -a** square
cearr wrong, awry
cearrbhach *m* **-aigh** ~ gambler
cearrbhachas *m* **-ais** gambling
ceart *m* **cirt -a** right
ceárta *f* ~ **-í** forge
ceartaím I correct
ceartúchán *m* **-áin** ~ correction
céasadh *m* **-sta** crucifixion
céasaim I crucify, torture
céasta crucified, vexed
céatadán *m* **-áin** ~ percentage
ceathach showery
ceathair *m* ~ **-eanna** four
ceathairchosach *m* **-aigh** ~ quadruped
ceathair déag fourteen

ceathrar *m* **-air** ~ four people
ceathrú *f* **-n** **-na** quarter; thigh
ceathrúnach *m* **-aigh** ~ quartermaster
céile *m* ~ **-í** spouse, mate
céilí *m* ~ **-lithe** entertainment, dance
ceilim I hide, renege
ceiliúr *m* **-úir** warbling, greeting
ceiliúraim I celebrate, greet
céillí sensible
ceilt *f* **-e** concealment
céim *f* **-e** **-eanna** step, rank,
  mountain pass; degree (education)
céimí *m* ~ **-mithe** graduate
ceimic *f* **-e** chemistry
ceimiceach chemical (adj.)
ceimiceán *m* **-áin** ~ chemical
céimseata *f* **-an** geometry
céir *f* **-each** **-eacha** wax
ceird *f* **-e** **-eanna** trade
  (**ceard** — in compounds)
ceirín *m* ~ **-í** poultice
ceirnín *m* ~ **-í** gramophone record
ceirt *f* **-e** **-eacha** rag
ceirtlín *m* ~ **-í** ball of thread
ceist *f* **-e** **-eanna** question
ceistím I question
ceistiú *m* questioning
ceistiúchán *m* **-áin** ~ interrogation;
  questionnaire
ceistneoir questionnaire
ceithearnach *m* **-igh** ~ kern
ceo *m* ~ **-nna** fog
ceobhrán *m* **-áin** ~ mist
ceol *m* **-oil** **-ta** music
ceolaire *m* ~ **-rí** warbler
ceolchoirm *f* **-e** **-eacha** concert
ceoldráma *m* ~ **-í** opera
ceolfhoireann *f* **-rne** ~ orchestra
ceoltóir *m* **-óra** **-í** musician
ceomhar foggy
cheana already
choíche ever
chomh as
ciall *f* **céille** **-a** sense, meaning
ciallaím I signify
ciallmhar sensible
cian distant

cianghlao *m* ~ **-anna** trunkcall
cianrialtán *m* **-áin** ~ remote control
  device
Ciarraíoch *m* **-ígh** ~ native of Kerry
ciarsúr *m* **-úir** ~ handkerchief
ciarsúr páipéir tissue (paper)
cibé whoever, whatever
cic *m* ~ **-eanna** kick
cigilt *f* **-e** tickling
cigilteach ticklish
cigire *m* ~ **-rí** inspector
ciglím I tickle
ciliméadar *m* **-air** ~ kilometre
cill *f* **-e** **cealla** cell, ancient church
cime *m* ~ **-mí** prisoner
Cincís *f* **-e** Pentecost
cine *m* ~ **-níocha** race
cineálta kindly
cinnim I decide
cinniúint *f* **-úna** fate
cinnte certain, decided
cinnteacht *f* **-a** **-aí** certainty
cinsire *m* ~ **-rí** censor
cinsireacht *f* **-a** censorship
cíoch *f* **-íche** **-a** breast
cíocrach ravenous
cíocras *m* **-ais** greed
cion *m* **-a** **-ta** offence
cion *m* **ceana** affection
cion *m* ~ share
ciondáil *f* **-ála** **-álacha** ration
cionn, os over
cionsiocair *f* **-crach** **-cracha** prime cause
ciontach guilty
ciontaím I convict
ciontóir *m* **-óra** **-í** offender
cíor *f* **-íre** **-a** comb, crest; cud
cíoraim I comb
ciorcad *m* **-aid** ~ circuit (technology)
ciorcal *m* **-ail** ~ circle
ciorclach circular
ciorclán *m* **-áin** ~ circular (letter)
ciorraím I shorten, mutilate
cíos *m* **-a** **-anna** rent
ciotach left-handed
ciotaí *f* inconvenience, left-handedness

ciotóg *f* **-óige -a** left hand, left-handed person

cipín *m* ~ **-í** little stick

circeoil *f* **-ola** chicken (meat)

círéib *f* **-e -eacha** riot

ciseán *m* **-áin** ~ basket

cispheil *f* **-e** basketball

ciste *m* ~ **-tí** fund

císte *m* ~ **-tí** cake

císte breithlae birthday cake

císte spúinse sponge cake

císte torthaí fruit cake

cistin *f* **-e -eacha** kitchen

citeal *m* **-til** ~ kettle

cith *m* **ceatha ceathanna** shower

ciúb *m* **-úib -anna** cube

ciúbach cubic

ciúin quiet

ciumhais *f* **-e -eannna** edge, border

ciúnaím I quieten

ciúnas *m* **-ais** quietness

clab *m* **-aib -anna** gaping mouth

cladach *m* **-aigh -aí** seashore

cladhaire *m* ~ **-rí** coward, ruffian

clagarnach *f* **-aí** downpour

claí *m* ~ **-ocha** fence

claidhreacht *f* **-a** cowardice

claíomh *m* **-ímh -aimhte** sword

cláiríneach *m* **-igh** ~ cripple, deformed person

cláirseach *f* **-sí -a** harp

cláirseoir *m* **-ora -í** harpist

clais *f* **-e -eanna** furrow

clamhsán *m* **-áin** ~ complaint

clampar *m* **-air** wrangling, commotion

clann *f* **-ainne -a** children

claon *m* **-oin -ta** incline, slope

claonadh *m* **-nta** inclination; perversion

clapsholas *m* **-ais** twilight

clár *m* **-áir** ~ programme; board, lid

clár dubh blackboard

cláraím I register

cláraitheoir *m* **-ora -í** registrar

cláréadan *m* **-ain** ~ forehead

clárleabhar *m* **-air** ~ register

clasaiceach classical

clásal *m* **-ail** ~ clause

clé left

cleachtadh *m* **-aidh -taí** practice, custom

cleachtaim I practise

cleamhnas *m* **-ais** ~ marriage settlement or alliance

cleas *m* **-lis -a** trick

cleasaí *m* ~ **-aithe** trickster

cleasaíocht *f* **-a** trickery

cléir *f* **-e** clergy

cléireach *m* **-righ** ~ clerk

cleite *m* ~ **-tí** feather

cliabh *m* **cléibh** ~ chest, basket

cliabhán *m* **-áin** ~ cradle

cliamhain *m* ~ **-eacha** son-in-law

cliath *f* **-léithe -a** hurdle; darn; harrow

cliathán *m* **-áin** ~ side

cliceálaim I click (computers)

cling *f* **-e -eacha** chime of bells

clisim I fail

cliste clever

clisteacht *f* **-a** cleverness

cló *m* ~ **-nna** type, appearance

cló *m* ~ **-nna** font (computers)

clóbhuailim I print

clómhéid *f* **-e -eanna** font size (computers)

clóca *m* ~ **-í** cloak

cloch *f* **-oiche -a** stone

clochar *m* **-air** ~ convent, stone structure

clódóir *m* **-óra -í** printer

clódóireacht *f* **-a** printing

clog *m* **-oig** ~ bell, clock; blister

clogad *m* **-aid** ~ helmet

cloigeann *m* **-inn -gne** head, skull

cloigín *m* ~ **-í** small bee

cloigín gorm bluebell

cloigtheach *m* **-thí -thithe** round tower

cloím I defeat, cling to

clóim I print

cloisim I hear

cloíte defeated, overcome

cloíte base (adj.)

clólann *f* **-ainne -a** printing house

clós *m* **-óis** ~ yard, enclosure

clóscríbhinn *f* **-e -í** typescript

clóscríobhaí *m* **-ora -í** typist

clóscríobhaim I typewrite

clóscríobhán *m* **-áin** ~ typewriter
clú *m* ~ fame
cluain *f* **–ana -te** deceit; meadow
cluas *f* **-aise -a** ear
cluasán *m* **-áin** ~ headphone
club *m* ~ **-anna** club
clúdach *m* **-aigh** ~ covering
clúdaím I cover
cluiche *m* ~ **-chí** game
clúid *f* **-e -eacha** covering; nook
cluinim I hear
clúiteach renowned
clúmh *m* **-úimh** ~ down, feathers
clúmhillim I defame
cluthar cosy, sheltered
cnag *m* **-aig -a** knock, tap
cnagaire *m* ~ **-í** woodpecker; knocker
cnaím I waste away
cnáimhseáil *f* **-ála** grumbling
cnaipe *m* ~ **-pí** button
cnaipe luiche *m* ~ **-í** mouse button
  (computers)
cnámh *f* **-áimhe -a** bone
cnámharlach *m* **-aigh** ~ skeleton
cnap *m* **-aip** ~ lump
cnapán *m* **-áin** ~ lump
cneá *f* ~ **-cha** wound
cnead *f* **-a -anna** groan
cneáim I wound
cneámhaire *m* ~ **-rí** mean person, rogue
cneas *m* **-nis -a** skin
cneasaím I heal
cneasta honest, courteous
cníopaire *m* ~ **-rí** miser
cniotálaim I knit
cnó *m* ~ **-nna** nut
cnoc *m* **-oic** ~ hill
cnóire *m* ~ **-rí** nutcracker
cnuasach *m* **-aigh** ~ hoard, collection
cnuasaím I gather
cnuasfhocal *m* **-ail** ~ collective noun
cócaire *m* ~ **-rí** cook
cócaireacht *f* **-a** cookery
cócaireán *m* **-áin** ~ cooker
cochall *m* **-aill** ~ hood; anger
cócó *m* ~ cocoa
cód *m* **-óid** ~ code (of laws)

codán *m* **-áin** ~ fraction
codladh *m* **-ata** sleep
codlaím I sleep
codlatach sleepy
cófra *m* ~ **-í** chest
cófra te hotpress
cogadh *m* **-aidh -aí** war
cogaint *f* **-anta** chewing
cogar *m* **-air** ~ whisper
cogarnach *f* **-aí** whispering
coibhneas *m* **-nis -a** proportion,
  relationship
coibhneasta related, relative
coicís *f* **-e -í** fortnight
coigilt *f* **-e** saving; raking of fire
coigilteach thrifty
coigistím I confiscate
coigrích *f* **-íche -íocha** foreign country
coigríochach *m* **-aigh** ~ foreigner
coileach *m* **-ligh** ~ cock
coileán *m* **-áin** ~ pup
coiléar *m* **-éir** ~ collar (dog)
coilíneach *m* **-nigh** ~ colonist
coilíneacht *f* **-a -aí** colony
cóilis *f* **-e -eacha** cauliflower
coill *f* **-e -te** wood
coim *f* **-e -eanna** waist; shelter
coiméad *m* **-éid** ~ comet
coimeádach *m* **-aigh** ~ conservative
coimeádán *m* **-áin** ~ container
coimeádaí *m* ~ **-daithe** keeper
coimeádaim I keep
coimhdeacht *f* **-a** companionship
cóimheas *m* **-a** comparison; ratio
coimheascar *m* **-air** ~ melée
cóimhiotal *m* **-ail** ~ alloy
coimhlint *f* **-e -í** contest
coimirce *f* ~ protection
coimhthíoch *m* **-ígh** ~ foreigner, foreign
coimisinéir *m* **-éara -í** commissioner
coimisiún *m* **-úin** ~ commission
coincheap *m* **-a** ~ concept
Cóineartú *m* **-taithe -tuithe**
  Confirmation
coinín *m* ~ **-í** rabbit
coinne *f* ~ **-ní** appointment
coinneáil *f* **-ála** detention

coinneal *f* **-nle** candle
coinním I keep, detain
coinníoll *m* **-íll -acha** condition
coinníollach conditional
coinnleoir *m* **-ora -í** candlestick
coinsias *m* **-a -aí** conscience
cóip *f* **-e -eanna** copy
cóip chúltaca *f* **-eanna** backup copy
cóipcheart *m* **-chirt -a** copyright
cóipleabhar *m* **-air** ~ copybook
coir *f* **-e -eanna** crime
cóir *f* **-óra** right, justice
cóir *f* **-órach -óracha** apparatus, means
coirce *m* ~ oats
coirceog *f* **-oige -a** beehive
cóirím I arrange
cóirithe arranged
coirm cheoil concert
coirnéal *m* **-néil** ~ corner; colonel
coirpeach *m* **-pigh** ~ criminal
coirt *f* **-e -eacha** bark (of tree); scum
coiscéim *f* **-e -eanna** footstep
coiscim I prevent
coisí *m* ~ **-sithe** pedestrian; infantry man
cóisir *f* **-e -í** feast (wedding)
coisreacan *m* **-ain** ~ consecration
coisricim I consecrate
coiste *m* ~ **-tí** committee
cóiste *m* ~ **-tí** coach
coiteann general
coitianta customary, ordinary
coitinne (i gc.) (in) general
col *m* **-oil -anna** impediment
col ceathrair *m* first cousin
colainn *f* **-e -eacha** body, trunk
coláiste *m* ~ **-tí** college
colbha *m* ~ **-í** edge, ledge
coll *m* **-oill** hazel
colm *m* **-oilm** ~ dove, pigeon; scar
colpa *m* ~ **-í** calf of leg
colscaradh *m* **-rtha -rthaí** divorce
colún *m* **-úin** ~ column
colúr *m* **-úir** ~ pigeon
comaoin *f* **-e -eacha** compliment, favour
Comaoineach *f* ~ **-a** Holy Communion
comhad *m* **-aid** ~ file (office)
comhaireamh *m* **-rimh** count, calculation

comhairle *f* ~ **-lí** advice, council
comhairleoir *m* **-ora -í** councillor, counsellor
comhairlím I advise
comhalta *m* ~ **-í** member (of a society)
comhaontú *m* **-taithe -tuithe** agreement
comhar *m* **-air** cooperation
comharba *m* ~ **-í** successor
comharchumann *m* **-ainn** ~ co-op, society
comharsa *f* **-n -na** neighbour
comharsanacht *f* **-a** neighbourhood
comhartha *m* ~ **-í** sign
Comhartha na Croise Sign of the Cross
comhbhá *f* ~ sympathy
comhcheilg *f* **-e -chealga** conspiracy
comhdháil *f* **-ála -álacha** convention
comhfhadaím I justify (computers)
comhfhadú *m* **-aithe** justification (computers)
comhfhreagras *m* **-ais** ~ correspondence
comhghairdeas *m* **-is** congratulation
comhionann equivalent
comhla *f* ~ **-í** valve; doorleaf
comhlacht *m* **-a -aí** company (business)
comhlíonaim I fulfil
comhluadar *m* **-air** ~ company
comhoiriúnach compatible (computers)
comhphobal *m* **-ail** ~ community
comhrá *m* ~ **-ite** conversation
comhrac *m* **-aic** ~ combat
comhréir *f* **-e** proportion
comhthionól *m* **-óil** ~ assembly
comóraim I convene; celebrate
compántas *m* **-ais** ~ association, company
comparáid *f* **-e -í** comparison
compás *m* **-áis** ~ compass
complacht *m* **-a -aí** company (army)
compord *m* **-oird** comfort
compordach comfortable
comrádaí *m* ~ **-aithe** comrade
conablach *m* **-aigh** ~ carcass
cónaí *f* **-aithe** dwelling, residence
cónaím I dwell
conas how?
cónasc *m* **-aisc** ~ conjunction; link

cóngar *m* **-air** ~ shortcut, proximity
cóngarach near,
cónra *f* ~ **-í** coffin
conradh *m* **-nartha -narthaí** contract, treaty
conraitheoir *m* **-ora -í** contractor
consan *m* **-ain** ~ consonant
conspóid *f* **-e -í** dispute
constaic *f* **-e -í** obstacle
contae *m* ~ **-tha** county
contrártha contrary
contúirt *f* **-e -í** danger
contúirteach dangerous
copar *m* **-air** copper
copóg *f* **-óige -a** dockleaf
cor *m* **-oir -a** twist, trip, turn; reel (dance)
cór *m* **-óir** ~ choir, corps (army)
cora *f* ~ **-í** weir
córach well-proportioned
córam *m* **-aim** ~ quorum
córas *m* **-ais** ~ system
corc *m* **-oirc** ~ cork
Corcaíoch *m* **-ígh** ~ native of Cork
corcán *m* **-áin** ~ pot
corcra purple
corda *m* ~ **-í** cord
corn *m* **-oirn** ~ cup (trophy), horn
cornchlár *m* **-áir** ~ sideboard
coróin *f* **-ónach -ónacha** crown
corp *m* **-oirp** ~ body
corpán *m* **-áin** ~ corpse
corr odd, uneven
corr riasc *f* crane, heron
corrach unsteady
corraím I stir, move
corrán *m* **-áin** ~ reaping hook; Crescent
cos *f* **-oise -a** leg, foot
cosaint *f* **-anta** ~ defence
cosaint sonraí *f* **-anta** data protection
cosán *m* **-áin** ~ footpath
cosantóir *m* **-óra -í** defender
cosc *m* **-oisc** ~ hindrance
coscairt *f* **-artha** slaughter
coscán *m* **-áin** ~ brake
coslia *m* ~ **-nna** chiropodist
cosnaím I defend, cost

cosnochta barefooted
costas *m* **-ais** ~ cost
cosúil le like
cosúlacht *f* **-a -aí** likeness
cóta *m* ~ **-í** coat
cothaím I feed, maintain
cothaithe maintained
cothrom equal, just
cothrom *m* **-oim** equal amount, fair play
cothromóid *f* **-e -í** equation
cothú *m* **-thaithe** sustenance
crá *m* ~ annoyance
craein *f* **-enach -enacha** crane
crág *f* **-áige -a** claw, clutch (mechanical)
craiceann *m* **-cinn -cne** skin
cráifeacht *f* **-a** piety
crálm I annoy
cráin *f* **-ánach -ánacha** sow
cráite tormented
crampa *m* ~ **-í** cramp
crann *m* **-ainn** ~ tree
crann cnó capaill horse chestnut tree
crann seoil mast of ship
crann silíní cherry tree
crannchur *m* **-uir** ~ lottery, sweepstake
crannóg *f* **-óige -a** lake dwelling
craobh *f* **-oibhe -acha** branch
craobhscaoilim I preach; propagate
craoladh *m* broadcast
craolaim I broadcast
craos *m* **-ois** ~ gullet, covetousness
crapaim I shrink up
craptha shrunken, warped
cré *m* ~ **-anna** creed
cré *m* ~ **-anna** clay
creabhar *m* **-air** ~ woodcock; gadfly, horsefly
creach *f* **-eiche -a** plunder
creachaim I plunder
créacht *f* **-a -aí** wound
creathach trembling
creatlach *f* **-aí -a** ~ framework; skeleton
créatúr *m* **-úir** ~ creature
creideamh *m* **-imh** ~ faith
creidim I believe
creidiúint *f* **-úna** credit
creidiúnach respectable

creidmheas *m* **-a** credit
creimim I gnaw
criathar *m* **-air** ~ sieve
criathraím I sift
críoch *f* **-íche -a** end; territory
críochnaím I complete
críochnúil diligent, tidy
criogar *m* **-air** ~ cricket (insect)
críonna prudent, old
críonnacht *f* **-a** prudence
crios *m* **-reasa -anna** belt; zone
Críostaí *m* ~ **-aithe** Christian
Críostaíocht *f* **-a** Christianity
criostal *m* **-ail** ~ crystal
crith *m* **creatha creathanna** tremor
critheagla *f* ~ fear and trembling
crithim I tremble
criticiúil critical
criú *m* ~ **-nna** crew
cró *m* ~ **-óite** outhouse; blood;
    eye (of needle)
crobh *m* **-oibh** ~ claw, handful
croch *f* **-oiche -a** gallows, cross
crochadán *m* **-áin** ~ hat/coat stand,
    clotheshanger
crochaim I hang
cróga brave
crógacht *f* **-a** bravery
croí *m* ~ **-the** heart; love; core
croíbhrú *m* ~ contrition
croiméal *m* **-éil** ~ moustache
cróinéir *m* **-éara -í** coroner
croíúil cordial, hearty
cromaim I bend down
cromán *m* **-áin** ~ hip
cromleac *f* **-eice -a** cromlech
crónán *m* **-áin** purring, humming
cros *f* **-oise -a** cross
crosaire *m* ~ **-rí** crossroads, junction
crosbhealach *m* **-aigh -aí** crossing
crosbhóthar *m* **-air -óithre** crossroads
croscheistím I cross-examine
crosfhocal *m* **-ail** ~ crossword
crosta cross, difficult
crostagairt *f* **-artha -í** cross reference
crotach *m* **-aigh** ~ curlew
crú *m* ~ **-ite** horseshoe

crua hard
cruach *f* ~ steel
cruachás *m* **-áis -anna** difficulty
cruálach cruel
cruálacht *f* **-a** cruelty
crua-earraí *m* hardware goods
cruan *m* **-ain** ~ enamel
cruatan *m* **-ain** ~ hardship
crúb *f* **-úibe -a** hoof
cruicéad *m* **-éid** cricket (game)
cruidín *m* ~ **-í** kingfisher
crúim I milk; I shoe (a horse)
cruimh *f* **-e -eanna** maggot
cruinn circular; accurate
cruinneas *m* **-nnis** accuracy
cruinním I gather
crúiscín *m* ~ **-í** jug
cruit *f* **-e -eanna** hump; harp
cruiteachán *m* **-áin** ~ hunchback
cruithneacht *f* **-a** wheat
cruitire *m* ~ **-rí** harper
crúsca *m* ~ **-í** jug
crústa *m* ~ **-í** crust, clod
crústálaim I pelt
cruth *m* **-a -anna** shape, appearance
cruthaím I prove
cruthaím fillteán nua I create a new
    folder (computers)
cruthúnas *m* **-ais** ~ proof
cú *m* ~ **-nna** greyhound
cú faoil *m* ~ **-nna** wolfhound
cuach *f* **-aiche -a** cuckoo
cuaille *m* ~ **-lí** pole, stake
cuairt *f* **-e -eanna** visit
cuairt *f* **-e -eanna** hit (computers)
cuairteoir *m* **-ora -í** visitor
cuallacht *f* **-a -aí** company, confraternity
cuan *m* **-ain -ta** harbour
cuardach *m* **-aigh** ~ search
cuardach *m* **-aigh** search (computers)
cuardaím I search
cuas *m* **-ais -asa** cave, hollow
cuasach concave, hollow
cuasán *m* **áin** ~ cavity
cufa *m* ~ **-í** cuff
cuí proper
cuibheasach middling, moderate

cuibhreann *m* **-rinn -a** tilled field
cuid *f* **coda codanna** part, share
cuideachta *f* ~ **-í** company
cuidím I help
cuidiú *m* **-ithe** act of helping
cúig m ~ **-eanna** five
cúig déag fifteen
cúige *m* ~ **-gí** province
cúigeach provincial
cuigeann *f* **-ginne -gne** churn
cúigear five persons
cuil *f* **-e -eanna** fly, gnat
cúil *f* **-úlach -úlacha** nook
cúilín *m* ~ **-í** point (sport)
cúileann *f* **-linne -a** fair lady
cuileann *m* **-linn** holly
cuileog *f* **-oige -a** fly
cuilt *f* **-e -eanna** quilt
cuimhním I recollect
cuimhne *f* ~ **-ní** memory
cuimhne inléite dho-athraithe *f* ROM
　(read-only memory)
cuimhneachán *m* **-áin** ~ souvenir
cuimilt *f* **-e** act of rubbing
cuimleoir *m* **-ora -í** eraser, rubber
cuimlím I rub
cuimse *f* ~ moderation
cuimsitheach comprehensive
cúinne *m* ~ **-ní** corner
cuireadh *m* **-ridh -rí** invitation
cuireata *m* ~ **-í** knave (cards)
cuirim I put, sow, bury, send
cuirim air I switch on
cuirim as I switch off
cuirim in eagar I edit
cuirim líne faoi I underline
cúirt *f* **-e -eanna** court
cúirt leadóige tennis court
cúirtéis *f* **-e -í** courtesy; salute
cuirtín *m* ~ **-í** curtain
cúis *f* **-e -eanna** cause; case (court)
cúisí *m* ~ **-sithe** accused person
cúisím I accuse
cúisín *m* ~ **í** cushion
cuisle *f* ~ **-lí** pulse
cuisneoir *m* **-ora -í** fridge
cúiteamh *m* **-timh** ~ compensation

cúitím I compensate
cúl *m* **-úil** ~ back, goal (sport)
cúl báire goalkeeper
cúlaí *m* ~ **-aithe** back (games)
cúlaím retreat
culaith *f* **-e -ltacha** suit (clothes)
culaith shnámha swimsuit
cúlchaint *f* **-e** backbiting
cúlra *m* ~ **-í** background
cúlspás *m* **-áis** backspace (computers)
cúltaca *m* ~ **-í** reserve
cúltaca *m* ~ **-í** backup (computers)
cuma *f* ~ **-í** appearance
cumadóireacht *f* **-a** composition,
　invention
cumaim I shape, compose
cumann *m* **-ainn** ~ society
cumannachas *m* **-ais** communism
cumannaí *m* ~ **-aithe** communist
cumar *m* **-air** ~ ravine;
　confluence of rivers
cumas *m* **-ais** capability
cumasach capable, efficient
cumasc *m* **-aisc** ~ mix, mixture
cumasc *m* **-aisc** merge (computers)
cumha *m* ~ grief, loneliness, nostalgia
cumhacht *f* **-a -aí** power
cumhachtach powerful
cumhachtstáisiún *m* **-úin** ~ powerstation
cumhra fragrant
cumhrán *m* **-áin** ~ perfume
cumtha wellshaped, composed
cúnamh *m* **-aimh** help
cúng narrow
cúntach helpful
cuntar *m* **-air** ~ counter
cuntas *m* **-ais** ~ account
cuntasóir *m* **-óra -í** accountant
cúntóir *m* **-óra -í** assistant
cupán *m* **-áin** ~ cup
cúpla *m* **-í** couple, few
cúr *m* **-úir** froth
curach *f* **-aí -a** currach
curaclam *m* **-aim** ~ curriculum
cúram *m* **-aim -aimí** care, responsibility
cúramach careful
curfá *m* ~ **-nna** chorus

cúrsa *m* ~ **-í** course
cúrsóir *m* **-óra -óirí** cursor (computers)
cuspóir *m* **-óra -í** objective, object
cuspóireach accusative (case)
custaiméir *m* **-éara -í** customer
custam *m* **-aim** ~ custom (tax)
cúthail bashful
cúthaileacht *f* **-a** shyness, bashfulness

dD

dabhach *f* **-aibhche dabhcha** tank, vat, bathtub
dabht doubt
dada nothing
daibhir poor
daibhreas *m* **-ris** poverty
daidí *m* Daddy
dáil *f* **-ála -álaí** assembly; condition
dáilim I distribute
daingean solid, secure
daingean *m* **-gin** ~ stronghold
daingním I fortify, confirm, ratify
dainséar *m* **-séir** ~ danger
dainséarach dangerous
dair *f* **-arach -aracha** oak
dáiríre in earnest
dais *f* **-ise -iseanna** dash (computers)
daite coloured
daitheacha *f* rheumatism
dála with regard to
dall blind
dall *m* **-aill** ~ blind person
dalladh púicín blindman's buff
dallaim I blind
dallamullóg *f* **-óige** bluff, confusion
dallán *m* **-áin** ~ plug, stopper
dallóg *f* **-óige -a** blind
dalta *m* ~ **-í** pupil, cadet, fosterchild
daltachas *m* **-ais** fosterage, cadetship
damáiste *m* ~ **-tí** damage
damanta damned

damba *m* ~ **-í** dam
dámh *f* **-áimhe -a** company of poets; faculty (University)
damhán alla *m* **-áin** ~ spider
damhsa *m* ~ **-í** dance
damhsaím I dance
damhsóir *m* **-óra -í** dancer
dán *m* **-áin -ta** poem
dánacht *f* **-a** boldness, 'nerve'
Danar *m* **-air** ~ Dane
danartha fierce, brutal
daoi *m* ~ **-ithe** dunce
daol *m* **-oil** ~ beetle
daonlathach democratic
daonlathaí *m* ~ **-aithe** democrat
daonlathas *m* **-ais** ~ democracy
daonna human
daonnacht *f* **-a** humanity
daonnaí *m* ~ **-aithe** human being
daonra *m* ~ **-í** population
daor *m* **-oir** ~ slave
daor costly, unfree, dear
daoraim I condemn
daorsmacht *m* **-a** oppression
daortha condemned
dásacht *f* **-a** boldness
dáta *m* ~ **-í** date
dath *m* **-a -anna** colour, dye
dathadóir *m* **-óra -í** dyer, painter
dathadóireacht *f* **-a** dyeing, painting
dathaím I colour, dye
dátheangach bilingual
dathúil handsome
dathúlacht *f* **-a** comeliness, handsomeness
dé- bi-, di-, two-
dea- good
deabhadh *m* **-aidh** haste
deabhóid *f* **-e** devotion
deacair difficult
deachtóir *m* **-óra -í** dictator
deachtú *m* **-aithe -uithe** dictation
deachúil *f* **-úla -úlacha** decimal
deacracht *f* **-a -aí** difficulty
deachtóir *m* **-óra -í** dictator
déad *m* **-éid -a** tooth
déadchíor *f* **-íre -a** denture
dealaím I separate

dealbh (adj.) *f* **-eilbhe -a** statue; poor

dealbhóir *m* **-óra -í** sculptor

dealg *f* **-eilge -a** thorn; brooch

dealraitheach handsome; probable; resembling

dealramh *m* **-aimh** appearance

dealús *m* **-úis** poverty

deamhan *m* **-ain** ~ demon

dea-mhéin *f* **-e** good wishes, disposition

déan *m* **-éin** ~ dean

déanach late

déanaí lateness (**le déanaí** lately)

déanaim I do, make

deannach *m* **-aigh** dust

déantús *m* **-úis** ~ manufacture

deara (**tugaim faoi deara**) I notice

dearbhaím I declare

dearcán *m* **-áin** ~ acorn

Déardaoin *m* ~ Thursday

Déardaoin Mandála Holy Thursday

dearfa certain, positive

dearfach positive

dearg red

deargbhuile *f* ~ fury

dearmad *m* **-aid** ~ error, forgetfulness

dearmadach forgetful

dearmadaim I forget

dearna *f* **-n -na** palm of hand

deartháir *m* **-ár -eacha** brother

deas *f* **-eise** right (hand), right; nice

deasc *f* **-eisce -a** desk

deascabháil *f* **-ála** ascension

deasghnáth *m* **-a** ~ ceremony, rite

deatach *m* **-aigh** smoke

deich *m* ~ **-eanna** ten

deichiú tenth

deichniúr *m* **-úir** ~ ten (people)

déidlia *m* ~ **-nna** dental surgeon

deifir *f* **-fre** haste

deighilt *f* **-e -í** separation

deilbh *f* **-e -eacha** shape

deilbhín *m* ~ **-í** icon (computers)

deilf *f* **-e -eanna** dolphin

deilgneach *f* **-í** chickenpox

deilgneach thorny

deimheas *m* **-is** ~ shears

deimhin certain

déirc *f* **-e** alms

deireadh *m* **-ridh -rí** end

Deireadh Fómhair October

deireanach last

deireanas, le recently

deirfiúr *f* **-féar -acha** sister

deirim I say

deis *f* **-e -eanna** opportunity, means

deisbhéalach witty

deisceabal *m* **-ail** ~ disciple

deisceart *m* **-cirt** south

deiseal *m* **-sil** clockwise

deisím I repair

deisithe mended

déistin *f* **-e** disgust

deo, go forever

deoch *f* **dí -anna** drink

deoir *f* **-e -ora** tear-drop

deonach willing, voluntary

deontas *m* **-ais** ~ grant

deoraí *m* ~ **-aithe** exile

deoraíocht *f* **-a** exile, banishment

Dia *m* **Dé déithe** God

diabhal *m* **-ail** ~ devil

diaga divine

diaibéiteas *m* **-ais** diabetes

diaidh, i nd- after

diailím I dial (telephones/computers)

dialann *f* **-ainne -a** diary

diallait *f* **-e -í** saddle

diamhair *f* **-e -mhra** mystery; mysterious

diamhasla *m* ~ blasphemy

dian severe

dí-armáil *f* **-ála** disarmament

dias *f* **déise -a** ear of corn

díbeartach *m* **-aigh** ~ exile, outcast

díbhoilsciú *m* **-ithe** deflation

díbholaíoch *m* **-ígh** ~ deodorant

díbirt *f* **-beartha** banishment

díbrím I banish

dícheall *m* **-chill** best endeavour

díchéillí foolish

dídean *f* **-dine** haven, shelter

dífhabhtú *m* **-aithe** debugging (computers)

dífhostaíocht *f* **-a** unemployment

difríocht *f* **-a -aí** difference

diftéire *f* ~ diphtheria
díghalrán *m* **-áin** ~ disinfectant
digit *f* **-e -í** digit
digiteach digital
dil beloved
díle *f* **-ann -lí** deluge
dílis faithful, true
dílleachta *m* ~ **-í** orphan
dílleachtlann *f* **-ainne -a** orphanage
dílseacht *f* **-a -aí** allegiance, loyalty
dímheas *m* **-a** contempt
dínascaim I disconnect
dineasár *m* **-áir** ~ dinosaur
ding *f* **-e -eacha** wedge
dinnéar *m* **-éir** ~ dinner
díobháil *f* **-ála** harm, injury
díobhálach injurious
díochlaonadh *m* **-nta -ntaí** declension
díog *f* **díge -a** ditch, dyke
díograiseoir *m* **-ora -í** enthusiast
díolaim I sell
díolta paid, sold
díoltas *m* **-ais** vengeance, revenge
díomá *f* ~ disappointment
díomách disappointed
díomhaoin idle
diomúch displeased
díon *f* **-ín -ta** roof
dioplóma *m* ~ **-í** diploma
díorma *m* ~ **-í** detachment (of troops)
diosca *m* ~ **-í** disk
diosca bog *m* floppy disk
diosca córais *m* system disk
diosca crua hard disk
diosca digiteach ilúsáide *m* DVD (digital versatile disk)
dioscthiomáint *f* **-ána** disk drive
díospóireacht *f* **-a -aí** debate
díphlugálaim I unplug
díreach straight, exact
dírím I straighten, aim
díshuiteálaim I uninstall (computers)
díspeagadh *m* **-gtha -gthaí** contempt, belittling
díth *f* **-e díotha díoth** lack
díth céille foolishness
dithneas *m* **-nis** speed, hurry

diúltach refusing, negative
diúltaím I refuse, deny
dlaoi *f* ~ **-ithe** lock of hair
dleathach lawful
dlí *m* ~ **-the** law
dlíodóir *m* **-óra -í** lawyer
dlisteanach legitimate, valid
dlúite compressed (computers)
dlús *m* **-úis** density
dlúth (adj.) close, compact
dlúthaím I compress (computers)
dlúthdhiosca *m* ~ **-í** CD (compact disk)
dlúthdhiosca inléite do-athraithe CD-ROM (compact disk read-only memory)
do- difficult, impossible
dó burning
dó *m* ~ **-nna** two
dóbair dom I nearly
dobharchú *m* ~ **-nna** otter
dobhriathar *m* **-air -thra** adverb
dobrón *m* **-óin** sorrow
dócha probable, likely
dochar *m* **-air** harm
dóchas *m* **-ais** hope
dóchasach hopeful
dochreidte incredible
docht tight
dochtúir *m* **-úra -í** doctor
dodhéanta impossible
dofheicthe invisible
dóib *f* **-e** yellow clay
doicheall *m* **-chill** inhospitality
doicheallach inhospitable
doiciméad *m* **-éid** ~ document
dóigh *f* **-e -eanna** likelihood, manner
dóighiúil handsome
doiléir obscure, vague
doiligh sad, difficult
doilíos *m* **-lís** sorrow
dóim I burn
doineann *f* **-ninne** bad weather
doire *m* ~ **-rí** oak grove
doirteal *m* **-il** ~ sink (kitchen)
doirtim I pour, spill
dóiteán *m* **-áin** ~ conflagration
dóithín *m* ~ **-í** easy task
dólás *m* **-áis** grief

doleigheasta incurable
doléite illegible
dollar *m* **-air** ~ dollar
domhain deep
domhan *m* **-ain** ~ world
domhanda global
Domhnach *m* **-aigh** ~ Sunday
Domhnach Cincíse Whit Sunday
domlas *m* **-ais** bile
dona bad
donas *m* **-ais** evil, misfortune
doras *m* **-ais** **-oirse** door
dorcha dark
dorchacht *f* **-a** darkness
dord *m* **-oird** humming, bass sound
dorn *m* **-oirn** **-oirne** ~ fist
dornáil *f* **-ála** boxing
dornálaí *m* ~ **-aithe** boxer
dornán *m* **-áin** ~ fistful
dornasc *m* **-aisc** ~ handcuff
dorú *m* ~ **-ruithe** fishing line
dosaen *m* ~ **-acha** dozen
dóthain *f* ~ enough
drabhlás *m* **-áis** dissipation
draein *f* **-enach** **-enacha** drain
draighean *m* **-ghin** ~ blackthorn
draíocht *f* **-a** enchantment
dráma *m* ~ **-í** drama
dramhaíl *f* **-íola** refuse
drandal *m* **-ail** ~ gum (of mouth)
drantán *m* **-áin** growl, snarl
draoi *m* ~ **-the** druid
draoib *f* **-e** mud
dreach *m* **-a** ~ countenance
dréacht *m* **-a** **-aí** draft
dream *m* **-a** **-anna** party of people
dreancaid *f* **-e** **-í** flea
dreapadóireacht *f* **-a** climbing
dreapaim I climb
dreas *m* **-a** ~ turn, bout
dréimire *m* ~ **-rí** ladder
dreo *m* **-ite** withering
dreoilín *m* ~ **-í** wren
dríodar *m* **-air** dregs
driogaire *m* ~ **-rí** distiller
driogaireacht *f* **-a** distilling
driseog *f* **-oige** **-a** briar

drisiúr *m* **-úir** ~ dresser (furniture)
drithlím I sparkle
drochbhéasach ill-mannered
drochscéal *m* **-éil** **-ta** ill-tidings
drogall *m* **-aill** reluctance
droichead *f* **-chid** ~ bridge
droim *m* **-oma** **-omanna** back, ridge
dromchla *m* ~ **-í** surface
dromlach *m* **-aigh** ~ spine
drong *f* **-oinge** **-a** party,
 section of people
drualus *m* **-a** mistletoe
drúcht *m* **-a** dew
druga *m* ~ **-í** drug
druid *f* **-e** **-eanna** starling
druidim I close, approach,
 act of approaching
druil *f* **-e** **-eanna** drill, drill in tillage
druileáil *f* **-ála** drilling
dua *m* ~ toil, trouble
duáilce *f* ~ **-cí** vice
duairceas *m* **-cis** moroseness
duais *f* **-e** **-eanna** prize
dual (adj.) *m* **-ail** ~ lock of hair,
 strand of rope; natural
dualgas *m* **-ais** ~ duty
duán *m* **-áin** ~ fishing hook; kidney
dúbailte double
dubh black, dark
dubhach melancholy
dúch *m* **-úigh** ~ ink
dúchan *f* **-a** blackening, blight
dúchas *m* **-ais** nature, instinct
dúchasach *m* **-aigh** ~ native
dufair *f* **-e** **-í** jungle
duga *m* ~ **-í** dock
dúiche *f* ~ **-chí** district
dúil *f* **-e** **dúl** ~ desire, element
duileasc *m* **-lisc** dulse
duilleog *f* **-oige** **-a** ~ leaf
duillín *m* ~ **-í** docket
duilliúr *m* **-úir** ~ foliage
duine *m* ~ **daoine** person
dúiseacht *f* **-a** awakening
dúisím I awake
dúluachair *f* **-achra** midwinter
dún *m* **-úin** **-ta** fort

dúnaim I shut
dúnbhású *m* **-aithe -uithe** homicide
dúnmharaím I murder
dúnmharfóir *m* **-óra -í** murderer
dúnmharú *m* **-raithe -ruithe** murder
dúnorgain *f* **-ana** manslaughter
dúntóir *m* **-óra -í** fastener
dúshlán *m* **-áin** ~ challenge
dúshraith *f* **-e -eanna** foundation
dúthracht *f* **-a** earnestness
dúthrachtach earnest

eE

Eabhrach *m* **-aigh** ~ Hebrew
Eabhrais *f* **-e** Hebrew language
each *m* **eich -a** horse
each-chumhacht *f* **-a** horsepower
eachma *m* ~ eczema
éacht *m* **-a -aí** exploit
éachtach extraordinary
eachtra *f* ~ **-í** adventure
eachtrach external
eachtraím I narrate
eachtrannach *m* **-aigh** ~ foreigner, alien
eacnamaíocht *f* **-a** economics
éad *m* **-a** jealousy
éadach *m* **-aigh -aí** cloth
éadaitheoir *m* **-ora -í** draper
éadan *m* **-ain** ~ forehead
éadmhar jealous
éadóchas *m* **-ais** despair
éadomhain shallow
eadra *m* ~ **-í** morning milking time
eadráin *f* **-ána** arbitration
eadránaí *m* ~ **-aithe** arbitrator
éadrócaireach unmerciful
éadroime *f* ~ lightness
éadrom light
éag *m* **-a** ~ death
éagaim I die
éagaoineadh *m* **-nte** lament

éagaoinim I lament
éagaointeach querulous
eagar *m* **-air** ~ order, arrangement
eagarthóir *m* **-óra -í** editor
eagla *f* ~ fear
eaglach timid, afraid
eaglais *f* **-e -í** church
eaglasta ecclesiastical
éagmais *f* **-e** absence, lack
eagna *f* ~ wisdom
eagnaí *m* ~ **-aithe** wise man
éagóir *f* **-óra -acha** wrong, injustice
éagórach unjust
éagothrom uneven
eagraím I organise
eagraíocht *f* **-a -aí** organisation
éagsúil different, unlike
éagsúlacht *f* **-a -aí** variety
eala *f* ~ **-í** swan
éalaím I escape
ealaín *f* **-e -íona** art
ealaíonta artistic
ealta *f* ~ **-í** flock of birds
éalú *m* **-aithe** escape
éamh *m* **-éimh -éamha** ~ crying aloud, scream
éan *m* **éin** ~ bird
Eanáir *m* January
eang *f* **-a -aí** indent (computers)
eangach *f* **-aí -a** fishing net
eangaím I indent (computers)
éanlaith *f* **-e** birds in general
earc *m* **-eirc -a** newt, lizard, reptile
éarlais *f* **-e -í** deposit (money)
éarlamh *m* **-aimh** ~ patron
earra *m* ~ **-í** goods
earrach *m* **-aigh** ~ Spring
earráid *f* **-e -í** error
eas *m* **-a -anna** waterfall
easair *f* **-srach -sracha** bedding, litter for cattle
easaontas *m* **-ais** disunion
éasca easy
eascaine *f* ~ **-í** curse
eascairdeas *m* **-dis** enmity
eascann *f* **-ainne -a** eel
eascraím I bud, spring from

easláinte *f* ~ ill health
easlán *m* **-áin** ~ invalid; unhealthy
easna *f* ~ **-cha** rib
easnamh *m* **-aimh** ~ want
easóg *f* **-óige** **-a** stoat, weasel
easpa *f* ~ **-í** deficiency; abscess
easpag *m* **-aig** ~ bishop
eastát *m* **-áit** ~ estate
easumhal disobedient
easumhlaíocht *f* **-a** insubordination
easurraim *f* **-e** disrespect
easurramach disrespectful
eatramh *m* **-aimh** ~ interval, interim
eibhear *m* **-bhir** granite
éiceolaíocht *f* **-a** ecology
éide *f* ~ **-dí** uniform
eidhneán *m* **-áin** ivy
éidreorach feeble, silly
éifeacht *f* **-a** **-aí** force
éifeachtach efficient
éifeachtúil effective
éigean *m* **-gin** force, necessity
éigeandáil *f* **-álaí** emergency
éigeantach compulsory
éigeas *m* **-gis** **-gse** sage, poet
éigiallda senseless, devoid of reason
éigin some
éiginnte indefinite
éigním I force, violate
eile other
éileamh *m* **-imh** ~ demand
eilifint *f* **-e** **-í** elephant
éilím I demand, claim
eilit *f* **-e** **-í** hind, doe
éineacht, in together
eipic *f* **-e** **í** epic
eipistil *f* **-e** **-tlí** epistle
Éire *fds* **-rinn** *gs* **-reann** Ireland
eireaball *m* **-aill** ~ tail
Éireannach Irish
Éireannach *m* **-aigh** ~ Irish person
éirí *m* **-rithe** act of rising
éirí na gréine sunrise
eiriceach *m* **-cigh** ~ heretic
eiriceacht *f* **-a** **-aí** heresy
éirim *f* **-e** **-í** intelligence, gift
éirím I arise
éirimiúil intelligent

éis, tar after
eisceacht *f* **-a** **-aí** exception
eiseamláir *f* **-e** **-í** exemplar, example
eisiúint *f* **-iúna** **-í** issue
éisteacht *f* **-a** hearing
éisteoir *m* **-óra** **-í** listener
éistim I listen
eite *f* ~ **-tí** feather, wing
eiteachas *m* **-ais** ~ refusal
éitheach *m* **-thigh** ~ lie
eithne *f* ~ **-ní** kernel
eitneach ethnic
eitic *f* **-e** ethics
eitilt *f* **-e** **-í** flying, flight
eitím I refuse
eitinn *f* **-e** tuberculosis
eitleán *f* **-áin** ~ aeroplane
eitleoir *m* **-ora** **-í** aviator
eitlím I fly
eitlíocht *f* **-a** aviation
eochair *f* **-chrach** **-chracha** key
eochair aisfhillidh *f* return key
  (computers)
eolach knowledgeable
eolaí *m* ~ **-aithe** scientist, guide
eolaíocht *f* **-a** science
eolaire *m* ~ **-í** directory
eolas *m* **-ais** ~ knowledge
eolas imshaoil environmental studies
eolas nuashonraithe *m* **-ais** updated
  information
Eoraip *f* **Eorpa** Europe
eorna *f* ~ barley

fabhalscéal *m* **-céil -ta** fable
fabhar *m* **-air** ~ favour
fabhcún *m* **-úin** ~ falcon
fabhra *m* ~ **-í** eyelash
fabhraíocht *f* **-a** favouritism
fabht *m* ~ **-anna** bug (computers)
fabhtcheartú *m* **-aithe** troubleshooting (computers)
facs *m* ~ **-sanna** fax
fad *m* **-aid** ~ length
fad, ar all, altogetherl
fada long
fadálach tedious
fadharcán *m* **-áin** ~ knot (in wood); corn (on foot)
fadhb *f* **-aidhbe -anna** problem
fadó long ago
fadtéarma long term
fágaim I leave
fágaim I quit (computers)
fágáil *f* **-ála** leaving
faí *f* ~ **-the** voice (grammar)
fáibhile *m* ~ **-lí** beech tree
faic *f* (with negative) nothing
faiche *f* ~ **-chí** lawn, green
fáidh *m* ~ **-ithe** prophet
fáidhiúil prophetic
faighim I get
fail *f* **-e -eacha** sty; hiccup
faill *f* **-e -eanna** opportunity
faillí *f* ~ **-ocha** neglect
faillitheach negligent
fáilte *f* ~ **-tí** welcome
fáilteoir *m* **-ora -í** receptionist
fáiltím I welcome
fáiltiú *m* **-ithe** act of welcoming
fainic *f* **-e -í** warning
fáinleog *f* **-oige -a** swallow
fáinne *m* ~ **-ní** ring
fáirbre *f* ~ **-rí** wrinkle, welt
fairche *f* ~ **-chí** diocese

faire *f* ~ **-rí** watching, wake
faireach watchful
faireog *f* **-oige -a** gland
fairim I watch, guard
fairsing wide, extensive
fairsinge *f* ~ extent; plenty
fairtheoir *m* **-ora -í** sentry
fáisceadh pressure
fáisceán *m* **-áin** ~ bandage
fáiscim I squeeze
fáiscín *m* ~ **-í** clip
fáiscthe squeezed
faisean *m* **-sin** ~ fashion
faisnéis *f* **-e -í** information
fáistine *f* ~ **-ní** phophecy
fáistineach future (tense)
faiteach timid
fáithim *f* **-e -í** hem
faithne *m* ~ **-ní** wart
faitíos *m* **-tís** timidity, fear
fál *m* **-áil -ta** hedge, fence
fallaing *f* **-e -eacha** cloak
falsa false, lazy
falsacht *f* **-a** deceit, laziness
falsaím I falsify
fáltas *m* **-ais** ~ profit, income
fámaire *m* ~ **-rí** loafer; summer visitor
fán *m* **-áin** act of straying, wandering
fána *f* ~ **-í** slope
fánach aimless, occasional
fanacht *f* **-a** act of staying
fánaí *m* ~ **-aithe** wanderer
fanaiceach *m* **-icigh** ~ fanatic
fanaim I wait, stay
fánaíocht *f* **-a** wandering
fann weak
fannlag weak
fanntais *f* **-e -í** weakness
faobhar *m* **-air** ~ edge
faobhrach sharp, eager
faobhraím I sharpen
faocha *f* **-n -in** periwinkle
faoileán *m* **-áin** ~ gull
faoiseamh *m* **-simh** relief
faoistin *f* **-e -í** confession
faoitín *m* ~ **-í** whiting
faon weak

faraor alas
farasbarr *m* **-airr** excess
farraige *f* ~ **-gí** sea
fás *m* **-áis** act of growth
fásach *m* **-aigh** ~ desert, wilderness
fásaim I grow
fáscealaín *f* clipart (computers)
fáth *m* **-a -anna** cause
fathach *m* **-aigh** ~ giant
feá *f* ~ **-nna** beech
feá *m* ~ **-nna** fathom
feabhas *m* **-ais** excellence, improvement
Feabhra *f* February
feabhsaím I improve
feacaim I bend, twist
féachaim I look
féachaint *f* **-ana -í** look
feachtas *m* **-ais** ~ campaign
fead *f* **-eide -anna** whistle
feadaíl *f* **-íola** act of whistling
feadán *m* **-áin** ~ tube
feadh *m* ~ extent (**ar feadh** along,
   for the duration of)
feadóg *f* **-óige -a** whistle; plover
feadóg stáin tin whistle
feall *m* **fill** treachery, foul
feallaim I betray, deceive
fealltóir *m* **-óra -í** traitor
fealsamh *m* **-aimh -súna** philosopher
fealsúnacht *f* **-a** philosophy
feamainn *f* **-e** seaweed
feannaideach severely cold
feannaim I skin
feannóg *f* **-óige -a** hooded crow
fear *m* **fir** ~ man (**fear grinn** clown)
féar *m* **féir -a** grass, hay
fearann *m* **-ainn** ~ land
fearas *m* **-ais** ~ apparatus
fearg *f* **-eirge** anger
feargach angry
féarmhar grassy
fearnóg *f* **-óige -a** alder
fearsaid *f* **-e -í** spindle
fearthainn *f* **-e -í** rain
fearúil manly
fearúlacht *f* **-a** manliness
féasóg -óige -a beard

feasta henceforth
féasta *m* ~ **-í** feast
feic *m* ~ **-eanna** sight, spectacle
feiceálach showy
feicim I see
feidhm *f* **-e -eanna** function, use
feidhmeannach *m* **-aigh** ~ functionary
feidhmeochair *f* **-rach -racha**
   function key (computers)
féidir possible (**B'fhéidir** perhaps)
feighil *f* **-ghle** vigilance
feighlí *m* ~ **-lithe** watchman, overseer
féile *f* ~ **-lte** feast day; hospitality
féileacán *m* **-áin** ~ butterfly
feileastram *m* **-aim** ~ wild iris
feilim I suit
féilire *m* ~ **-rí** calendar
feiliúnach suitable
feillbheart *m* **-bhirt -a** act of treachery
féinmharú *m* **-aithe** suicide
féinriail *f* **-alach** autonomy
feirc *f* **-e -eanna** peak or tilt of cap; haft
   (of knife)
féirín *m* ~ **-í** present
feirm *f* **-e -eacha** farm
feirmeoir *m* **-ora -í** farmer
feirmeoireacht *f* **-a** farming
feis *f* **-e -eanna** festival
feisteas *m* **-tis** ~ dress, fittings
feistím I arrange, install
féith *f* **-e -eacha** vein, muscle
feitheamh *m* **-thimh** waiting
feitheoir *m* **-ora -í** attendant, supervisor
feithicil *f* **-cle -clí** vehicle
feithid *f* **-e -í** insect, creature
féithleann *m* **-linn** woodbine
feo *m* ~ decay, withering
feochadán *m* **-áin** ~ thistle
feoil *f* **-ola -olta** meat
feoim I wither, decay
feoirling *f* **-e -í** farthing
feothan *m* **-ain** ~ breeze, gust
fí *f* ~ weaving
fia *m* ~ **-nna** deer
fiabhras *m* **-ais** ~ fever
fiacail *f* **-e -cla** tooth
fiach *m* **féich -a** debt

fiach *m* **-aigh** hunting
fiach dubh *m* raven
fiaclach toothed, indented
fiaclóir *m* **-óra -í** dentist
fiafraím I inquire
fiafraitheach inquisitive
fiagaí *m* ~ **-aithe** hunter
fiaile *f* ~ **-lí** weed(s)
fiailnimh *f* **-e** weedkiller
fiáin wild
fial *m* **féil -a** veil
fial generous
fianaise *f* ~ evidence
fiántas *m* **-ais** wildness, wilderness
fiar perverse, oblique
fiarlán zigzag
fiarsceabhach askew
fiarshúil *f* **-e -úl** squint-eye
fiata wild
fiche *f* **-ad -chidí** twenty
ficheall *f* **-chille** chess
fidil *f* **-e -í** fiddle
fige *f* ~ **-gí** fig
figiúr *m* **-úir -úirí** figure
file *m* ~ **-lí** poet
fileata poetic
filiméala *m* ~ **-í** nightingale
filíocht *f* **-a** poetry
fillim I fold, return
fillteán *m* **-áin** ~ folder
fím I weave
fine *f* ~ **-ní** family, tribe
fínéagar *m* **-air** vinegar
fíneáil *f* **-ála -álacha** fine
fíniúin *f* **-úna -únacha** vine
finné *m* ~ **-ithe** witness
finscéal *m* **-éil -ta** romantic tale
fíochmhar fierce
fíodóir *m* **-óra -í** weaver
fíodóireacht *f* **-a** weaving
fioghual *m* **-ail** (wood) charcoal
fíon *m* **-a -ta** wine
fionn fair
fionnachrith *f* **-reatha** 'creeps', gooseflesh
fionnachtain *f* **-ana** ~ discovery
fionnadh *m* **-aidh** ~ fur
fionnuaire *f* ~ coolness

fionnuar cool
fionraí *f* ~ suspension
fiontar *m* **-air** ~ risk; venture
fíor (adj.) *f* **-ach -acha** figure; true
fíoraím I verify
fíoruisce *m* ~ **-cí** spring water
fios *m* **feasa** knowledge
fiosrach inquisitive
fiosraím I inquire
fiosrúchán *m* **-áin** ~ inquiry
firéad *m* **éid** ~ ferret
fíréan *m* **-éin** ~ just person
fireann masculine, male
fírinne *f* ~ **-ní** truth
fírinneach true, genuine
firinscneach masculine (gender)
firmimint *f* **-e -í** firmament
fís *f* **-e -eanna** vision
físchaiséad *m* **-éid** ~ video cassette
físcheamara *m* **-aí** video camera
físeán *m* **-áin** ~ video film
fisic *f* **-e** physics
fisiceoir *m* **-ora -í** physicist
fístaifeadán *m* **-áin** ~ video recorder
fístéip *f* **-e -eanna** video tape
fiú worth, worthwhile, even
fiuchadh *m* **-chta** act of boiling
fiuchaim I boil
fiúntach worthy
fiúntas *m* **-ais** worth
flainín *m* ~ **-í** flannel
flaith *m* **-e -atha** ~ prince
flaitheas *m* **-this** ~ kingdom of heaven
flaithiúil generous
flannbhuí orange colour
fleá *f* ~ **-nna** feast
fleiscín *m* ~ **-í** hyphen
flichshneachta *m* ~ sleet
flíp *f* **-e -eanna** heavy blow
fliú *m* influenza
fliuch wet
fliuchaim I wet
fliúit *f* **-e -eanna** flute
flocas cadáis *m* **-ais** cotton wool
flosc *m* **-a** eagerness
flúirse *f* ~ abundance
flúirseach plentiful

fo-bhaile *m* ~ **-lte** suburb
fobhríste *m* ~ **-tí** underpants
focal *m* **-ail** ~ word
fochair *f* proximity
  (**i bhfochair** together with)
fochéimí *m* ~ **-mithe** undergraduate
fochupán *m* **-áin** ~ saucer
foclóir *m* **-lóra -í** dictionary
fód *m* **-óid** ~ sod
fodhlí *m* ~ **-the** bye-law
fo-éadach *m* **-aigh** ~ undergarment
fogha *m* ~ **-nna** attack
foghail *f* **-ghla -ghlacha** trespass,
  robbery
foghar *m* **-air** ~ pronunciation
foghlaeir *m* **-era -í** fowler
foghlaeireacht *f* **-a** fowling
foghlaí *m* ~ **-aithe** marauder
foghlaim *f* **-ama** learning
foghlaimím I learn
foghraíocht *f* **-a** phonetics
fo-ghúna *m* ~ **-í** petticoat, slip
fógra *m* ~ **-í** notice
fógraím I announce, advertise
fógraíocht *f* **-a** advertising
foiche *f* ~ **-chí** wasp
foighne *f* ~ patience
foighneach patient
fóill, **go** for a while
foilseachán *m* **-áin** ~ publication
foilsím I publish
foilsitheoir *m* **-ora -í** publisher
foinse *f* ~ **-sí** source
foireann *f* **-rne** ~ team, staff
foirfe perfect, mature
foirfeacht *f* **-a** perfection
foirgneamh *m* **-nimh** ~ building
foirgneoir *m* **-ora -í** builder
fóirim I help
fóirithint *f* **-e** help
foirm *f* **-e -eacha** form
foirmiúil formal
foirmle *f* ~ **-lí** formula
foisceacht *f* **-a** nearness
folach *m* **-aigh** hiding, covering
folaím I hide
foláir (ní foláir) must

foláireamh *m* **-rimh** ~ warning
folamh empty
folcadán *m* **-áin** ~ bathtub
folcaim I bathe
folíne *f* ~ **-nte** (telephone) extension
folláin wholesome
follas clear
folmhaím I empty
folt *m* **-oilt** ~ hair of head
foluain *f* **-ana** hovering
folúntas *m* **-ais** ~ vacancy
folús *m* **-úis** emptiness, vacuum
folúsghlantóir *m* **-óra -í** vacuum cleaner
fómhar *m* **-air** ~ autumn, harvest
fónaim I serve, suit
fónamh *m* **-aimh** service
fónamh, ar well
fonn *m* **-oinn** ~ tune; longing
fonnmhar willing
fonóid *f* **-e** mockery
fonóideach derisive
fonsa *m* ~ **-í** hoop
fónta good, serviceable
forainm *m* ~ **-neacha** pronoun
foraois *f* **-e -í** forest
foras *m* **-ais** ~ basis; institution
forás *m* **-áis** development
forbairt *f* **-artha -í** development
forc *m* **-oirc** ~ fork
foréigean *m* **-gin** violence
forghabháil *f* **-bhála -bhálacha** seizure
forlámhas *m* **-ais** supreme control
forleathan extensive
forleitheadúil widespread
forlíonadh *m* **-aidh** act of completing
formad *m* **-aid** envy
formadach envious
formáid *f* **-e -í** format (computers)
formáidím I format (computers)
formhór *m* **-óir** majority
forneart *m* **-nirt** force
forógra *m* ~ **-í** proclamation
fórsa *m* ~ **-í** force
fortún *m* **-úin** ~ fortune
fós yet
foscadh *m* **-aidh** ~ shelter
foshuiteach subjunctive
fostaí *m* ~ **-aithe** employee

fostaím I employ
fostaíocht *f* **-a** employment
fostóir *m* **-óra -í** employer
fothain *f* **-ana** shelter
fothrach *m* **-aigh** ~ ruin
fothram *m* **-aim** noise
fráma *m* ~ **-í** frame
francach *m* **-aigh** ~ rat
Francach *m* **-aigh** ~ French
  (person, thing)
fraoch *m* **-oigh** heather
fraochán *m* **-áin** ~ bilberry
fras *f* **-aise -a** shower, abundant (adj.)
freagra *m* ~ **-í** answer
freagrach responsible
freagraím I answer
fréamh *f* **-éimhe -acha** root
fréamhaím I plant, take root, spring from
freastal *f* **-ail** attendance
freastalaí *m* ~ **-ithe** waiter, attendant
freastalaí *m* ~ **ithe** server (computers)
freastalaím I attend
freasúra *m* ~ opposition
freisin also
frídín *m* ~ **-í** germ
friochaim I fry
friochtán *m* **-áin** ~ frying pan
friotal *m* **-ail** ~ speech, expression
friothálaim I wait on
frithsheipteán *m* **-áin** ~ antiseptic
frithstatach (adj.) antistatic
frog *m* **-oig -anna** frog
fruilím I hire
fuacht *m* **-a** cold
fuachtán *m* **-áin** ~ chilblain
fuadach *m* **-aigh** ~ abduction, kidnapping
fuadaím I abduct, kidnap, hijack
fuadar -air *m* haste
fuadrach busy, fussy
fuafar -air hideous
fuáil sewing
fuaim I sew
fuaim *f* **-e -eanna** sound
fuaimním I pronounce
fuar cold
fuarán *m* **-áin** ~ fountain, spring
fuarbhruite lukewarm

fuarthé *m* ~ listless person
fuascailt *f* **-e** redemption
fuascailteoir *m* **-ora -í** liberator
fuasclaím I liberate
fuath *m* **-a** hatred
fuil *f* **fola** blood
fuilaistriú *m* **-ithe** blood transfusion
fuílleach *m* **-ligh** ~ remainder
fuilteach bloody, cruel
fuineadh *m* **-nidh** kneading
fuinim I knead
fuinneamh *m* **-nimh** energy
fuinneog *f* **-oige -a** window
fuinniúil energetic
fuinseog *f* **-oige -a** ash tree
fuíoll *m* **-íll** ~ remnant, remainder
fuip *f* **-e -eanna** whip
fuireach *m* **-righ** waiting
fuirsím I harrow
fuiseog *f* **-oige -a** lark
fulaingím I suffer
fulacht *m* **-a -aí** barbeque
fulangach suffering
fulangach, caitheamh fulangach *m*
  passive smoking
fulangaí *m* ~ **-aithe** sufferer
furasta easy
fústar *m* **-air** fuss
fústrach fussy

gG

ga *m* ~ **gathanna** ray; radius; spoke
gá *m* ~ need
gabha *m* ~ **-aibhne** blacksmith
gabháil *f* **-ála** taking, capture, invasion;
  armful
gabhaim I go, take, seize
gabhal *m* **-ail** ~ fork (of tree, road)
gabháltas *m* **-ais** ~ holding of land
gabhar *m* **-air** ~ goat
gabhlán *m* **-áin** ~ martin (bird)

gabhlán gaoithe swift
gabhlóg *f* **-óige -a** fork (cutlery)
gach each, every
gad *m* **-aid** ~ withe
gadaí *m* ~ **-aithe** thief
gadaíocht *f* **-a** robbery, stealing
gadhar *m* **-air** ~ dog
Gaeilge *f* ~ Irish language
Gaeilgeoir *m* **-ora -í** Irish speaker
Gael *m* **-eil** ~ Irish person
Gaelach Irish, Gaelic (adj.)
Gaeltacht *f* **-a -aí** Irish-speaking district
gafa arrested
gág *f* **-áige -a** chink, crack
gaige *m* ~ **-í** foop
gainéad *m* **-éid** ~ gannet
gaineamh *m* **-nimh** ~ sand
gainmheach sandy
gáir *f* **-e -rtha** shout, outcry
gairbhe *f* ~ roughness
gairbhéal *m* **-éil** gravel
gairdeas *m* **-dis** gladness
gairdín *m* ~ **-í** garden
gaire *m* ~ nearness
gáire *m* ~ **rí** laughter
gaireas *m* **-ris** ~ apparatus
gairfean *m* **-fin** roughness, rough ground
gairid near, short
gáirim I laugh
gairleog *f* **-oige** garlic
gairm *f* **-e -eacha** calling; reputation
gairmeach vocational, vocative (grammar)
gairmiúil professional
gairmscoil vocational school
gairneoir *m* **-ora -í** horticulturist
gairneoireacht *f* **-a** horticulture
gáirsiúil lewd
gaisce *m* ~ **-cí** valour, deed of valour
gaiscíoch *m* **-cígh** ~ champion, hero
gaiste *m* ~ **-tí** snare, trap
gal *f* **-aile -a** vapour, steam
gála *m* ~ **-í** gale
galánta elegant, grand
galántacht *f* **-a** elegance
galar *m* **-air** ~ disease
galf *m* **-ailf** golf
gall *m* **-aill** ~ foreigner

gallán *m* **-áin** ~ pillar-stone
gallda foreign
Galltacht *f* **-a -aí** English-speaking district
gallóglach *m* **-laigh** ~ gallowglass
galltrumpa *m* ~ **-í** clarion
gallúnach *f* **-aí -a** soap
galtán *m* **-áin** ~ steamer
galún *m* **-úin** ~ gallon
gamhain *m* **-mhna** ~ calf
gan freagairt not responding (computers)
gan fuaim mute (computers)
gandal *m* **-ail** ~ gander
gangaid *f* **-e** spite
gann scarce
gannchúiseach scarce, stingy
ganntanas *m* **-ais** ~ scarcity
gaofar windy
gaol *m* **-oil -ta** relationship, relation
gaoth *f* **-oithe -a** wind
gaothaire *m* ~ **-rí** ventilator
gar *m* **-air -anna** a good turn, convenience; near
garchabhair *f* **-rach** first aid
gariníon *f* **-íne -acha** granddaughter
garmhac *m* **-mhic** ~ grandson
garáiste *m* ~ **-tí** garage
garastún *m* **-úin** ~ garrison
garbh rough
garda *m* ~ **-í** guard
Garda Síochána Garda
garraí *m* ~ **-aithe** garden
garraíodóir *m* **-óra -í** gardener
garraíodóireacht *f* **-a** gardening
garrán *m* **-áin** grove
garsún *m* **-úin** ~ youngster
gas *m* **-ais** ~ stem
gás *m* **-áis** ~ gas
gasóg *f* **-óige -a** scout
gasra *m* ~ **-í** party of people
gasta fast, quick, rapid
gastacht *f* **-a** quickness
gasúr *m* **-úir** ~ youngster
gátar *m* **-air** need
gátarach needy
gé *f* ~ **-anna** goose
geab *m* ~ chatter
géag *f* **-éige -a** branch, limb

géagach branching
geáitse *m* ~ **-sí** gesture
geal bright
gealacán *m* **-áin** ~ white of egg, white of eye
gealach *f* **-aí** **-a** moon
gealach lán full moon
gealach úr new moon
gealán *m* **-áin** ~ period of sunshine
gealbhan *m* **-ain** ~ sparrow
geall *m* **gill** **-ta** promise; bet
geallaim I promise
geallghlacadóir *m* **-óra** **-í** bookmaker
gealltanas *m* **-ais** ~ promise
gealt *f* **geilte** **-a** lunatic
gealtlann *f* **-ainne** **-a** lunatic asylum
geamaireacht *f* **-a** **-aí** pantomime
gean *m* **-a** affection
geanc *f* **-eince** **-a** snub-nose
geanmnaí chaste
geanmnaíocht *f* **-a** chastity
geansaí *m* ~ **-aithe** jumper
geantraí *f* ~ pleasant music
geanúil lovable
géar sharp, sour
gearán *m* **-áin** ~ complaint
gearánaí *m* ~ **-aithe** plaintiff
gearánaim I complain
gearb *f* **geirbe** **-a** scab
géarchúis *f* **-e** cleverness, shrewdness
géarchúiseach shrewd
géarleanúint *f* **-úna** persecution
gearr short
gearr, cóipeáil, greamaigh cut, copy, paste (computers)
gearraim I cut
gearrán *m* **-áin** ~ gelding
gearrcach *m* **-aigh** ~ fledgling
gearrchaile *m* ~ **-lí** young girl
gearrscéal *m* **-éil** **-ta** short story
gearrthaisce *f* ~ **-í** clipboard (computers)
geasróg *f* **-óige** **-a** spell, superstition
geata *m* ~ **-í** gate
géibheann *m* **-bhinn** ~ bondage, fetter
géilleadh *m* **-lte** submission
geilleagar *m* **-air** economy

géillim I submit, yield
geimheal *f* **-mhle** ~ fetter
geimhreadh *m* **-ridh** **-rí** winter
géimneach *f* **-ní** lowing
geir *f* **-e** **-eacha** grease, tallow
géire *f* ~ sharpness, acidity
geit *f* **-e** **-eanna** fright, start
geitim I startle
geoin *f* **-e** noise, hum
geolaí *m* ~ **-aithe** geologist
geolaíocht *f* **-a** geology
giall *m* **géill** **-a** jaw; hostage
gigibheart *m* **-bhirt** **-a** gigabyte
ginealach *m* **-aigh** ~ genealogy
ginearál *m* **-áil** ~ general
ginideach *m* **-digh** genitive
ginim I beget
giobal *m* **-ail** ~ rag
giodam *m* **-aim** restlessness
giodamach restless, giddy
gíog *f* **gíge** **-a** squeak
giolcach *f* **-aí** **-a** reed
giolla *m* ~ **-í** guide, attendant, porter
giorracht *f* **-a** shortness
giorraím I shorten
giorraisc abrupt
giorria *m* ~ **-íocha** hare
giota *m* ~ **-í** piece
giotár *m* **-áir** ~ guitar
girseach *f* **-sí** **-a** young girl
Giúdach *m* **-aigh** ~ Jew, Jewish
giúiré *m* ~ **-ithe** jury
giuirléid *f* **-e** **-í** implement
giúis *f* **-e** **-eacha** pine; bog-deal
giúis gheal silver fir
giúistis *m* ~ **-í** magistrate, (district) justice
giúróir *m* **-óra** **-í** juror
glac *f* **-aice** **-a** handful
glacaim I take, accept
glae *m* ~ **-nna** glue; slime
glaine *f* ~ cleanliness
glaise *f* ~ **-sí** rivulet
glaise *f* ~ greenness
glam *f* **-aime** **-anna** howl
glan clean, clear
glanachar *m* **-air** cleanliness
glanaim I clean, clear

glantóir *m* **-óra -í** cleaner
glao *f* ~ **-nna** call
glaoim I call, shout
glas *m* **-ais** ~ lock; grey; green
glas ceannlitreacha *m* **-ais** caps lock (computers)
glasán darach *m* greenfinch
glasóg *f* **-óige -a** wagtail
glasra *m* ~ **-í** vegetable
gleacaí *m* ~ **-aithe** trickster
gleacaíocht *f* **-a** gymnastics
gleann *m* **-a -ta** glen
gleanntán *m* **-áin** ~ small glen
gléas *m* **-éis -anna** instrument, appliance
gléasaim I dress
gléigeal clear, very bright
gléineach bright, shining
gleo *m* ~ noise
gleoiseach *m* **-aigh** ~ linnet
gleoite pretty, charming
glib *f* **-e -eanna** lock, fringe of hair
glic cute, cunning
gliceas *m* **-cis** cleverness
gligín *m* ~ **-í** ninny, prattler
glinniúint *f* **-úna** shining, sparkle
gliogálaim I click (computers)
gliogar *m* **-air** ~ empty rattle
gliogram *m* **-aim** rattling, clatter
gliomach *m* **-aigh** ~ lobster
gliomadóireacht *f* **-a** lobster fishing
gliondar *m* **-air** joy
glioscarnach *f* **-naí** glint
gliúcaíocht *f* **-a** peering
gloine *f* ~ **-ní** glass
glóir *f* **-e** glory
glór *m* **-óir -tha** voice
glórach noisy
glórmhar glorious
glóthach *f* **-thaí -a** jelly
gluais *f* **-e -eanna** gloss, glossary
gluaiseacht *f* **-a -aí** movement
gluaisim I move
gluaisrothar *m* **-air** ~ motorbike
gluaisteán *m* **-áin** ~ motorcar
glúin *f* **-e** ~ knee; generation
gnách usual

gnaíuil pleasant, polite
gnaoi *f* ~ liking, pleasant expression
gnás *m* **-áis -anna** custom, habit
gnáth usual
gnáthaím I frequent
gnáthchaite, aimsir past habitual tense
gnáthradharc *m* **-airc** ~ normal view (computers)
gné *f* ~ **-ithe** species
gnéas *m* **-éis -anna** sex
gníomh *m* **-ímh -artha** deed
gníomhach active, acting
gníomhaire *m* ~ **-rí** agent
gníomhaireacht *f* **-a** agency
gnó *m* ~ **-thaí** business
gnóthach busy
gnóthaím I win, obtain
gnúis *f* **-e -eanna** countenance, expression
gnúsachtach *f* **-aí** grunting
gob *m* **-oib -a** beak, snout
gobaim I stick out
gobán *m* **-áin** ~ gag, muzzle
gobharnóir *m* **-a -í** governor
go dtí until, towards
gogaide *m* ~ **-dí** hunkers
gogal *m* **-ail** ~ cackle
goidim I steal
goile *m* ~ **-í** stomach, appetite
goilim I weep
goillim I grieve, injure
goimh *f* **-e** venom
goin *f* **-e gonta** wound
goinim I wound
goirme *f* ~ blueness
goirt salt, bitter
góislín *m* ~ **-í** gosling
gol *m* **-oil** weeping
goltraí *f* ~ **-aithe** (piece of) sad music
gonta wounded
gontacht *f* **-a** terseness
goradh *m* **-rtha** heating, hot solder
gorm blue
gort *m* **-oirt** ~ field
gorta *m* ~ famine
gortaím I hurt
gotha *m* ~ **-í** appearance, gesticulation

grá *m* ~ love
grád *m* **-áid** ~ grade
gradam *m* **-aim** honour, esteem
grafach (adj.) graphic
grafaic *f* **-e** graphics
grafán *m* **-áin** ~ hoe
grágaíl *f* **-íola** cawing, crowing, braying
graí *f* ~ **-onna** stud of horses
gráig *f* **-e -eanna** hamlet
gráim I love
graiméar *m* **-éir** ~ grammar book
gráin *f* **-ach** hatred
gráinne *m* ~ **-ní** grain
gráinneog *f* **-oige -a** hedgehog
gramadach *f* **-daí** grammar
grámhar affectionate
gramhas *m* **-ais** frown
gránna ugly
graosta obscene
graostacht *f* **-a** obscenity
gráscar *m* **-air** affray, rabble
grásta *m* ~ grace
gráta *m* ~ **-í** grate
greadaim I beat, urge on
greamachán *m* **-áin** ~ adhesive
greamaigh (v.) paste (computers)
greamaím I affix
greamaím I paste (computers)
greamaitheach sticky, gripping
grean *m* **-rin** coarse sand, grit
greann *m* **-rinn** humour, fun
greannmhar funny, witty
gréasaí *m* ~ **-aithe** shoemaker
Gréasán Domhanda, An *m*
   www (World Wide Web)
greille *f* ~ **-lí** grid
greim *m* **-eama -eamanna** stitch, hold;
  bite
gréisc *f* **-e** grease
gréiscim I grease
gréithe delf
grian *f* **-réine** sun
grianaim I sunbathe
grianán *m* **-áin** ~ sunny room
grianmhar sunny
grideall *m* **-dill** ~ griddle
grinn keen, clear
grinneall *m* **-nill** bed (of the sea etc.)

griogaim I tantalise
gríos *m* **-rís** embers; rash
gríosach *f* **-aí** burning embers
gríosaím I incite; grill
gríscín *m* ~ **-í** chop
GRMA (go raibh maith agat) thank you
  (computers)
gró *m* ~ **-ite** crow-bar
grod quick, prompt
groí sturdy
grósaeir *m* **-aera -í** grocer
grósaeireacht *f* **-a** grocery
grua *f* ~ **-nna** cheek
gruagach hairy
gruagaire *m* ~ **-rí** hairdresser
gruaig *f* **-e** hair
gruaim *f* **-e** gloom, ill humour
gruama glum
grúdlann *f* **-ainne -a** brewery
grúnlas *m* **-ais** groundsel
gruth *m* **-a -anna** curds
guagach fickle, unsteady
guailleán *m* **-áin** ~ shoulder strap
guaire *f* ~ **-rí** bristle
guais *f* **-e -eacha** danger
gual *m* **-ail** coal
gualainn *f* **-e guaillí** shoulder
guí *f* ~ **-onna** prayer, wish
guím I pray
gúna *m* ~ **-í** dress
gúnadóir *m* **-óra -í** dressmaker
gunna *m* ~ **-í** gun
gunnadóir *m* **-óra -í** gunner
gustal *m* **-ail** wealth, means
guta *m* ~ **-í** vowel
guth *m* **-a -anna** voice

hH

haca *m* ~ hockey
haemaifilia *f* ~ haemophilia
hairicín *m* ~ -**í** hurricane
haiste *m* ~ -**tí** hatch
halla *m* ~ -**í** hall
Halla an Bhaile Town Hall
hamstar *m* -**air** ~ hamster
hanla *m* ~ -**í** handle
hart *m* -**airt** ~ heart (cards)
hata *m* ~ -**í** hat
heicseagán *m* -**áin** ~ hexagon
heicteár *m* -**áir** ~ hectare
heileacaptar *m* -**air** ~ helicopter
héiliam *m* ~ helium
hidreaclórach hydrochloric
hidrigin *f* -**e** hydrogen
hiopnóis *f* -**e** hypnosis
hipearnasc *m* -**aisc** ~ hyperlink
histéire *f* -**e** hysteria
hormón *m* -**óin** ~ hormone
húda *m* ~ -**í** hood

il

iall *f* **éille** -**acha** bootlace, leash
iallach *m* -**aigh** ~ bond (**tá d'iallach orm** I must)
iar- after, post-
iarann *m* -**ainn** ~ iron
iardheisceart *m* -**cirt** south-west
iargúlta remote
iarla *m* ~ -**í** earl
iarmhír *f* -**e** -**eanna** suffix
iarnóin *f* -**óna** -**ónta** afternoon
iarnród *m* -**óid** ~ railway
iarracht *f* -**a** -**aí** asking, attempt

iarraim I ask, try
iarratas *m* -**ais** ~ application
iarratasóir *m* -**óra** -**í** applicant
iarrathóir *m* -**óra** -**í** candidate
iarsma *m* ~ -**í** remainder, remnant
iarta *m* ~ -**í** hob
iarthar *m* -**air** west
iarthuaisceart *m* -**cirt** north-west
iasacht *f* -**a** -**aí** loan
iasachta foreign
iasc *m* **éisc** ~ fish
iascach *m* -**aigh** ~ fishery, fishing
iascaire *m* ~ -**rí** fisherman
iascaireacht *f* -**a** fishing
iata closed
iatán *m* -**áin** ~ attachment (computers)
íde *f* ~ treatment
ídím I use up, waste
idir between
idir- inter-, mid-
idirchreidmheach interdenominational
idirdhealaím I distinguish between
idirghabháil *f* -**ála** intervention
idirlíon *m* -**lín** internet
idirmheánach intermediate
idirnáisiúnta international
ídithe consumed
ifreann *m* -**rinn** hell
il- poly-, many-
ildánach versatile
ildathach multicoloured
ilmheáin multimedia
ilstórach *m* -**aigh** ~ skyscraper
ilúsáideora (adj.) multi-user
im *m* -**e** butter
imbhualadh *m* -**uailte** -**uailtí** collision
imeacht *m* -**a** -**aí** going; happening
imeagla *f* ~ dread
imeall *m* -**mill** ~ border
imigéin afar
imím I go
imirce *f* ~ emigration
imirt *f* -**meartha** playing
imlíne *f* ~ -**nte** perimeter, outline
imlitir *f* -**treach** -**treacha** circular letter, encyclical

imní *f* ~ anxiety
imníoch anxious
impí *f* ~ **-ocha** entreaty
impím I entreat
impire *m* ~ **-rí** emperor
impireacht *f* **-a -aí** empire
imreas *m* **-ris** ~ quarrel
imreasc *m* **-risc** ~ pupil of eye
imreoir *m* **-ora -í** player
imrím I play
in- able, fit for, capable of
inbhear *m* **-bhir** ~ estuary
inchinn *f* **-e -í** brain
indéanta feasible
infheistíocht *f* **-a -aí** investment
ingear *m* **-gir** ~ perpendicular
ingearach perpendicular
Inid *f* **-e** Shrovetide
iníon *f* **-íne -acha** daughter
iníor *m* **-nír** pasturing
inis *f* **-nse -nsí** island; water meadow
inite edible
iniúchadh *m* **-chta -chtaí** inspection, audit
iniúchaim I inspect, audit
iniúchóir *m* **-óra -í** auditor
inmheánach internal
inné yesterday
innéacs *m* ~ **-anna** index
inneall *m* **-nill** ~ engine
inneall cuardaigh *m* **-ill** search engine (computers)
innealra *m* ~ machinery
innealtóir *m* **-óra -í** engineer
inneoin *f* **-onach -onacha** anvil
inniu today
inscne *f* ~ **-ní** gender
inscríbhinn *f* **-e -í** inscription
inseolta navigable
insím I tell
insint *f* **-te -tí** telling
inslitheoir *m* **-ora -í** insulator
instealladh *m* **-lta -ltaí** injection
insteallaim I inject
intinn *f* **-e -í** mind, intention
intleacht *f* **-a -aí** intellect
íobairt *f* **-artha -í** sacrifice

íocaí *m* ~ **-aithe** payee
íocaim (as) I pay (for)
íocaíocht *f* **-a -aí** payment
íochtar *m* **-air** ~ lower part
íoclann *f* **-ainne -a** dispensary
íocón *m* **-óin** ~ icon (computers)
iodálach (adj.) italic
íol *m* **íl -a** idol
íoladhradh *m* **-rtha** idolatry
iolar *m* **-air** ~ eagle
iolra *m* ~ **-aí** plural
iolraím I multiply
iomad *m* ~ much, many, too much, too many
iomaí many (+ singular)
iomáinim I play hurling
iomaíocht *f* **-a** competition
iomaire *m* ~ **-rí** ridge
iomaitheoir *m* **-ora -í** competitor
iománaí *m* ~ **-aithe** hurler
iománaíocht *f* **-a** hurling
iomarca *f* ~ too much
íomhá *f* ~ **-nna** image
iomlaine *f* ~ fullness, totality
iomlán *m* **-áin** ~ whole
iompaím I turn
iompar *m* **-air** behaviour; transport
iompraím I carry
iompróir *m* **-óra -í** carrier
iomraím I row
iomramh *m* **-aimh** rowing
iomrascáil *f* **-ála** wrestling
iomrascálaí *m* ~ **-aithe** wrestler
ionad *m* **-aid** ~ place
ionad siopadóireachta shopping centre
ionadaí *m* ~ **-aithe** representative, substitute
ionadh *m* **-aidh -aí** wonder, surprise
ionann same
ionar *m* **-air** ~ tunic, vest
ioncam *m* **-aim** ~ income
ionchurim *m* **-uir** input
iondúil usual
ionga *f* **-n ingne** fingernail
ionracas *m* **-ais** honesty
ionradh *m* **-aidh -aí** incursion, invasion
ionraic honest, upright

ionsaí *m* ~ **-aithe** assault
ionsaím I attack
ionsáim I insert (computers)
iontach wonderful
iontaofa trustworthy
iontaoibh *f* **-e** confidence
iontas *m* **-ais** ~ wonder
iontráil *f* **-ála -acha** entry
iontrálaim I enter (computers)
ionúin dear, beloved
iora *m* ~ **-í** squirrel
Íosa *m* ~ Jesus
ioscaid *f* **-e -í** hollow, back of knee
íoschóipeálaim I download (computers)
íoslach *m* **-aigh** ~ basement
íoslódálaim I download (computers)
iostas *m* **-ais** ~ lodging
iothlainn *f* **-e -eacha** haggard
iris *f* **-e -í** sling; gazette, journal
iriseoireacht *f* **-a** journalism
irisleabhar *m* **-air** ~ magazine, journal
íseal low
íslím I lower, descend
ispín *m* ~ **-í** sausage
isteach in, into
istigh inside, within
istoíche by night
ithim I eat
ithir *f* **-threach -threacha** soil
iubhaile *f* ~ **-lí** jubilee
Iúil *m* ~ July
iúl, cuir in inform
iúr *m* **iúir** ~ yew tree

jab *m* ~ **-anna** job
jacaí *m* ~ **-aithe** jockey
jíp *m* ~ **-eanna** jeep
júdó *m* ~ judo

lá *m* **lae laethanta** day
  (**lá arna mhárach** following day)
  (**lá saoire** holiday)
labhairt *f* **-artha** speaking
labhraím I speak
labhras *m* **-ais** ~ laurel
lacáiste *m* ~ **-tí** discount
lách affable
lacha *f* **-n -in** duck
lachna drab, grey
ladhar *f* **-aidhre -dhracha** fistful; fork;
  toe
laethúil daily
lag weak
lagachar *m* **-air** weakness
lagaím I weaken
lágar *m* **-air** ~ lager
laghad *m* ~ smallness, fewness
laghairt *f* **-e -eanna** lizard
laghdaím I diminish
láí *f* ~ **-onna** shaft (of car)
láí *f* ~ **lánta** spade, 'loy'
láib *f* **-e** mud
Laidin *f* **-e** Latin
láidir strong
láidreacht *f* **-a** strength
laige *f* ~ weakness
Laighin *m* **-ghean** Leinster
Laighneach *m* **-nigh** ~ Leinsterman

láimhseáil *f* **-ála** ~ handling
láimhsím I handle
laincis *f* **-e -í** spancel, fetter
laindéar *m* **-éir** ~ lantern
láir *f* **-árach -áracha** mare
laiste *m* ~ **-tí** latch, latchet
laisteas to the south
laistiar to the west, behind
laistigh inside
laistíos below
láithreach immediately;
present (tense)
láithreán *m* **-áin** ~ site
láithreán gréasáin *m* website
lámh *f* **-áimhe -a** hand
lámhacán *m* **-áin** creeping
lámhach *m* **-aigh** ~ shooting
lámhachaim I shoot
lámhainn *f* **-e -í** glove
lámhleabhar *m* **-air** ~ handbook, manual
lámhscríbhinn *f* **-e -í** manuscript
lámh-mhaisiú *m* **-ithe** manicure
lampa *m* ~ **-í** lamp
lán *m* **-áin** contents, full (adj.)
lána *m* ~ **-í** lane
lána tráchta traffic lane
lánaimseartha full-time (adj.)
lann *f* **-ainne -a** blade; scale (of fish)
lánsásta fully satisfied
lánstad *m* ~ **-anna** full stop
lánúin *f* **-e -eacha** married couple
lao *m* ~ **-nna** young calf
laoch *m* **-oich -ra** hero
laochas *m* **-ais** heroism
laofheoil *f* **-ola** veal
laoi *f* ~ **-the** lay, poem
lapa *m* ~ **-í** paw
lapaireacht *f* **-e** splashing, paddling
lár *m* **-áir** ~ centre
lárnaím I centre (computers)
lárthosaí *m* ~ **-aithe** centre forward
lása *m* ~ **-í** lace
lasaim I light
lasair *f* **-srach -sracha** flame
lasair choille goldfinch
lasairéan *m* **-éin** ~ flamingo
lasán *m* **-áin** ~ match

lasc *f* **-aisce -a** lash, whip
lascaim I lash
lasmuigh outside
lasta *m* ~ **-í** freight, load
lastall yonder
lastoir to the east
lastuaidh to the north
lastuas above, overhead
lathach *f* **-aí** mud
láthair *f* **-áithreach -áithreacha** site,
presence
leaba *f* **-apa -apacha** bed
leaba dhúbailte double bed
leaba shingil single bed
leabhar *m* **-air** ~ book
leabhar rolla roll book
leabhar urnaí prayer book
leabharlann *f* **-ainne -a** library
leabharlannaí *m* ~ **-aithe** librarian
leabhragán *m* **-áin** ~ bookcase
leabhrán *m* **-áin** ~ booklet
leac *f* **-eice -eaca** flagstone (**leac oighir**
sheet of ice)
leacht *m* **-a -anna** monument; liquid
léacht *f* **-a -aí** lecture
leachtaitheoir *m* **-ora -í** liquidiser
léachtóir *m* **-óra -í** lecturer
leadhb *f* **-eidhbe -anna** strip; blow
leadhbaim I beat, rend
leadóg *f* **-óige** tennis
leadóg bhoird table tennis
leadrán *m* **-áin** dilatoriness
leadránach tedious
leadránaí *m* ~ **-aithe** loiterer
leagaim I throw down, put down,
knock down
leagan *m* **-ain -acha** version
leagan amach leathanaigh page layout
leáim I melt
leaisteach elastic
leaistic *f* **-e -í** elastic
leamh insipid
léamh *m* **léimh** reading
leamhan *m* **-ain** ~ moth
leamhán *m* **-áin** ~ elm
leamhnacht *f* **-a** new milk
léan *m* **-éin** sorrow, affliction

léana *m* ~ **-í** meadow, lawn
leanaim I follow
leanbaí childish
leanbaíocht *f* **-a** childishness
leanbh *m* **linbh -naí** child
léanmhar sorrowful
leann *m* **-a -ta** ale, beer
léann *m* **-éinn** learning
leannán *m* **-áin** ~ lover
léannta learned
leanúint *f* **-úna** following
leanúnach continuous
leanúnachas *m* **-ais** continuity
lear *m* ~ great amount
léaráid *f* **-e -í** diagram
léargas *m* **-ais** ~ view, outlook
learóg *f* **-óige -a** larch
léarscáil *f* **-e -eanna** map
leas *m* **-a** benefit, interest
leas- vice-, step-, deputy
léas *m* **-éis -acha** ray of light, stripe
léas *f* **-éise -a** ear of corn, wisp of straw
léas *m* **-a -anna** lease
léasadh *m* **-sta** beating
léasaim I beat, lash
leasaím I amend
leasainm *m* ~ **-neacha** nickname
leasaithe improved, cured
léasar *m* **-ir** laser
leasc reluctant
leasú *m* **-aithe -uithe** amendment, curing
leataobh *m* **-oibh** one side, siding (railway)
leataobhach biased, leaning to one side
leath *f* **-eithe -a** half
leathaim I spread
leathan wide
leathanach *m* **-aigh** ~ page
leathanach baile *m* home page (computers)
leathanach bán *m* blank page
leathanach gréasáin *m* web page
leathanbhanda *m* ~ broadband (computers)
leathar *m* **-air** ~ leather
leathchruinne *f* ~ **-ní** hemisphere

leathchúlaí *m* ~ **-aithe** halfback
leathchúpla *m* ~ **-í** twin
leathnaím I spread
leathóg *f* **-óige -a** flatfish, plaice
leatrom *m* **-oim** oppression
leibhéal *m* **-éil** ~ level; backbiting
leibideach slovenly
leice delicate, sickly
leiceacht *f* **-a** delicacy
leiceann *m* **-cinn -cne** cheek
leicneach *f* **-ní** mumps
leictreach electrical
leictreachas *m* **-ais** electricity
leictreoir *m* **-ora -í** electrician
leid *f* **-e -eanna** hint, clue
léigear *m* **-gir** ~ siege
leigheas *m* **-ghis -ghseanna** cure, medicine
leigheasaim I cure
leigheasta cured
léigiún *m* **-úin** ~ legion
léim *f* **-e -eanna** jump
léim I read
léimim I jump
léimneach *f* **-ní** jumping
léine *f* ~ **-nte** shirt
léine Mhuire cuckoo flower
leipreachán *m* **-áin** ~ leprechaun
léir clear, entire
léirím I explain, produce (a play)
léiritheoir *m* **-ora -í** producer (dramatic)
léiriú *m* **-ithe** explanation, production
léirmheas *m* **-a -anna** criticism (review)
léiroidhre *m* ~ **-rí** heir apparent
léirscriosaim I erase (computers)
léirsiú *m* **-ithe** ~ political demonstration
leisce *f* ~ laziness
leisciúil lazy
leite *f* **-a** stirabout, porridge
leithead *m* **-thid** ~ width
leithéid *f* **-e -í** like, kind
léitheoir *m* **-ora -í** reader
léitheoireacht *f* **-a** reading
leithinis *f* **-nse -nsí** peninsula
leithleach peculiar, special
leithleasach selfish
leithreas *m* **-ris** ~ toilet

leithscéal *m* **-éil -ta** excuse
leitir *f* **-tre -treacha** hillside
leitís *f* **-e -í** lettuce
leoithne *f* ~ **-ní** breeze
leon *m* **-oin** ~ lion
leonaim I injure, sprain
leonta injured, sprained
leoraí *m* ~ **-aithe** lorry
leorghníomh *m* **-ímh** atonement
lí *f* ~ **-ocha** hue, pigment; licking
lia *m* ~ **-nna** stone; physician
liag *f* **léige -a** standing stone
liamhán *m* **-áin** ~ shark (basking)
liamhás ham
lián *m* **-áin** ~ trowel
liath grey
liathróid *f* **-e -í** ball
liathróid láimhe handball
ligean *m* **-gin** letting
ligim I let, allow
lile *f* ~ **-lí** lily
lím I lick
limistéar *m* **-éir** ~ area
líne *f* ~ **-nte** line
líneadach *m* **-aigh -aí** linen
líneáil *f* **-ála -álacha** lining
línéar *m* **-éir** ~ liner
líním I draw (sketch)
linn *f* **-e -te** pool, time
linn snámha swimming pool
lintéar *m* **-éir** ~ gully
liobar *m* **-air** ~ tatter, slattern
liobarnach slovenly, dangling
liodán *m* **-áin** ~ litany
líofa fluent, sharpened
líofacht *f* **-a** fluency, polish
líomanáid *f* **-áide** lemonade
líomhán *m* **-áin** ~ file (tool)
líomóid *f* **-e -í** lemon
líon *m* **lín -ta** net; fill; flax
líonadh *m* **-nta** filling
líonaim I fill
líonmhaireacht *f* **-a** abundance
líonmhar numerous, plentiful
líonrith *m* ~ excitement, palpitation
lionsa *m* ~ **-í** lens
líonpheil *f* **-e** netball

líon tí *m* household
líonra *m* ~ **-í** network (computers)
líonta filled
liopard *m* **-aird** ~ leopard
lios *m* **leasa -anna** fairy fort
liosta *m* ~ **-í** list
lipéad *m* **-éid** ~ label
líreacán *m* **-áin** ~ lollipop
liric *f* **-e -í** lyric
lítear *m* **-tir** ~ litre
liteartha literary
litir *f* **-treach -treacha** letter
litir chláraithe registered letter
litreoir *m* **-eora -í** spellcheck (computers)
litrím I spell
litríocht *f* **-a -aí** literature
litriú *m* **-ithe** spelling
liú *m* ~ **-nna** shout
liúdramán *m* **-áin** ~ lazy person, loafer
liúim I shout
liúntas *m* **-ais** ~ allowance
liúntais leanaí children's allowances
liús *m* **-úis** ~ pike
lobhadh *m* **-aidh** rot, decay
lobhaim I rot
lobhar *m* **-air** ~ leper
locaim I pen, confine
locar *m* **-air** ~ plane (tool)
loch *m* **-a -anna** lake
lochán *m* **-áin** ~ small lake
Lochlannach *m* **-aigh** ~ Norseman
lóchrann *m* **-ainn** ~ lantern, torch
locht *m* **-a -anna** fault
lochta *m* ~ **-í** loft
lochtach faulty
lochtaím I fault
lochtú criticism
lódálaim I load (computers)
lofa rotten
log *m* **loig** ~ place, hollow
logálaim ann/as I log in/out (computers)
loighciúil logical
loighic *f* **-ghce** logic
loime *f* ~ bareness
loingeas *m* **-gis** ~ shipping, fleet
loingseoir *m* **-ora -í** navigator

loingseoireacht *f* **-a** navigation
loinnir *f* **-nreach** brightness, sheen
loisceoir *m* **-ora -í** incinerator
loiscim I burn, scald
loiscneach caustic
loiscthe burnt
lóistéir *m* **-éara -í** lodger
lóistín *m* **~ -í** lodgings
loitim I destroy
loitiméireacht *f* **-a** vandalism
lom bare, lean
lomaim I bare, shear
lomaire faiche lawnmower
lomnocht naked
lomra *m* **~ -í** fleece
lon *m* **-oin -ta (lon dubh)** blackbird
lón *m* **-óin -ta** lunch; provisions
Londain *f* **-an** London
long *f* **-oinge -a** ship
longbhá *m* **-ite -ití** shipwreck
longfort *m* **-oirt ~** camp, fort
lonrach shining, bright
lonradh *m* **-aidh** brightness
lonraím I shine
lorg *m* **-oirg ~** track, seeking
lorga *f* **~ -í** shin
lorgaim I seek
lorgaire *m* **~ -rí** seeker
lorgaireacht *f* **-a** tracking, prospecting
losaid *f* **-e -í** pastry board
loscadh *m* **-oiscthe** burning
lot *m* **-oit ~** destruction, spoiling
lua *m* **~** mention
luach *m* **-a -anna** value, worth
luacháil *f* **-ála -álacha** valuation
luachair *f* **-chra** rushes
luachmhar valuable
luaidhe *f* **~ -eanna** lead
luaim I mention
luaithreach *m* **-righ** ashes, cinders
luaithreadán *m* **-áin ~** ashtray
luamhán *m* **-áin ~** lever
Luan *m* **-ain -ta** Monday
luas *m* **-ais -anna** speed
luascaim I swing, rock
luascán *m* **-áin ~** swing
luasmhéadar *m* **-air ~** speedometer

luath swift, soon
luathscríbhneoir *m* **-ora -í** stenographer
lúb *f* **-úibe -a** loop, stitch in knitting
lúbach winding
lúbadh *m* **-btha** bending, twisting
lúbaim I bend
lúbaire *m* **~ -rí** twister
lúbaireacht *f* **-a** trickery
luch *f* **-uiche -a** mouse
lúcháir *f* **-e** elation
lúcháireach delighted, joyous
luchóg *f* **-óige -óga** mouse (computers)
lucht *m* **~ -anna** people
lucht *m* **-a -anna** content, load
luchtaím I load
lúfar athletic
lúfaireacht *f* **-a** agility
luí *m* **~** lying down, reclining
luibh *f* **-e -eanna** herb
luibheolaí *m* **~ -aithe** botanist
luibhghort *m* **-oirt ~** kitchen garden
lúibín *m* **~ -í** bracket
luid *f* **-e -eanna** rag, shred
lúide less, minus
lúidín *m* **~ -í** little finger
luím I lie down
luíochán *m* **-áin ~** ambush
lúireach *m* **-righ ~** breastplate
luisne *f* **~ -ní** blush
Lúnasa *m* **~** August
lus *m* **-a -anna** plant, herb
lus an bhalla wallflower
lus an chromchinn daffodil
lusra *m* **~** herbs, plants
lútáil *f* **-ála** crawling, fawning
lúth *m* **-úith -a** movement, activity
lúthchleas *m* **-lis -a** athletic feat
lúthchleasa athletics

má if

má *f* ~ **-nna** plain

mac *m* **mic** ~ son

mac altrama adopted son

mac tíre wolf

macalla *m* ~ **-í** echo

macánta honest, decent

macántacht *f* **-a** honesty, gentleness

macaomh *m* **-oimh** ~ youth

macasamhail *f* **-mhla** ~ likeness, copy

macha *m* ~ **-í** cattle field

máchail *f* **-e -í** stain, defect

machaire *m* ~ **-rí** plain

machnaím I think, reflect

machnamh *m* **-aimh** consideration, reflection

macnas *m* **-ais** playfulness

macra *m* ~ **-í** youths, bands of youths

madra *m* ~ **-í** dog

madra caorach sheepdog

magadh *m* **-aidh** joking

máguaird around, about

magúil joking

mahagaine *m* ~ mahogany

maicréal *m* **-éil** ~ mackerel

maide *m* ~ **-í** stick

maide rámha oar

maidin *f* **-e -eacha** morning

maidir le as to, concerning

maighdean *f* **-dine -a** maiden, virgin

maighnéad *m* **-éid** ~ magnet

mailís *f* **-e** malice

máilléad *m* **-éid** ~ mallet

mailp *f* **-e -eanna** maple

maím I boast

maindilín *m* ~ **-í** mandolin

mainicín *m* ~ **-í** model, mannequin

mainistir *f* **-treach -treacha** monastery

máinlia *m* ~ **-nna** surgeon

mainséar *m* **-éir** ~ manger

maíomh *m* **-aímh** boasting

mairbhití *f* ~ languor, numbness

maireachtáil *f* **-ála** living

mairg *f* **-e -í** woe

mairim I live, last

mairnéalach *m* **-aigh** ~ sailor

máirseálaim I march

Máirt *f* ~ **-eanna** Tuesday

mairteoil *f* **-ola** beef

mairtíneach *m* **-nigh** ~ cripple

mairtíreach *m* **righ** ~ martyr

maise *f* ~ benefit; beauty

maisím I adorn

maisiúchán *m* **-áin** ~ decoration

maisiúil handsome, decorative

máistir *m* ~ **-trí** master

máistir sorcais ringmaster

máistreacht *f* **-a** mastery

máistreás *f* **-a** mistress

maíteach boastful

maith *f* **-e** goodness, good

maitheas *f* **-a -aí** good, goodness

maithim I forgive

maithiúnas *m* **-ais** forgiveness

mál *m* **-áil** ~ excise

mala *f* ~ **-í** eyebrow

mála *m* ~ **-í** bag

mála codlata sleeping bag

mála poist postbag

malairt *f* **-e -í** change, opposite

malartán *m* **-áin** ~ (stock) exchange

mall slow, late (**go mall** slowly)

mallacht *f* **-a -aí** curse

mallaithe accursed, wicked

mallmhuir *f* **-mhara** neaptide

malrach *m* **-aigh** ~ boy

mám *m* **-a -anna** handful; mountain pass

Mamaí *f* Mammy

mámh *m* **-áimh -áite** trump

mana *m* ~ **-í** motto, sign

manach *m* **-aigh** ~ monk

mangaire *m* ~ **-rí** hawker

mánla sedate, gentle

mantach gapped

maoile *f* ~ baldness

maoileann *m* **-linn -a** hillock, ridge of hill

maoin *f* **-e** wealth

maoirseoir *m* **-ora -í** superintendent, supervisor
maoithneach sentimental
maoithneachas *m* **-ais** sentimentality
maol bald
maolaím I blunt, mitigate
maolchluasach droop-eared
maoluillinn *f* **-e -eacha** obtuse angle
maor *m* **-oir** ~ steward; major
maorga stately
maorlathas *m* **-ais** ~ bureaucracy
maos, ar steeping
maoth soft, tender
mapa *m* ~ **-í** mop; map
maraím I kill
marbh dead
marbhán *m* **-áin** ~ corpse
marbhna *m* ~ **-í** elegy
marc *m* **-airc -anna** mark
marcach *m* **-aigh** ~ rider
marcaíocht *f* **-a** riding
marcálaim I mark
marcra *m* ~ **-aí** cavalry
marfach fatal
marfóir *m* **-óra -í** killer
margadh *m* **-aidh -aí** market, bargain
margairín *m* ~ margarine
marla *m* ~ modelling clay
marmaláid *f* **-e** marmalade
marmar *m* **-air** marble
maróg *f* **-óige -a** pudding
Márta *m* March
marthanach lasting
marú *m* **-raithe -ruithe** killing
más (má + is) if
más *m* **-áis -a** ~ buttock
masla *m* ~ **-í** insult
maslach insulting
maslaím I insult
masmas *m* **-ais** nausea
mata *m* ~ **-í** mat
máta *m* ~ **-í** mate
mata luiche (mata luchóige) *m* mouse mat (computers)
matal *m* **-ail** ~ mantelpiece
matamaitic *f* **-e** mathematics
matán *m* **-áin** ~ muscle

máthair *f* **-ar -áithreacha** mother
máthair bhaistí godmother
máthair mhór grandmother
meá *f* ~ **-nna** weighing, weighing scales
meabhair *f* **-bhrach** mind, memory
meabhraím I memorise, remind
meabhrán *m* **-áin** ~ memorandum
meacan *m* **-ain** ~ root, tap-root
meacan bán parsnip
meacan dearg carrot
meáchan *m* **-ain** ~ weight
méad *m* amount
  (**dá mhéad** however great)
méadar *m* **-air** ~ meter, metre
meadaracht *f* **-a -aí** metre (poetry)
meadhrán *m* **-áin** dizziness
méadú *m* **-daithe -duithe** increase
meaig *f* **-e -eanna** magpie
meáim I weigh
meaisín *m* ~ **-í** machine
meaisín níocháin washing machine
méala *m* ~ bereavement, sorrow
mealbhóg *f* **-óige -a** small bag
meall *m* **mill -ta** lump
mealladh *m* **-lta** deceiving, enticing
meallaim I coax, deceive
meamram *m* **-aim** ~ parchment, memorandum
meán *m* **-áin** ~ middle, mean
meana *m* ~ **-í** awl
meánach middle, average
meánaicme *f* ~ **-mí** middle class
meánaicmeach middle class (adj.)
meánaosta middle-aged
méanar happy (**is méanar dó** it is well for him)
méanfach *f* **-aí** act of yawning, yawn
Meán Fómhair September
meangadh *m* **-gtha** smile
meán lae midday
meanma *f* **-n** mind, morale
meanmnach spirited
meannán *m* **-áin** ~ kid (goat)
meán oíche midnight
meánscoil *f* **-e -eanna** secondary school
meantán *m* **-áin** ~ tit
méar *f* **-éire -a** finger

mear swift

méara *m* ~ **-í** mayor

méaracán *m* **-áin** ~ thimble

méaracán sí foxglove

mearbhall *m* **-aill** dizziness

méarchlár *m* **-áir** ~ keyboard

méarlorg *m* **-oirg** ~ fingerprint

méaróg éisc fish finger

mearóg *f* **-óige -a** marrow (vegetable)

meas *m* **-a** estimation

measaim I estimate

measartha moderate

measc, i among

meascaim I mix

meascán *m* **-áin** ~ mixture

meastachán *m* **-áin** ~ estimate

meata cowardly, decayed

meatachán *m* **-áin** ~ coward, weakling

meath *m* **-a** degeneration, decay

meicneoir *m* **-ora -í** mechanic

meicnic *f* **-e** mechanics

meicniúil mechanical

méid *f* ~ size, extent

meidhir *f* **-e** joy, delight

meidhreach merry

meigeall *m* **-gill** ~ goatee, goat's beard

meigibheart *m* **-irt -earta** megabyte

  méileach *f* **-lí** bleating

meilim I grind

meirbh sultry, languid

meirfean *m* **-fin** weakness, sultriness

meirg *f* **-e** rust

meirgeach rusty

Meiriceánach *m* **-aigh** ~ American

meirleach *f* **-ligh** ~ malefactor

meisce *f* ~ drunkenness

meisceoir *m* **-ora -í** drunkard

meisciúil intoxicating

méith fat; fertile

meitheal *f* **-thle -thleacha** working party

Meitheamh *m* **-thimh** ~ June

meon *m* **-oin -nta** mind, disposition

mí *f* **-osa -onna** month

mí na meala honeymoon

Mí na Nollag December

mí-ádh *m* **-áidh** ill-luck

mí-ámharach unfortunate

mian *f* **méine -ta** desire

mianach *m* **-aigh** ~ material, mine

mianadóireacht *f* **-a** mining

mianra *m* ~ **-í** mineral

mias *f* **méise -a** dish

míbhéasach rude

míbhuíoch ungrateful

míchaothúil inconvenient

míchaothúlacht inconvenience

míchéatach peevish

míchongar inconvenience

míchuibheasach immoderate

míchumtha deformed

micreafón *m* **-óin** ~ microphone

micreascóp *m* **-óip** ~ microscope

mídhleathach illegal

mil *f* **meala** honey

míle *m* ~ **-lte** thousand; mile

míleata military

milis sweet

mílítheach pallid

milleán *m* **-áin** blame

millim I spoil, ruin

milliún *m* **-úin** ~ million

milliúnaí *m* ~ **-aithe** millionaire

millteach destructive

millteanach terrible

milseán *m* **-áin** ~ sweet

milseog *f* **-oige -a** sweet, confection, dessert

min *f* **-e** meal (**min sáibh** sawdust)

mín fine, smooth

mínádurtha unnatural

minic often

ministir *m* ~ **-trí** minister, parson

míniú *m* **-ithe** explanation, smoothing

minseach *f* **-sí -a** nanny goat

míntír *f* **-e** mainland

miodóg *f* **-óige -a** dagger

míogarnach *f* **-aí** dozing

míoltóg *f* **-óige -a** midge

mion minute, petty, small, fine (adj.)

miondealú *m* **-laithe** parsing

miondíoltóir *m* **-óra -í** retailer

mionn *m* **-a -aí** oath

mionnaím I swear

miontuairisc *f* **-e -í** minute (of meeting)

míorúilt *f* **-e -í** miracle
míorúilteach miraculous
mioscais *f* **-e** grudge, spite
míosúil monthly
miosúr *m* **-úir** ~ measure
miotal *m* **-ail** ~ metal
miotalóireacht *f* **-a** metalwork
mír *f* **-e -eanna** portion, item, paragraph
mire *f* ~ rapidity; madness
mirlín *m* ~ **-í** playing marble
míshásta dissatisfied
míshoiléir vague
misneach *m* **-nigh** courage
misniúil courageous
miste, miste leat, an do you mind /
  ní miste leis he does not mind
mistéir *f* **-e -í** mystery
mithid due time
míthráthúil untimely
miúil *f* **-e -eanna** mule
mo my
moch early
mód *m* **-óid** ~ mode (computers)
mód slán *m* safe mode (computers)
modh *f* **-a -anna** manner, method; mood
  (grammar)
modhúil modest
mogall *f* **-aill** ~ mesh; eyelid
móid *f* **-e -eanna** vow
móideim *m* ~ modem (computers)
móidím I vow
moill *f* **-e** delay
móin *f* **-óna -te** turf; moor
móinéar *m* **-éir** ~ meadow
moing *f* **-e -eanna** mane; swamp
moirtéal *m* **-éil** mortar (construction)
mol *m* **-oil** ~ hub, pole
Mol Theas South Pole
Mol Thuaidh North Pole
moladh *m* **-lta -ltaí** praise
molaim I praise
moltóir *m* **-óra -í** umpire
monarcha *f* **-n -na** factory
monatóir *m* **-óra -óirí** monitor
  (computers)
moncaí *m* ~ **-aithe** monkey
monuar alas

mór large, great, much
móráil *f* **-ála** pride
móramh *m* **-aimh** ~ majority
mórán *m* **-áin** much, many
mórchroíoch generous
mórchúis *f* **-e** self-importance
mórtas *m* **-ais** pride
mórthír *f* **-e** mainland
mór-roinn *f* **-ranna** continent
mothaím I feel
mothall *m* **-aill** ~ mop of hair
muc *f* **-uice -a** pig
múchaim I extinguish, stifle
múchaim I shut down (computers)
muga *m* ~ **-í** mug
muiceoil *f* **-ola** pork
muileann *m* **-linn -lte** mill
muileata *m* ~ **-í** diamond (cards)
muilleoir *m* **-ora -í** miller
muince *f* ~ **-cí** necklace
muinchille *f* ~ **-llí** sleeve
muineál *m* **-níl** ~ neck
múinim I teach
muinín *f* **-e** trust
muintearas *m* **-ais** friendship
muinteartha friendly
múinteoir *m* **-ora -í** teacher
muintir *f* **-e -eacha** folk, people
muir *f* **mara** sea
Muire Virgin Mary
muirí marine
muirnín *m* ~ **-í** darling
mullach *m* **-aigh -aí** summit
Mumhain *f* **-an** Munster
muna if not, unless
múnla *m* ~ **-í** mould
múr *m* **-úir -tha** wall; shower
mura if not, unless
murlach *m* **-aigh** ~ lagoon
murúch *f* **-úiche -a** ~ mermaid
músaem *m* **-eim** ~ museum
múscailt act of waking up
músclaím I awake
mustrach arrogant

nN

nádúr *m* **-úir** ~ nature
nádúrtha natural
naí *m* ~ **-onna** infant
náid *f* **-e -eanna** nought
naimhdeach hostile
naíonán *m* **-áin** ~ infant
naíonra *m* ~ **-aí** nursery (school)
naipcín *m* ~ **-í** napkin
náire *f* ~ shame
náireach shameful, bashful
náirím I shame
náisiún *m* **-úin** ~ nation
náisiúnach *m* **-aigh** ~ national
náisiúnachas *m* **-ais** nationalism
náisiúnaí *m* ~ **-aithe** nationalist
náisiúnta national
namhaid *m* **-mhad -aimhde** enemy
naofa holy, sacred
naoi *m* ~ **-aonna** nine
naoi déag nineteen
naomh *m* **-oimh** ~ saint
naomhaím I sanctify, canonise
naomhóg *f* **-óige -a** currach
naonúr *m* **-úir** ~ nine persons
naoscach *f* **-aí -a** snipe
naprún *m* **-úin** ~ apron
nasc *m* **aisc** ~ link/connection (computers)
nascaim I link/connect (computers)
nascóir *m* **-óra -óirí** connector (computers)
nathair *f* **-thrach -thracha** serpent
nathair nimhe venomous snake
neach *m* ~ **-a** being, person
neacht *f* **-a -anna** niece
neachtar either, neither
neachtlann *f* **-ainne -a** laundry
nead *f* **-eide -acha** nest
neadaím I nest, nestle
néal *m* **-éil -ta** cloud
neamh *f* **-eimhe** heaven

neamhchiontach innocent
neamhchoitianta uncommon
neamh-chomhoiriúnach incompatible (computers)
neamhghnách unusual
neamhní *m* ~ nothing
neamhshuim *f* **-e** indifference
neamhspleách independent
neamhurchóideach non-malignant, innocent
neantóg *f* **-óige -a** nettle
néaróg *f* **-óige -a** nerve
neart *m* **nirt** strength
neartaím I strengthen
neartmhar strong
neasa nearer, nearest to
neascóid *f* **-e -í** boil, abscess
néata neat
neirbhíseach nervous
neodrach neutral, neuter
ní *m* ~ **nithe** thing; washing
nia *m* ~ **-nna** nephew
niachas *m* **-ais** chivalry
niamhrach lustrous
ním I wash
nimh *f* **-e -eanna** poison
nimhneach venomous
níochán *m* **-áin** washing
nithiúil real
nítrigin *f* **-e** nitrogen
niúmóine *m* ~ pneumonia
nó or
nocht naked
nochtaim I make bare
nod *m* **noid -a** hint, abbreviation
nóibhíseach *m* **-sigh** ~ novice
nóiméad *m* **-éid** ~ minute
nóin *f* **-óna -ónta** noon
nóinín *m* ~ **-í** daisy
Nollaig An *f* **-ag -í** Christmas (**Mí na Nollag** December)
Normannach *m* **-aigh** ~ Norman
nós *m* **-óis -anna** custom
nóta *m* ~ **-í** note
nua new
nua novel (adj.)
nua-aimseartha modern

nua-aois *f* **-e** new age
nua-aoiseach modern
nuachar *m* **-air** ~ spouse
nuacht *f* **-a** news, newness
nuachtán *m* **-áin** ~ newspaper
nuashonraím I update (computers)
nuashonrú *m* **-raithe -ruithe** update
núicléach nuclear
nuair when
nuige, **go** until, as far as
núis *f* **-e -eanna** nuisance

oO

Ó descendant, grandson e.g.
  Seán Ó Murchú
obaim I refuse, dishonour (a cheque)
obair *f* **oibre oibreacha** work
obráid *f* **-e -í** operation
ócáid *f* **-e -í** occasion
ocht *m* ~ **-anna** eight
ocht déag eighteen
ochtapas *m* **-ais** ~ octopus
ochtó eighty
ochtú eighth
ocrach hungry
ocras *m* **-ais** hunger
ocsaigin *f* **-e** oxygen
ofráil *f* **-ála -álacha** offering
óg young
óganach *m* **-aigh** ~ young man
ógbhean *f* **-mhná** young woman
ógh *f* **óighe -a** virgin
óglach *m* **-aigh** ~ volunteer (army)
ógra *m* ~ young people
oibleagáid *f* **-e -í** obligation
oibreoir *m* **-ora -í** operator
oibrí *m* ~ **-rithe** worker
oibrím I work
oíche *f* ~ **-anta** night
Oíche Shamhna Hallow'en
oide *m* ~ **-dí** teacher

oideachas *m* **-ais** education
oideas *m* **-dis** ~ prescription; recipe
oidhe *f* ~ fate, tragedy
oidhre *m* ~ **-í** heir
oidhreacht *f* **-a -aí** inheritance; heritage
oifig *f* **-e -í** office
oifig an phoist post office
oifigeach *m* **-gigh** ~ officer
oifigiúil official
óige *f* ~ youth
oigheann *m* **-ghinn** ~ oven
oighear *m* **-ghir** ice
oighreata icy
oileán *m* **-áin** ~ island
Oileáin Mhuir nIocht Channel Islands
Oileán Mhanann Isle of Man
oileánach *m* **-aigh** ~ islander
Oilimpeach *m* ~ **-pigh** Olympic
oilithreach *m* **-righ** ~ pilgrim
oilithreacht *f* **-a -aí** pilgrimage
oiliúint *f* **-úna** upbringing, training
oilte trained, bred
óinmhid *f* **-e -í** simpleton
oinniún *m* **-úin** ~ onion
óinseach *f* **-sí -a** foolish woman
óir because
oireachtas *m* **-ais** ~ assembly
oiread *m* ~ so much, as much
oirirc illustrious
oirirceas *m* **-cis** excellency
oiriúnach suitable
oiriúint *f* **-úna -í** suitability
oiriúintí accessories
oirmhinneach reverend
oirním I ordain
oisre *m* ~ **-rí** oyster
oitir *f* **-treach -treacha** sandbank
ól *m* **óil** drinking
ola *f* ~ **-í** oil
olach oily
ola ghruaige hair oil
ólachán *m* **-áin** habitual drinking
ólaim I drink
olann *f* **-lla** wool
olc *m* **oilc** ~ evil
olcas *m* **-ais** badness
ollamh *m* **-aimh -lúna** professor

ollmhór enormous
ollphéist *f* **-e** monster, serpent
ollphuball *m* **-aill** ~ marquee
ollscoil *f* **-e -eanna** university
olltoghcán *m* **-áin** ~ general election
ollúnacht *f* **-a -aí** professorship
ológ *f* **-óige -a** olive tree
ómós *m* **-óis** homage
ómra *m* ~ amber
onnmhaire *f* ~ **-rí** export
onnmhairím I export
onóir *f* **-óra -óracha** honour
onórach honourable
ór *m* **óir** gold
óráid *f* **-e -í** oration
óráidí *m* ~ **-dithe** orator
oráiste *f* ~ **-tí** orange
ord *m* **oird** ~ order; sledgehammer
ord aibítre alphabetic order
ordaím I order
ordaitheach imperative
ordóg *f* **-óige -a** thumb
ordú *m* **-daithe -duithe** order, command
ordú airgid money order
ordú poist postal order
órga golden
orgán *m* **-áin** ~ organ
orgán béil mouth organ
orlach *m* **-laigh -laí** inch
ornáid *f* **-e -í** ornament
ornáideachas *m* **-ais** ornamentation
oscailt *f* **-e** opening
osclaím I open
osclóir *m* **-óra -í** opener
osna *f* ~ **-í** sigh
osnádúrtha supernatural
osnaíl *f* **-íola** sighing
ospidéal *m* **-éil** ~ hospital
ósta *m* ~ **-í** lodging
óstaíocht *f* **-a** hospitality
osteilgeoir *m* **-eora -í** overhead projector
óstlann *f* **-ainne -a** hotel
óstóir *m* **-óra -í** innkeeper, host
ostrais *f* **-e -í** ostrich
oth (is oth liom) I regret
othar *m* **-air** ~ patient
otharcharr *m* **-airr -anna** ambulance

otharlann *f* **-ainne -a** infirmary
ózón *m* **-óin** ozone

pá *m* ~ **-nna** pay, wages
paca *m* ~ **-í** pack
pacálaim I pack
pacáiste *m* ~ **-tí** package
págánach *m* **-aigh** ~ pagan
págánacht *f* **-a** paganism
paidir *f* **-dre -dreacha** prayer
paidreoireacht *f* **-a** praying
paidrín *m* ~ **-í** rosary, rosary beads
pailm *f* **-e -eacha** palm tree
paimfléad *m* **-éid** ~ pamphlet
painéal *m* **-éil** ~ panel
painéal rialúcháin *m* **éil** ~ control panel (computers)
paipéar *m* **-éir** ~ paper
páipéarachas *m* **-ais** stationery
páirc *f* **-e -eanna** field
páirceáil parking
páirc imeartha playing field
páirín *m* ~ **-í** sandpaper
páirtaimseartha part-time
páirteach sharing, partial
páirtí *m* ~ **-tithe** party, partner
páis *f* **-e** suffering, passion
paisinéir *m* **-éara -í** passenger
paiste *m* ~ **-tí** patch
páiste *m* ~ **-tí** child
pálás *m* **-áis** ~ palace
pána *m* ~ **-í** pane
pancóg *f* **-óige -a** pancake
Pápa *m* ~ **-í** Pope
pár *m* **-áir** ~ parchment
parabal *m* **-ail** ~ parable
paráid *f* **-e -í** parade
paraifín *m* ~ paraffin
paraisiút *m* **-úit** ~ parachute
pardún *m* **-úin** ~ pardon

parlaimint *f* **-e -í** parliament
parlús *m* **-úis** ~ parlour
paróiste *m* ~ **-tí** parish
paróisteach *m* **-tigh** ~ parishioner
parthas *m* **-ais** ~ paradise
pas *m* ~ **-anna** pass, passport
pasáiste *m* ~ **-tí** passage
patraisc *f* **-e -í** partridge
patrún *m* **-úin** ~ pattern
pátrún *m* **-úin** ~ patron
patuar lukewarm
peaca *m* ~ **-í** sin
peacach *m* **-aigh** ~ sinner
péacach pointed, showy
peacaím I sin
péacóg *f* **-óige -a** peacock
peacúil sinful
peann *m* **pinn** ~ pen
peann luaidhe pencil
peannaireacht *f* **-a** penmanship
péarla *m* ~ **-í** pearl
pearóid *f* **-e -í** parrot
pearsa *f* **-n -na** person
pearsanra *m* ~ personnel
pearsanta personal, personable
péarsla *f* ~ **-í** warble fly
peata *m* ~ **-í** pet
peataireacht *f* **-a** petting, pettishness
peil *f* **-e** football (game)
peileadóir *m* **-óra -í** footballer
péine *m* ~ pine; **crann péine** pine tree
péint *f* **-e -eanna** paint
péintéir *m* **-éara -í** painter
péintéireacht *f* **-a** painting
péire *m* ~ **-rí** pair
peiriúic *f* **-e -í** wig
péirse *f* ~ **-sí** perch
peirsil *f* **-e** parsley
péist *f* **-e -eanna** worm
peitreal *m* **-ril** petrol
piachán *m* **-áin** ~ hoarseness
pian *f* **péine -ta** pain
pianbhreith *f* **-e -eanna** sentence (court)
pianmhúchán *m* **-áin** ~ painkiller
pianó *m* ~ **-nna** piano
pianseirbhí *m* ~ **-bhithe** convict
pianúil penal, punitive

piasún *m* **-úin** ~ pheasant
píb *f* **-e -píoba** pipe (musical)
píblíne *f* ~ **-nte** pipeline
picnic *f* **-e -í** picnic
píce *m* ~ **-cí** pike
pictiúr *m* **-úir** ~ picture
pictiúrlann *f* **-ainne -a** cinema
piléar *m* **-éir** ~ pillar; bullet
pilibín *m* ~ **-í** plover
piliúr *m* **-úir** ~ pillow
pincín *m* ~ **-í** pinkeen, minnow
pingin *f* **-e -í** penny
pinse *m* ~ **-sí** pinch
pinsean *m* **-sin** ~ pension
pinsinéir *m* **-éara -í** pensioner
píobaire *m* ~ **-rí** piper
píobaireacht *f* **-a** piping
píobán *m* **-áin** ~ windpipe, pipe
piobar *m* **-air** pepper
pioc *m* ~ jot, bit
piocaim I pick
piocóid *f* **-e -í** pickaxe
pióg *f* **-óige -a** pie
pióg úll apple pie
piollaire *m* ~ **-í** pill; pellet
píolóta *m* ~ **-aí** pilot
pionna *m* ~ **-í** peg
pionna éadaigh clothes peg
pionós *m* **-óis** ~ punishment
pionsúirín *m* ~ **-í** tweezers
pionsúr *m* **-úir** ~ pincers
pionta *m* ~ **-í** pint
píopa *m* ~ **-í** pipe
píoráid *m* ~ **-í** pirate
piorra *m* ~ **-í** pear
piorróg *f* **-óige -a** pear tree
píosa *m* ~ **-í** piece
piostal *m* **-ail** ~ pistol
pis *f* **-e -eanna** pea
piscín *m* ~ **-í** kitten
piseog *f* **-oige -a** charm, superstition
pitseámaí pyjamas
plá *f* ~ **-nna** plague
plaic *f* **-e -eanna** big bite; plaque
plaincéad *m* **-éid** ~ blanket
pláinéad *m* **-éid** ~ planet
plámás *m* **-áis** flattery

plámásaí *m* ~ **-aithe** flatterer
plána *m* ~ **-í** plane
planda *m* ~ **-í** plant
plandáil *f* **-ála -álacha** plantation
plandaím I plant
plandóir *m* **-óra -í** planter
plásóg *f* **-óige -a** lawn,
plot of ground
pláta *m* ~ **-í** plate
plé *m* ~ disputing
plean *m* ~ **-anna** plan
pléaráca *m* ~ **-í** revelry
pléasc *f* **-éisce -anna** explosion
pléascaim I explode
pléascán *m* **-áin** ~ explosive
pleidhce *m* ~ **-cí** simpleton
pleidhciúil foolish
pléim I plead, dispute
pléisiúr *m* **-úir** ~ pleasure
pléite discussed
plobaire *m* ~ **-rí** flabby person
plobarnach *f* **-aí** bubbling, squelching
(act of)
plocóid *f* **é í** plug
plód *m* **-óid** ~ crowd
pluais *f* **-e -eanna** cave
pluc *f* **-uice -a** cheek
plucamas *m* **-ais** mumps
plúchaim I suffocate, cram
pluda *m* ~ mud
pludgharda *m* ~ **-í** mudguard
plugálaim I plug (in)
pluiméir *m* **-éara -í** plumber
plúirín sneachta snowdrop
pluma *m* ~ **-í** plum
plúr *m* **-úir** flour
pobal community
pobalscoil *f* **-e -eanna** community
school
poblacht *f* **-a -aí** republic
poblachtach *m* **-aigh** ~ republican
poc *m* **poic** ~ buck, 'puck' (in games)
póca *m* ~ **-í** pocket
pocán *m* **-áin** ~ he-goat
pocléim *f* **-e -eanna** buckjump
póg *f* **-óige -a** kiss
pógaim I kiss

poibleog *f* **-oige -a** poplar
poiblí public
poiblíocht *f* **-a** publicity
pointe *m* ~ **-tí** point
pointeoir *m* **-eora -eoirí** pointer
(computers)
pointeoir luiche/luchóige mouse pointer
(computers)
poipín *m* ~ **-í** poppy
póirse *m* ~ **-sí** porch
poitigéir *m* **-éara -í** apothecary, chemist
poitín *m* ~ poteen
póitseáil *f* **-ála** poaching
polaiteoir *m* **-ora -í** politician
polaitíocht *f* **-a** politics
polaitiúil political
polasaí *m* ~ **-aithe** policy
poll *m* **poill** ~ hole
polla *m* ~ **-í** pole
pollaim I perforate, I puncture
polláire *m* ~ **-rí** nostril
pónaire *f* ~ **-rí** bean
ponc *m* **poinc -anna** point
ponc *m* **-oinc -anna** dot
poncaíocht *f* **-a** punctuation
poncúil punctual
popamhrán *m* **-áin** ~ pop song
popamhránaí *m* ~ **-aithe** pop-singer
port *m* **poirt** ~ tune; bank; harbour
port *m* **-oirt** ~ port (computers)
portach *m* **-aigh** ~ bog
portaireacht *f* **-a** lilting
portán *m* **-áin** ~ crab
pósadh *m* **-sta -staí** marrying, marriage
pósae *m* ~ **-tha** posy, flower
pósaim I marry
post *m* **-oist** ~ post, position
post amach outbox (computers)
post isteach inbox (computers)
pósta married
postas *m* **-ais** postage
pota *m* ~ **-í** pot
pótaire *m* ~ **-rí** drunkard
postmharc *m* **-airc -anna** postmark
praghas *m* **-ais -ghsanna** price
práinn *f* **-e -eacha** urgency
práinneach urgent

praiseach *f* **-sí** porridge; mess
praiticiúil practical
pram *m* ~ **-anna** pram
pras quick, ready
prás *m* **-áis** brass
práta *m* ~ **-í** potato
preab *f* **-eibe** **-a** start, bound, hop
preabadh *m* **-btha** bouncing, springing
preabaim I start, bounce
preabán *m* **-áin** ~ patch
préachán *m* **-áin** ~ crow
préachta perished, famished
pribhléid *f* **-e** **-í** privilege
printéir *m* **-éara** **-éirí** printer
printéir léasair *m* laser printer
printíseach *m* **-sigh** ~ apprentice
príobháideach private
príomhalt *m* **-ailt** ~ leading article, editorial
príomhchathair *f* **-thrach** **-thracha** capital city
príomhoide *m* ~ **-dí** principal teacher
prionsa *m* ~ **-í** prince
prionsabal *m* **-ail** ~ principle
prionta *m* ~ **-í** print
priosla *m* ~ **-í** dribble
príosún *m* **-úin** ~ prison
príosúnach *m* **-aigh** ~ prisoner
príosúnacht *f* **-a** imprisonment
profa *m* ~ **-í** proof (printer's)
proifisiúnta professional
proinn *f* **-e** **-te** meal
próiseálaí *m* ~ **-ithe** processor (computers)
próiseálaí focal *m* word processor
próiseálaí sonraí *m* data processor
promhadán *m* **-áin** ~ test tube
prós *m* **-óis** prose
Protastúnach *m* **-aigh** ~ Protestant
puball *m* **-aill** ~ tent
púca *m* ~ **-í** pooka
púdar *m* **-air** ~ powder
púicín *m* ~ **-í** mask, muzzle
puinn not much (níl puinn agam)
púirín *m* ~ **-í** hovel
pumpa *m* ~ **-í** pump
punann *f* **-ainne** **-a** sheaf, portfolio

punt *m* **puint** ~ pound
purgóid *f* **-e** **-í** purgative
púróg *f* **-óige** **-a** bead, pebble
pus *m* **-uis** **-a** mouth, snout, sulky expression
pusaíl *f* **-íola** pouting, whining
puth *f* **puithe** **-a** puff
putóg *f* **-óige** **-a** pudding; gut

rá *m* ~ saying
rábach lavish, extravagant
rábaire *m* ~ **-rí** dashing fellow
rabairneach prodigal, plentiful
rabhadh *m* **-aidh** ~ warning
rabharta *m* ~ **-í** springtide, flood
rabhcán *m* **-áin** ~ ditty, ballad
ráca *m* ~ **-í** rake
rachmas *m* **-ais** wealth
racht *m* **-a** **-anna** fit of temper, outburst
rachta *m* ~ **-aí** rafter
radaighníomhaíocht *f* **-a** radioactivity
radaim I cast, fling
radharc *m* **-airc** ~ sight, view
radharc imlíneach *m* outline view (computers)
radharceolaí *m* ~ **-aithe** optician
ráfla *m* ~ **-í** rumour
ragairne *m* ~ revelling
ragobair *f* **-oibre** overtime work
raic *f* **-e** wreckage, rumpus
raicéad *m* **-éid** ~ racket
raidhse *f* ~ abundance
raidhsiúil abundant
raidió *m* **-nna** radio
ráille *m* ~ **-lí** rail
raiméis *f* **-e** nonsense
raiméiseach nonsensical
raimhre *f* ~ fatness
ráiteas *m* **-tis** ~ statement
ráithe *f* ~ **-thí** season

ráithiúil quarterly
raithneach *f* **-ní** fern
rámh *m* **-a -aí** oar
rámhaille *f* ~ raving
rámhaím I row
rámhainn *f* **-e -í** spade
rámhaíocht *f* **-a** rowing
ramhar fat
ramhraím I fatten
rang *m* **-a -anna** class (school)
rangabháil *f* **-ála -álacha** participle
rangú *m* **-gaithe** classification
rann *m* **-ainn** ~ verse or stanza
rannaíocht *f* **-a** versification
rannpháirteach participating
raon *m* **-oin -ta** range, track
rás *m* **-a -aí** race
rásúr *m* **-úir** ~ razor
ráta *m* ~ **-í** rate
rath *m* **-a** prosperity
ráth *f* **-a -anna** rath
rathúil lucky, prosperous
ré *f* ~ **-anna** moon, period
réabadh *m* **-btha** tearing
réabaim I rend
réabhlóid *f* **-e -í** revolution
reacht *m* **-a -anna** statute
reachtaím I legislate
reachtaire *m* ~ **-rí** steward, auditor
  (of society)
réalta *f* ~ **-í** star
réaltacht shamhalta *f* virtual reality
  (computers)
réalteolaí *m* ~ **-aithe** astronomer
réalteolaíocht *f* **-a** astronomy
réaltra *m* ~ **-í** galaxy
réamh- ante-
réamhaisnéis *f* **-e -í** forecast
réamhamharc *m* **-airc** preview
  (computers)
réamhdhéanta prefabricated
réamhfhocal *m* **-ail** ~ preposition
réamhrá *m* ~ **-ite** preface
réamhshocrú *m* **-aithe -uithe** default
  setting (computers)
réamhstairiúil prehistoric
réasún *m* **-úin** ~ reason

réasúnach reasonable
réasúnta middling
reathaí *m* ~ **-thaithe** runner
réidh easy, smooth
réigiún *m* **-úin** ~ region
réileán *m* **-áin** ~ lawn, level plot
reilig *f* **-e -í** cemetery
réiltín *m* ~ **-í** small star; asterisk
réim *f* **-e** sway, regime
réimír *f* **-e -eanna** prefix
réimním I conjugate (grammar)
réimniú *m* **-ithe** conjugation
réimse *m* ~ **-sí** stretch, tract (eg: of land)
réir, de according to
  (**faoi réir** subject to)
réiteach *m* **-tigh** ~ reconciliation,
  solution
réiteoir *m* **-ora -í** referee
reithe *m* ~ **-thí** ram
réitím I arrange, settle
reo *m* ~ frost, freezing
reoán *m* **-áin** icing
reoim I freeze
reoite frozen
reoiteoir *m* **-ora -í** freezer
rí *m* ~ **-the** king
rí rua chaffinch
riabhach brindled, striped
riabhóg *f* **-óige -a** pipit; birdie (golf)
riachtanach necessary
riachtanas *m* **-ais** ~ necessity, need
riail *f* **-alach -alacha** rule
rialachán *m* **-áin** ~ regulation
rialaím I regulate
rialóir *m* **-óra -í** ruler
rialtán *m* **-áin** ~ control (computers)
rialtán airde *m* volume control
  (computers)
rialtas *m* **-ais** ~ government
rialtóir *m* **-óra -í** ruler (person)
rialú gile *m* brightness control
  (computers)
riamh before, ever
rian *m* **-ain -ta** track, trace
riarachán *m* **-áin** administration
riaraim I administer
riaráiste *m* ~ **-tí** arrears

riarthóir *m* **-óra -í** administrator
riasc *m* **réisc -a** marsh, moor
ribe *m* ~ **-bí** single hair
ribín *m* ~ **-í** ribbon
ridire *m* ~ **-rí** knight
righin tough, slow
righneas *m* **-nis** toughness, slowness
ríméad *m* **-éid** gladness
rince *m* ~ **-cí** dance
rinceoir *m* **-ora -í** dancer
rincim I dance
rinn *f* **-e reanna -reann** point
rinse *m* ~ **-sí** wrench (tool)
ríocht *f* **-a -aí** kingdom
riocht *m* **reachta -aí** shape
ríoga royal
ríomhaim I compute
ríomhaire *m* ~ **-rí** computer
ríomhaire glúine *m* laptop computer
ríomhchlár *m* **-áir** ~ programme
  (computers)
ríomhlann *f* **-lainne -a** computer room
ríomhphost *m* **-oist** electronic mail
  (computers)
ríora *m* ~ **-í** dynasty
riosca risk
rírá *m* ~ hubbub
rís *f* **-e** rice
rísín *m* ~ **-í** raisin
rite tense (adj.), taut
riteoga *f* tights
rith *m* **reatha** running
rithim I run
rithim *f* **-e -í** rhythm
ró- very, most, too
róba *m* ~ **-í** robe
robálaí *m* ~ **-aithe** robber
robálaim I rob
roc *m* **-oic** ~ wrinkle, corrugation
rocach wrinkled, corrugated
rochtain *f* **-ana** access (computers)
ród *m* **-óid** ~ road
rogha *f* ~ **-nna** choice
roghanna idirlín *f* internet options
roghchlár *m* **-áir** ~ menu (computers)
roghchlár aníos *m* pop-up menu
  (computers)

roghnaím I choose
roghnóir *m* **-óra -í** selector
roimh ré beforehand
roinn *f* **-e ranna** department, division
roinnim I divide
roinnt *f* **-e ranna rann** division
roithleán *m* **-áin** ~ pulley
rolla *m* ~ **-í** roll
rómánsach romantic
rómánsaíocht romanticism
romham before me
rómhar *m* **-air** ~ digging
rómhraím I dig
rón *m* **-óin -ta** seal
ronnach *m* **-aigh** ~ mackerel
rópa *m* ~ **-í** rope
ropaire *m* ~ **rí** scoundrel, rapparee
ros *m* **-a** ~ promontory
rós *m* **róis -anna** rose
rosc *m* **(filíochta) roisc** ~ rhetoric,
  poetic exhortation; eye
rosc catha war cry
rosta *m* ~ **-í** wrist
rósta roast, roasted
róstaim I roast
roth *m* **-a -aí** wheel
rothaí *m* ~ **-aithe** cyclist
rothaíocht *f* **-a** cycling
rothar *f* **-air** ~ bicycle
rótharraingt *f* **-e -í** overdraft
r-phost *m* e-mail
rua red, foxy
ruacan *m* **-ain** ~ cockle
ruaig *f* **-e -eanna** swoop, rout
ruaigim I chase, rout
ruaille buaille commotion
ruainne *f* ~ **-ní** bristle, shred
ruathar *m* **-air** ~ raid, rush
rubar *m* **-air** ~ rubber
rud *m* **-a -aí** thing
rugbaí *m* ~ rugby
ruibh *m* **-e** sulphur
ruibheach sulphurous
ruithne *f* ~ **-ní** ray, gleam
rúitín *m* ~ **-í** ankle bone
rún *m* **-úin** ~ secret, resolution
rúnaí *m* **-aithe** secretary

runga *m* ~ **í** rung
ruóg *f* **-óige -a** wax-end
ruthag *m* **-aig** ~ run, rush

SS

sá *m* ~ **-nna** thrust
sábh *m* **-áibh -a** saw (tool)
sábhadóir *m* **-óra -í** sawyer
sábhadóireacht *f* **-a** sawing
sábhálaim I save
sábháil *f* **-ála** saving
sábhaim I saw
sabhaircín *m* ~ **-í** primrose
sac *m* **-aic** ~ sack
sacar *m* **-air** soccer
sách full, sufficient
sacraimint *f* **-e -í** sacrament
sacraistí sacristy
sagart *m* **-airt** ~ priest
sagartacht *f* **-a** priesthood
Sagart Paróiste Parish Priest
saghas *m* **-ais -ghsanna** kind
saibhir rich
saibhreas *m* **-ris** wealth
saighdiúir *m* **-úra -í** soldier
saighead *f* **-ghde -a** arrow
saigheadeochair *f* **-chrach -chracha**
　arrow key (computers)
sail *f* **-e -eanna** beam
sáil *f* **-e -ála** heel
sailchuach *f* **-aiche -a** violet
sáile *m* ~ seawater
saileach *f* **-lí -a** willow tree; sallow
sailéad *m* **-éid** ~ salad
saill *f* **-e** fat
sáim I stab, thrust
sáimhín *m* ~ quiet spell
saincheapaim I customize (computers)
saineolaí *m* ~ **-aithe** expert
sainmhíniú *m* **-ithe** definition
sáinn *f* **-e -eacha** difficulty, fix, recess

saint *f* **-e** avarice
saíocht *f* **-a** wisdom, culture
sairdín *m* ~ **-í** sardine
sáirsint *m* ~ **-í** sergeant
sáiste *f* ~ **-í** sage (herb)
sáite thrust, stuck
sáith *f* **-e** sufficiency
saithe *f* ~ **-thí** swarm (bees)
salach dirty
salachar *m* **-air** dirt
salaím I defile
salann *m* **-ainn** salt
salm *m* **sailm** ~ psalm
sámh tranquil
Samhain *f* **-mhna -mhnacha** November
samhail *f* **-mhla -mhlacha** image,
　likeness
samhlaím I imagine
samhlaíocht *f* **-a** imagination
samhradh *m* **-aidh -aí** summer
sampla *m* ~ **-í** example, sample
samplach thorough, sample (adj.)
sanatóir *m* **-óra -í** sanatorium
San Nioclás Santa Claus
santach covetous
santaím I covet
saochan céille mental aberration
saoi *m* ~ **-the** wise man
saoire *f* ~ vacation; cheapness
saoirse *f* ~ freedom, liberty
saoirseacht *f* **-a** craftsmanship
saoiste *m* ~ **-tí** boss, foreman
saol *m* **-oil -ta** life, world
saolaím I give birth to
saolta worldly, secular
saoltacht *f* **-a** worldliness
saonta simple (naive)
saor *m* **-oir** ~ craftsman
saor (adj.) free, cheap
saoráid *f* **-e -í** facility, ease
saoraim I free
saorálaí *m* ~ **-aithe** volunteer (civilian)
saoránach *m* **-aigh** ~ citizen
saorga artificial
saothar *m* **-air** ~ work, effort
saotharlann *f* **-ainne -a** laboratory
saothrach servile, laborious

saothraí *m* ~ **-aithe** diligent worker
saothraím I labour, cultivate, earn
sár- super-
sáraím I surpass, overcome
sáraíocht *f* **-a** overcoming
sárchéim *f* **-e -eanna** superlative degree
sás *m* **-áis -anna** appliance, snare
sásaím I satisfy
sásamh *m* **-aimh** satisfaction
sáspan *m* **-ain** saucepan
sásta satisfied
sástacht *f* **-a** satisfaction
sásúil satisfactory
satailt *f* **-e** tread
Satharn *m* **-airn** ~ Saturday
satlaím I tread on
scadán *m* **-áin** ~ herring
scafaire *m* ~ **-rí** spruce,
 loose-limbed man
scáfaireacht *f* **-a** shyness
scafánta lively
scáfar shy, fearful
scagaim I filter, strain
scagaire *m* ~ **-rí** strainer
scaglann *f* **-ainne -a** refinery
scaif *f* **-e -eanna** scarf
scáil *f* **-e -eanna** reflection
scáileán *m* **-áin** ~ screen
scailp *f* **-e -eanna** cleft, den, hut
scáinte scanty
scaipeach scattered, confused; squandering
scaipim I scatter
scair *f* **-e -eanna** share
scaird *f* **-e -eanna** jet, squirt
scairdeitleán *m* **-áin** ~ jet plane
scairdim I squirt
scairdinneall *m* **-nill** ~ jet engine
scairdphrintéir *m* **-éara -í** inkjet printer
scairt *f* **-e -eanna** shout
scairtim I call out, laugh
scaitheamh *m* **-thimh -tí** short period
scála *m* ~ **-í** bowl; scale
scallaim I scald
scamall *m* **-aill** ~ cloud
scamallach cloudy, webbed
scamhaim I peel, unravel
scamhóg *f* **-óige -a** lung

scanaim I scan (computers)
scannal *m* **-ail** ~ scandal
scannalach scandalous
scannán *m* **-áin** ~ film; membrane
scanóir *m* **-óra -óirí** scanner (computers)
scanóir barrachód *m* bar code scanner
scanradh *m* **-aidh** terror
scanraím I terrify
scanrúil terrifying
scaoilim I loosen, release
scaothaire *m* ~ **-rí** 'windbag'
scaraim I separate
scarbhileog *f* **-oige -a** spreadsheet
scata *m* ~ **-í** crowd, group
scáth *m* **-a -anna** shadow, timidity
scáth fearthainne umbrella
scáthán *m* **-áin** ~ mirror
scáthán cúil rear mirror
sceabha *m* ~ skew, slant
sceach *f* **-eiche -a** bush
sceach gheal whitethorn, hawthorn
sceachóir *m* **-óra -í** haw
scéal *m* **-éil -ta** story
scéala *m* ~ news
scéalaí *m* ~ **-aithe** storyteller
scéalaíocht *f* **-a** storytelling
sceallán *m* **-áin** ~ potato set, small potato
sceallóg *f* **-óige -a** chip, slice
sceamh *f* **-eimhe -anna** bark (of dog)
sceamhaíl *f* **-íola** barking, yelping
sceanairt *f* **-e** peelings;
 operation (surgery)
sceanra *f* ~ cutlery
sceartán *m* **-áin** ~ tick (insect)
sceideal *m* **-dil** ~ schedule
sceilp *f* **-e -eanna** blow
scéim *f* **-e -eanna** scheme
scéimh *f* **-e** beauty, appearance
sceimheal *f* **-mhle -mhleacha** eave of a
 house, flange
sceimhle *m* ~ **-acha** terror
scéin *f* **-e** fright
sceirdiúil bleak
sceithim I overflow, divulge
sciamhach beautiful, graceful
scian *f* **-cine -ceana** knife
sciath *f* **-céithe -a** shield

sciathán leathair bat
scige *m* ~ jeering, tittering
scil *f* -e -eanna skill
scinnim I swoop, dash
sciobaim I snatch
scioból *m* -óil ~ barn
sciobtha quick, rapid (adj.)
sciorraim I skid
sciorta *m* ~ -í skirt
sciotaíl *f* -íola giggling
scipéad cláraithe *m* cash register
scíth *f* -e rest, fatigue
sciuird *f* -e -eanna sprint
sciúirse *f* ~ -sí scourge
sciúraim I scour, scrub
sclábhaí *m* ~ -aithe labourer, slave
sclábhaíocht *f* -a slavery
scléip *f* -e revelry, hilarity
scléipeach hilarious
scoil *f* -e -eanna school
scoil chuimsitheach comprehensive school
scoil phobail community school
scoilt *f* -e -eanna a crack
scoiltim I split
scóip *f* -e scope
scoirim I release, unyoke, desist
scoirim I exit (computers)
scoithim I cut, shed; overtake
scolaíocht *f* -a schooling
scoláire *m* ~ -rí pupil, scholar
scoláireacht *f* -a -aí scholarship
scolártha scholarly
scolb *m* -oilb ~ splinter, 'scollop'
sconna *m* ~ -í tap
sconsa *m* ~ -í fence
scór *m* -óir twenty, score
scoraíocht *f* -a -aí social evening, festival
scornach *f* -aí -a throat
scoth, den of very high standard
scoth *f* -a -anna flower, choice portion
scráib *f* -e -eacha scrape, scratch
scraiste *m* ~ -tí lazy person
scraith *m* -e -eanna scraw, green sod
scréach *f* -éiche -a shriek
scréachaim I screech
scréachóg reilige barn owl
scread *f* -a -anna scream

screadach *f* -aí screaming
screadaim I scream
screamh *f* -eimhe -a crust, coating
scríbhinn *f* -e -í written document
scríbhneoir *m* -ora -í writer
scríbhneoireacht *f* -a writing
scríob *f* -íbe -a scrape
scríobaim I scrape, scratch
scríobhaim I write
scrioptúr *m* -úir ~ scripture
scrios *m* -ta destruction
scrios *m* -iosta deletion (computers)
scriosaim I destroy
scriosaim I delete (computers)
scriú *m* ~ -nna screw
scrogall *m* -aill ~ long thin neck
scrollaím I scroll (computers)
scrollbharra *m* -í scroll bar (computers)
scrúdaím I examine
scrúdaitheoir *m* -ora -í examiner
scrúdú *m* -daithe -duithe examination
scrupall *m* -aill ~ scruple
scuab *f* -aibe -a brush, broom
scuab ghruaige hairbrush
scuabaim I brush, sweep
scuaine *f* ~ -ní queue, drove
scúnar *m* -air ~ schooner
scútar *m* -air ~ scooter
sé *m* ~ -anna six
sé déag sixteen
sea (is ea) yes, it is
seabhac *m* -aic ~ hawk
seac *m* -aic ~ jack (car)
seachadaim I deliver
seachas besides, compared with
seachnaím I avoid
seachrán *m* -áin ~ wandering, delusion
seachránaí *m* ~ -aithe wanderer
seacht *m* ~ -anna seven
seachtain *f* -e -í week
seachtainiúil weekly
seacht déag seventeen
seachtó seventy
seacláid *f* -e -í chocolate
seadóg *f* -óige -a grapefruit
seafaid *f* -e -í heifer
seafóid *f* -e nonsense

seagal *m* **-ail** rye
seaicéad *m* **-éid** ~ jacket
seal *m* **-a -anna** turn; spell
seál *m* **-áil -ta** shawl
séala *m* ~ **-í** seal (on document)
sealadach temporary
séalaím I seal
sealaíocht *f* **-a** alternation, rotation
sealbhach possessive
sealbhaím I possess, own
sealbhaíocht *f* **-a** possession
sealbhóir *m* **-óra -í** owner, possessor
sealgaire *m* ~ **-rí** hunter
sealúchas *m* **-ais** possession
seam *m* **-a -anna** rivet
seamaide *m* ~ **-dí** blade (grass etc.)
seamair *f* **-eimre -mra** clover
seamróg *f* **-óige -a** shamrock
sean old, aged
séan *m* **-éin -a** good omen; prosperity
seanad *m* **-aid** ~ senate
seanadóir *m* **-óra -í** senator
séanaim I deny
seanaimsir *f* **-e** old times
seanathair *m* **-thar -aithreacha** grandfather
seanchaí *m* ~ **-aithe** storyteller
seanchaíocht *f* **-a** storytelling
seanchas *m* **-ais** storytelling, history
seanda old, ancient
seandacht *f* **-a -aí** antiquity, (plural) antiques
seanduine *m* ~ **-daoine** old person
seanfhocal *m* **-ail** ~ proverb
seangán *m* **-áin** ~ ant
seanmháthair *f* **-ar -áithreacha** grandmother
seanmóir *f* **-óra -í** sermon
seanmóireacht *f* **-a** preaching
seanmóirí *m* ~ **-rithe** preacher
seanóir *m* **-óra -í** old person, alderman
seans *m* ~ **-anna** chance
seantán *m* **-áin** ~ shed
séarach *m* **-aigh** ~ sewer (Civ. Eng.)
searbh bitter
searbhas *m* **-ais** bitterness, sarcasm
searbhasach bitter, sarcastic

searbhónta *m* ~ **-í** servant
searc *f* **seirce -a** love, sweetheart
seargaim I wither
searrach *m* **-aigh** ~ foal
searraim I stretch, shrug
seasaim I stand
seasamh *m* **-aimh -sta** standing
seasc dry, barren
seasca *m* **-d -idí** sixty
seascair comfortable, cosy
seascaireacht *f* **-a** comfort, ease
seasmhach permanent, steadfast
seastán *m* **-áin** ~ stand
séasúr *m* **-úir** ~ season
seic *m* ~ **-eanna** cheque
seiceálaí litrithe *m* spelling checker (computers)
seiceamar *m* **-air** ~ sycamore
séideán *m* **-áin** sycamore
séidim I blow
seift *f* **-e -eanna** plan, dodge
seilbh *f* **-e** possession
seile *f* ~ **-lí** spittle
seilf *f* **-e -eanna** shelf
seilg *f* **-e -í** hunt
seilide *m* ~ **-dí** snail
séimh tender, mild
séimhe *f* ~ mildness
séimhiú *m* **-ithe** aspiration
seinm *m* **seanma** playing (music)
seinnim I play (music)
séipéal *m* **-éil** ~ chapel
séiplíneach *m* **-nigh** ~ chaplain
seirdín *m* ~ **-í** pilchard
seirfean *m* **-fin** bitterness
seisean he (emphatic)
seisiún *m* **-úin** ~ session
seisreach *f* **-rí -a** ploughing team
seithe *f* ~ **-thí** skin, hide
seitreach *f* **-rí** neigh, whinny
seó *m* ~ **-nna** show
seodra *m* ~ jewellery
seoid *f* **-e -oda** jewel
seol *m* **-oil -ta** sail
seoladh *m* **-lta -ltaí** address
seolaim I sail, conduct, send
seoltóir *m* **-óra -óirí** sender (computers)

seoltóireacht *f* **-a** sailing
seomra *m* ~ **-í** room
seomra bia dining room
seomra codlata bedroom
seomra comhrá *m* chat room
　(computers)
seomra feithimh waiting room
seomra folctha bathroom
seomra gléasta dressing room
seomra suí sitting room
sféar *m* **-éir** ~ sphere
sí *m* ~ **-the** fairy, magic, fairy mound
siamsa *m* ~ **-í** entertainment
siar westward, back
sibhialtacht *f* **-a** civility; civilisation
síceolaíocht *f* **-a** psychology
síciatracht *f* **-a** psychiatry
sicín *m* ~ **-í** chicken
síleáil *f* **-ála -álacha** ceiling
siléar *m* **-éir** ~ cellar
silim I drip, drain; shed
sílim I think
silín *m* ~ **-í** cherry
simléar *m* **-éir** ~ chimney
simplí simple
sin that (**ó shin** since)
sinc *f* **-e** zinc
síneadh *m* **-nidh -ntí** stretch
singil single
sínim I stretch, extend
síním I sign
síniú *m* **-ithe** ~ signing, signature
sin-seanathair *m* **-thar -aithreacha**
　great-grandfather
sinsear *m* **-sir** ~ senior, ancestor
sinséar *m* **-éir** ginger
sinsearach senior
síntiús *m* **-úis** ~ subscription, tip
sioc *m* **seaca** frost
síocháin *f* **-ána** peace
síochánta peaceful
síoda *m* ~ **-í** silk
síodúil silky
síofra *m* ~ **-í** elf, changeling
sióg *f* **-óige -a** fairy
siogairlín *m* ~ **-í** pendant
síol *m* **-íl -ta** seed

síoladóir *m* **-óra -í** sower
siolla *m* ~ **-í** syllable
síolraím I propagate, breed, spring
síon *f* **-íne -ta** weather (usually bad)
sionnach *m* **-aigh** ~ fox
siopa *m* ~ **-í** shop
siopadóir *m* **-óra -í** shopkeeper
siopadóireacht *f* **-a** shopping
siopa físeán *m* video shop
síor everlasting, perpetual
sioráf *m* **-áif** ~ giraffe
síoraí eternal
síoraíocht *f* **-a** eternity
síorghlas evergreen
siosarnach *f* **-aí** hissing, whispering
siosma *m* ~ **-í** schism
siosúr *m* **-úir** ~ scissors
sirriam *m* ~ **-aí** sheriff
siséal *m* **-éil** ~ chisel
siúcra *m* ~ sugar
siúd that
siúinéir *m* **-éara -í** carpenter
siúinéireacht *f* **-a** carpentry
siúl *m* **-úil -ta** walk
siúlaim I walk
siúlóid *f* **-e -í** walk
siúlóir *m* **-óra -í** walker
siúltach roving
siúr *f* **-ach -acha** sister (in religion)
slabhra *m* ~ **-í** chain
slacht *m* **-a** good appearance
slachtmhar tidy, neat
slad *f* **-a -anna** plundering, loot
sladaim I plunder
sladmhargadh *m* **-aidh -aí** bargain price
slaghdán *m* **-áin** ~ cold
sláinte *f* ~ **-tí** health
sláintiúil healthy
slám *m* ~ **-anna** handful
slán farewell; whole, safe
slánaím I save, complete
slánaitheoir *m* **-ora -í** saviour
slaod *m* **-a -anna** swathe, layer
slat *f* **-aite -a** rod, yard
slat iascaigh fishing rod
sleá *f* ~ **-nna** spear
sléachtaim I bow, genuflect; slaughter

sleamhain smooth, slippery
sleamhnaím I slip, slide
sleamhnán *m* **-áin** ~ skate, slide
sleán *m* **-áin -ta** turf-spade
sleasach sided, faceted
sléibhteach mountainous
slí *f* ~ **slite** way (space)
sliabh *m* **-léibhe -léibhte** mountain
slíbhín *m* ~ **-í** sly fellow
slim slender, smooth
slinn *f* **-e -te** slate
slinneán *m* **-áin** ~ shoulder blade
slíocaim I smooth, pat
sliocht *m* **-leachta** ~ offspring, extract
sliogán *m* **-áin** ~ shell
slios *m* **-leasa** side
sliotar *m* **-air** ~ hurling ball
slipéar *m* **-éir** ~ slipper
slis *f* **-e -eanna** chip
slis *f* **-e -eanna** chip (computers)
slisín *m* ~ **-í** rasher
slog *m* **-oig -oganna** gulp, draught
slogaim I swallow
sloinne *m* ~ **-nnte** surname
slua *m* ~ **-ite** crowd, host
sluasaid *f* **-uaiste -uaistí** shovel
smacht *m* **-a** control
smachtaím I discipline, control
smachtín *m* ~ **-í** baton, cudgel
smál *m* **-áil** ~ stain, blemish
smaoineamh *m* **-nimh -nte** thought, thinking
smaoiním I think
smaointeach pensive
smeach *m* **-a -anna** smack, gasp
smeachaíl *f* **-íola** smacking
sméar *f* **-éire -a** berry
sméara dubha blackberries
smearaim I daub
sméaróid *f* **-e -í** hot ember
sméidim I wink, beckon
smidirín *m* ~ **-í** fragment
smig *f* **-e -eanna** chin
smior *m* **smeara** marrow
smíste *m* ~ **-tí** pestle
smol- decayed
  (**smolchaite** faded, shabby)

smólach *m* **-aigh** ~ thrush
smugairle *m* ~ **-lí** spittle
smuigléir *m* **-éara -í** smuggler
smuigléireacht *f* **-a** smuggling
smuilc *f* **-e -eanna** snout
smúit *f* **-e** dust
smut *m* **-uit** ~ chunk
snag *m* **-aga -anna** hiccup
snag breac magpie
snaidhm *f* **-e -eanna** knot
snaidhmim I knot
snáithe *m* ~ **-thanna** single thread
snáithín *m* ~ **-í** fibre
snámh *m* **-a** swimming
snámhaim I swim
snámhóir *m* **-óra -í** swimmer
snas *m* **-a** finish, gloss
snasaim I polish
snasán *m* **-áin** ~ polish
snáth *m* **-a -anna** thread or yarn
snáthaid *f* **-e -í** needle
snáthaid an phúca daddy-long-legs
sneachta *m* ~ snow
sním I flow, drip
sníofa spun
sníomh *m* **-a** spinning
sníomhaim I spin
snó *m* ~ complexion
snoím I carve, waste away
só *m* ~ ease, luxury
so- easy, possible
so-aitheanta easily recognised
sobal *m* **-ail** ~ soapsuds
sobhlasta palatable, delicious
sobhriste fragile
soc *m* **-oic** ~ pointed end, snout; ploughshare; nozzle
socair calm, settled
sóch happy, comfortable
sochar *m* **-air** ~ profit, benefit
sóchas *m* **-ais** pleasure
sochraid *f* **-e -í** funeral
socracht *f* **-a** smoothness, calm
socraím I smooth, arrange
socrú codarsnachta/gile *m* contrast/brightness setting
sócúlach easy, comfortable, gracious

sodar *m* **-air** trotting
sodhéanta easy to do
sofheicthe visible, obvious
soicéad *m* **-éid** ~ socket
soicind *m* ~ **-í** second (time)
sóid *f* **-e -eanna** soda
soilbhir cheerful
soilbhreas *m* **-ris** cheerfulness, pleasantness
soiléir plain, evident
soiléireacht *f* **-a** clarity
soilíos *m* **-lís** pleasure, good turn
soilíosach obliging
soilseach bright, luminous
soilse tráchta traffic lights
soilsím I illuminate, show
soineann *f* **-inne** good weather
soineanta pleasant, guileless, innocent
sóinseáil *f* **-ála** change (money)
soir eastwards
soirbhím I calm, prosper
soiscéal *m* **-éil** ~ gospel
soiscéalaí *m* ~ **-aithe** evangelist
sóisear *m* **-sir** ~ junior
sóisearach junior
sóisialachas *m* **-ais** socialism
soitheach *m* **-thigh -thí** vessel
solas *m* **-ais -oilse** light
solas leictreach electric light
sólás *m* **-áis** ~ solace
solathach venial
soláthar *m* **-air -airtí** provision, supply
soláthraí *m* ~ **-aithe** provider
soláthraí seirbhísí idirlín *m* internet service provider
soláthraím I supply, provide
soléite readable
sollúnta solemn
solúbtha flexible
so-mharaithe mortal
son, ar for the sake of
sona happy, lucky
sonas *m* **-ais** happiness, good fortune
sonasach happy
sonc *m* ~ **-anna** push, nudge
sonra *m* ~ **-í** detail
sonrach specific

sonraí *m* data
sonraím I specify
sonuachar *m* **-air** ~ spouse
sorcas *m* **-ais** ~ circus
sorn *m* **-oirn** ~ furnace, stove
sórt *m* **-óirt** ~ sort, kind
sórtáil (v.) sort (computers)
sos *m* **-a -anna** rest, cessation
sothuigthe comprehensible
sóúil cheerful, prosperous
spád *f* **-aide -a** spade
spadánta dull, sluggish
spág *f* **-áige -a** flat foot
spailpín *m* ~ **-í** roving labourer
spailpínteacht *f* **-a** working as a 'spalpeen'
spáinnéar *m* **-éir** ~ spaniel
spairn *f* **-e** struggle, contention
spaisteoireacht *f* **-a** strolling
spalpaim I spout, burst out
spárálaí scáileáin *m* screen saver
spárálaim I spare, save
sparán *m* **-áin** ~ purse
spás *m* **-áis -anna** space
spásáil *f* **-ála** spacing (computers)
spásaire *m* ~ **-rí** astronaut
spáslong *f* **-oinge -a** spaceship
spástaisteal *m* **-til** space travel
speabhraídí raving, hallucinations
speach *f* **-eiche -a** kick
speachaim I kick
spéacla *m* ~ **-í** spectacle
spealadóir *m* **-óra -í** mower (with scythe)
spealadóireacht *f* **-a** mowing (with scythe)
spéir *f* **-e -éartha** sky
speireata *m* ~ **-í** spade (cards)
spéis *f* **-e** regard, interest
spéisiúil interesting
speisialta special
spiaire *m* ~ **-rí** spy
spiaireacht *f* **-a** spying
spideog *f* **-oige -a** robin
spídiúchán *m* **-áin** ~ nagging
spíonán *m* **-áin** ~ gooseberry
spionnadh *m* **-aidh** vigour

Spiorad *m* (**An Spiorad Naomh** The Holy Spirit)

spioradálta spiritual

spíosra *m* ~ **-í** spice

splanc *f* **-aince -acha** flash

spleách (adj.) dependent

spleáchas *m* **-ais** dependence

spleodar *m* **-air** zest

spóca *m* ~ **-í** spoke (bike)

spól *m* **-óil** ~ shuttle; spool

spóla *m* ~ **-í** joint (meat)

spórt *m* **-óirt** sport

spota *m* ~ **-í** spot

spraíúil playful

spraoi *f* ~ fun, play

spré *f* ~ **-anna** dowry

spréach *f* **-éiche -a** spark

spreagaim I exhort, incite

spreasán *f* **-áin** ~ worthless fellow

spréim I spray, scatter

sprid *f* **-e -eanna** spirit, ghost

sprioc *f* **-ice -anna** objective

sprionlaithe miserly

sprionlóir *m* **-óra -í** miser

spriúchaim I lash out, splutter

spuaic *f* **-e -eanna** blister; church steeple, spire

spúinse *m* ~ **-sí** sponge

spúnóg *f* **-óige -a** spoon

sracaim I drag; tear

sracfhéachaint *f* **-ana -í** glance

sráid *f* **-e -eanna** street

sráid aontreo one-way street

sráidbhaile *m* ~ **-lte** village

sraith *f* **-e -eanna** series, row

sraithadhmad *m* **-aid** plywood

srann *f* **-ainne -a** snore

srannadh *m* **-nta** snoring

sraoth *m* **-a -anna** sneeze

sraothartach *f* **-aí** sneezing

srathair *f* **-thrach -thracha** straddle

sreang *f* **-einge -a** wire

sreangán *m* **-áin** ~ string

srian *m* **-ain -ta** rein

sroichim I reach

sról *m* **-óil** satin

srón *f* **-óine -a** nose

srónaíl *f* **-íola** nasalisation

sruth *m* **-a -anna** stream

sruthán *m* **-áin** ~ rivulet

sruthlaím I rinse, wish

stábla *m* ~ **-í** stable

stáca *m* ~ **-í** stake, stack

stad *m* ~ **-anna** stop; halt (speech)

stadaim I stop

staid *f* **-e** state, condition

staid *f* **-e -eanna** stadium

staidéar *m* **-éir** ~ study

staidéartha studious, sensible

staighre *m* ~ **-rí** stair

staighre beo escalator

stail *f* **-e -eanna** stallion

stailc *f* **-e -eanna** strike, starch

stainc *f* **-e** sulk, grudge

stair *f* **-e -artha** history, story

stairiúil historic

stáisiún *m* **-úin** ~ station

stampa *m* ~ **-í** stamp

stán *m* **-áin** ~ tin

stánaim I stare

staonaim I abstain, give up

staonaire *m* ~ **-rí** teetotaller

staraí *m* ~ **-aithe** historian

starrfhiacail *f* **-e -cla** canine tooth, fang, tusk

stát *m* **-áit** ~ state

státchiste *m* ~ **-tí** exchequer

státseirbhís -e -í Civil Service

steall *f* **-eille -ta** jet, gush

steallaim I splash, pour

stéig *f* **-e -eacha** steak

steirió (adj.) stereo

stiall *f* **-téille -acha** strip

stiallscannán *m* **-áin** ~ filmstrip

stíl *f* **-e -eanna** style

stíl ghruaige hairstyle

stiúir *f* **-úrach -úracha** steering apparatus

stiúraim I steer, direct

stiúrthóir *m* **-óra -í** director, steersman

stoc *m* **-oic** ~ stock; trumpet

stoca *m* ~ **-í** stocking

stócach *m* **-aigh** ~ young man

stocmhargadh *m* **-aidh -aí** stock exchange

stóinsithe staunch, sound

stóirín *m* ~ **-í** pet, darling
stoirm *f* **-e -eacha** storm
stoirmiúil stormy
stoithim I pull out, pluck
stól *m* **-óil -ta** stool
stop *m* ~ **-anna** stop, pause
stopaim I stop
stór *m* **-óir** ~ darling
stór *m* **-óir -tha** store
stórálaim I store (computers)
straeire *m* ~ **-rí** wanderer
stráice *m* ~ **-cí** strip
straidhn *f* **-e** frenzy, strain
strailleán *m* **-áin** mop
strainséir *m* **-éara -í** stranger
straitéis *f* **-e** strategy
strapa *m* ~ **-í** strap, stile (fence)
streancán *m* **-áin** ~ tune
streancánacht *f* **-a** strumming
stríoc *f* **-íce -a** streak
stríocaim I flinch
stró *m* ~ stress, delay
stróic *f* **-e -eacha** tear, rent, stroke
stróicim I tear
stroighin *f* **-ghne** cement
strus *m* **-uis** ~ stress, strain, means
stua *m* ~ **-nna** arch, vault
stuaic *f* **-e -eanna** pinnacle, spire
stuaim *f* **-e** prudence, ingenuity
stuama prudent, dignified
sú *m* ~ **-nna** juice, sap
sú chraobh raspberry
sú talún strawberry
suáilce *f* ~ **-cí** virtue
suáilceach virtuous, contented
suáilceas *m* **-cis** virtuousness
suaimhneach quiet, easy
suaimhneas *m* **-nis** rest, tranquillity
suairc pleasant, agreeable
suairceas *m* **-cis** joyousness
suaite mixed, agitated
suaitheantas *m* **-tais** ~ badge, distinguishing mark
suan *m* **-ain** rest, sleep
suanlios *m* **-leasa -anna** dormitory
suantraí *f* ~ **-aithe** lullaby
suarach trivial, mean

suarach base (adj.)
suarachas *m* **-ais** insignificance, meanness
subh *f* **-uibhe -a** jam
subhach merry
subhachas *m* **-ais** gladness, pleasure
súdaire *m* ~ **-rí** tanner
súdaireacht *f* **-a** tanning
súgach merry, tipsy
súgán *m* **-áin** ~ straw or hay rope
súgradh *m* **-gartha** playing
suí *m* ~ **-onna** sitting
súiche *m* ~ soot
súil *f* **-e súl** eye
suim *f* **-e -eanna** sum; interest
suím I sit
súim I suck
suimiúil interesting; attentive
suíochán *m* **-áin** ~ seat
suíomh *m* **-ímh** ~ position, site
suíomh gréasáin *m* website
suipéar *m* **-éir** ~ supper
suirbhéir *m* **-éara -í** surveyor
suirbhéireacht *f* **-a** survey
suirí *f* ~ courting
súiste *f* ~ **-tí** flail
suite situated
súiteach absorbent
suiteáil *f* **-ála** installation (computers)
suiteálaim I install/set up (computers)
súlach *m* **-aigh** juice, sap
sula before
sult *m* **-uilt** amusement, delight
sultmhar merry
súmhar juicy
súmálaim I zoom (computers/photography)
suntasach distinctive
súsa *m* ~ **-í** rug, blanket
svaeid *m* ~ **-eanna** suede

tT

táb m **-áib** ~ tab (computers)
tábhacht f **-a** value, importance
tábhachtach important
tábhairne m ~ **-ní** public house
tábhairneoir m **-ora -í** publican
tabhairt f **-artha** giving, bringing
tabharthach dative case
tabhartas m **-ais** ~ gift
tábla m ~ **-í** table
taca m ~ **-í** peg, prop; point in time
tacaíocht f **-a** support
tacar m **-air** ~ artificial substitute; set
tachrán m **-áin** ~ waif, orphan
tachtaim I choke
tacóid f **-óide -í** tack
tadhall m **-aill** touch, contact
tadhlaí m ~ **-aithe** tangent
tae m ~ tea
taephota m ~ **-í** teapot
tafann m **-ainn** barking
tagaim I come
tagairt f **-artha -í** reference
tagraím I refer
táibléad m **-éid** ~ tablet
taibhreamh m **-rimh** ~ dream, dreaming
taibhrím I dream
taibhse f ~ **-sí** ghost
taibhsím I appear, seem
taidhleoir m **-ora -í** diplomat
taifeadán m **-áin** ~ recorder
  (instrument)
taighde m ~ research
táille f ~ **-lí** fee
táilliúir m **-úra -í** tailor
táin f **tána -te** cattle, herd
taipéis f **-e -í** carpet; tapestry
táiplis f ~ draughts (game)
tairbhe m ~ **-bhí** benefit, advantage
tairbheach profitable
táirge m ~ **-gí** product
táirgeoir m **-ora -í** offerer; producer

tairgim I offer
táirgim I produce
tairiscint f **-ceana -í** offer, proposal
tairne f ~ **-ní** nail
tairneálaim I nail
tairngreacht f **-a -aí** prophecy
tairseach f **-sí -a** threshold
tais damp
taisce f ~ **-cí** store, deposit
taisceadán m **-áin** ~ safe
taise f ~ **-sí** relic
taiséadach m **-aigh -aí** shroud
taisme f ~ **-mí** accident
taispeáint f **-ána** showing, exhibiting
taispeánaim I show
taispeántach demonstrative
taispeántas m **-ais** ~ show, exhibition
taisteal m **-til** ~ travelling, journey
taistealaím I travel
taithí f ~ experience, practice
taithím I practise, frequent
taitneamh m **-nimh** shining; liking,
  pleasure
taitneamhach pleasing, bright
taitneamhacht f **-a** pleasantness
taitním I shine; please
tálaim I yield, secrete
talamh m **-aimh tailte** ground
talamh f **-lún tailte** ground, land
talmhaíocht f **-a** agriculture
tamall m **-aill** ~ space (time or distance)
tanaí thin
tanaím I make or grow thin
Tánaiste m ~ **-tí** deputy Taoiseach
tánaisteach secondary
taobh m **-oibh -anna** side
taobhach partial, lateral
taobhaím I side with
taobhlíne f ~ **-nte** side (line)
taoide f ~ **-dí** tide
Taoiseach m **-sigh** ~ leader of
  government, chief, head
taom m **-a -anna** fit, attack of sickness
taos m **-ois** dough
taoscaim I drain, bail out
tapa m ~ speed, alertness
  (**go tapa** quickly)

tapaím I hasten, accelerate, seize (opportunity)
tapúlacht *f* **-a** quickness
tarbh *m* **-airbh** ~ bull
tarcaisne *f* ~ **-ní** insult, scorn
tarcaisneach insulting, contemptuous
tarcaisním I insult
tarchuirim I transmit
tarchuradóir *m* **-óra -óirí** transmitter
tar éis after
tarlaím I happen, chance
tarra *m* ~ tar
tarracóir *m* **-óra -í** tractor
tarraiceán *m* **-áin** ~ drawer
tarraingím I draw, pull
tarraingt *f* **-he -í** drawing, pulling
tarraingteach attractive
tarrtháil *f* **-ála** rescue
tarrthálaim I help, save
tart *m* **-a** thirst
tásc *m* **-áisc -a** report, tidings
tasc *m* **-aisc -anna** task
táscach indicative (grammar)
tascbharra *m* ~ **-í** taskbar (computers)
tástálaim I test
tástáil *f* **-ála -álacha** test
táthaím I join, weld
te hot
té person (usually with article)
teach *m* **tí tithe** house
teach na cúirte courthouse
teach níocháin laundry
teach solais lighthouse
teach tábhairne public house
teacht *m* **-a** coming
teacht i láthair presence
teachta *m* ~ **-í** deputy
teachtaire *m* ~ **-rí** messenger
teachtaireacht *f* **-a -aí** message
teachtaireacht ríomhphoist *f* electronic mail message (computers)
téacs *m* ~ **-anna** text
téad *f* **-éide -a** rope
téagar *m* **-air** bulk, strength
téagartha strong, bulky
teagasc *m* **-aisc** ~ teaching
teagasc Críostaí Christian doctrine

teagascaim I instruct
teagascóir *m* **-óra -í** instructor
teaghlach *m* **-aigh** ~ family, household
teaghlachas *m* **-ais** household business; establishment (staff)
teagmháil *f* **-ála -álacha** meeting, touching
teagmháil nua *f* new contact (computers)
teagmhaím I meet, happen, touch
teallach *m* **-aigh** ~ hearth
téama *m* ~ **-í** theme
téamh *m* **-éimh** heating
teampall *m* **-aill** ~ church, temple
téanam come with us
teanchair *f* **-e -í** pincers
teanga *f* ~ **-cha** tongue, language
teann tense (adj.)
teannaím I tighten, make firm
teannaire *m* ~ **-rí** bicycle pump
teannta *m* ~ **-í** support, brace
teanntaím I prop, press, corner
tearc scarce
téarma *m* ~ **-í** term; limit (time)
téarmaíocht *f* **-a** terminology
tearmann *m* **-ainn** ~ sanctuary
téarnaím I convalesce, pass away
téarnamh *m* **-aimh** convalescence
teas *m* **-a** heat
teasaí hot-temperred
teaspach *m* **-aigh** heat, exuberance
teaspúil exuberant
teastaíonn (it) is needed
teastas *m* **-ais** ~ certificate
teibí abstract
teicneoir *m* **-ora -í** technician
teicneolaí *m* ~ **-aithe** technologist
teicneolaíocht *f* **-a** technology
teicneolaíocht an eolais *f* information technology
teicniúil technical
teideal *m* **-dil** ~ title, claim
teidealbharra *m* ~ **-í** title bar (computers)
teifeach *m* **-figh** ~ refugee, fugitive
teile *f* **-lí** lime (tree)
teileachumarsáid *f* **-e** telecommunications

teileafón *m* **-óin** ~ telephone
teileagraf *m* **-aif** ~ telegraph
teilgeoir *m* **-ora -í** projector
teilgean *m* **-gin** casting
teilgim I cast, fling
teilifís *f* **-e** television
teilifíseán *m* **-áin** ~ television set
téim I go
téim I warm
teimpléad *m* **-éid** ~ template (computers)
teip *f* **-e -eanna** failure
téip *f* **-e -eanna** tape
téip ghlan *f* blank tape
teipeann orm I fail
teirce *f* ~ scarcity
teirilín *m* ~ terylene
téis *f* **-e -eanna** thesis
teist *f* **-e -eanna** reputation, testimony
teistiméireacht *f* **-a -aí** certificate, reference
téitheoir *m* **-ora -í** heater
teithim I flee
teocht *f* **-a** temperature
teoiric *f* **-e -í** theory
teolaí snug
teorainn *f* **-ann -eacha** boundary, limit
teorainn luais speed limit
teoranta limited
teorantach adjoining, limiting
thar trans-, over, past
theas in the south
thiar in the west, behind
thíos below
thoir in the east
thuaidh north
thuas above
thuasluaite above-mentioned
tí *m* ~ **onna** tee (golf)
tiarna *m* ~ **-í** lord
tiarnas *m* **-ais** ~ lordship, dominion
ticéad *m* **-éid** ~ ticket
timire *m* ~ **-rí** organiser
timpeall *m* **-pill** ~ detour; around
timpeallaím I surround
timpiste *f* ~ **-tí** accident
tincéir *m* **-éara -í** tinker

tine *f* ~ **-nte** fire
tine chnámh bonfire
tine gháis gas fire
tine leictreach electric fire
tiníl *f* **-each -eacha** limekiln
tinn sick, sore
tinneas *m* **-nis** ~ sickness, ache
tinneas cinn headache
tinneas fiacaile toothache
tinteán *m* **-áin** ~ hearth
tintreach *f* **-rí** lightning
tíogar *m* **-air** ~ tiger
tíolacaim I present, convey (legal)
tiomáinim I drive
tiomáint *f* **-ána** driving
tiománaí *m* ~ **-aithe** driver
tiomantán *m* **-áin** ~ drive (computers)
tiomna *m* ~ **-í** will, testament
tionchar *m* **-air** ~ influence
tionlacaim I accompany
tionlacan *m* **-ain** ~ accompaniment
tionóisc *f* **-e -í** accident
tionól *m* **-óil** ~ assembly
tionónta *m* ~ **-í** tenant
tionscal *m* **-ail** ~ industry
tiontaím I translate, turn
tiontú *m* **-taithe -tuithe** translating, translation; turning
tíoránach *m* **-aigh** ~ tyrant
tíorántacht *f* **-a** tyranny
tíos *m* **-ís** housekeeping, domestic economy
tíosach economical
tír *f* **-e -íortha** country
tírghrá *m* ~ patriotism
tíreolaíocht *f* **-a** geography
tirim dry
titim *f* **-e** falling, I fall
tiubh thick
tiúilip *f* **-e -í** tulip
tiús *m* **-úis** thickness
tláith mild, tender
tlú *m* ~ **-nna** tongs
tnáithim I weary, exhaust
tnúth *m* **-a** longing, expecting
tobac *m* ~ tobacco
tobán *m* **-áin** ~ tub

tobann sudden
tobar *m* **-air -oibreacha** well
tochailt *f* **-e** excavation
tóchar *m* **-air** ~ causeway
tochas *m* **-ais** scratching, itch
tochasaim I scratch
tochlaím I dig
tochraisim I wind
tochras *m* **-ais** winding
tocht *m* **-a -anna** mattress;
  catch in the throat, fit of grief, joy etc.
todhchaí *f* ~ future
tofa chosen, picked
tógaim I take, build, lift
tógálach infectious, touchy
togha *m* ~ choice, best
toghaim I choose, elect
toghchán *m* **-áin** ~ election
toil *f* **-ola** will, wish
toilím I will, consent
toiliúil willing, wilful
toilteanach voluntary
tóin *f* **-óna -eanna** bottom
tóir *f* **-óra -eacha** pursuit
toirbhirt *f* **-bhearta** dedication
toirbhrím I dedicate, bestow
toireasc *m* **-risc** ~ saw
toirmeasc *m* **-misc** ~ hindering,
  prohibition
toirneach *f* **-ní -a** thunder
tóirse *m* ~ **-sí** torch
toirt *f* **-e -eanna** volume, mass
toirtís *f* **-e -í** tortoise
toirtiúil bulky
toisc *f* **-e -osca** circumstance; because
toit *f* **-e -eanna** smoke, vapour
toitín *m* ~ **-í** cigarette
tolg *m* **-oilg** ~ sofa
tolgach violent, strong
toll hollow
tollán *m* **-áin** ~ tunnel
tom *m* **toim** ~ bush, tuft
tomhailt *f* **-e** use; consumption
tomhaisim I measure, guess
tomhaltóir *m* **-óra -í** consumer
tomhas *m* **-ais** ~ measure, riddle
tonn *f* **-oinne -ta** wave

tonna *m* ~ **-í** ton
tonóir *m* **-óra** toner (printing)
tor *m* **-oir** ~ bush
toradh *m* **-aidh -rthaí** fruit, result
tóraíocht *f* **-a -aí** pursuit
torann *m* **-ainn** ~ rumble
torannach rumbling, noisy
torc *m* **-oirc** ~ wild boar
tormán *m* **-áin** ~ noise
tornapa *m* ~ **-í** turnip
tórramh *m* **-aimh** ~ wake (funeral in
  Donegal)
torthúil fruitful, fertile
tortóg *f* **-óige -a** clump; small stout
  person
tosach *m* **-aigh** ~ beginning
tosaí *m* ~ **-aithe** forward (sport)
tosaím I begin
tosaím I boot (computers)
tosaitheoir *m* **-ora -í** beginner
toscaireacht *f* **-a -aí** delegation
tost *m* **-a -anna** silence
tósta *m* ~ toast (of bread)
tostach silent, taciturn
tostaím I fall silent
trá *f* ~ **-nna** strand
trácht *m* **-a** mention; traffic
tráchtaim I describe, mention
trádáil *f* **-ála** trade
trádálaí *m* ~ **-aithe** trader
traein *f* **-enach -enacha** train
tragóid tragedy
tráidire *m* ~ **-rí** tray
tráidire fothaithe/páipéir *m* feed/paper
  tray (printing)
traigéide tragedy
tráim I ebb
tráithnín *m* ~ **-í** withered stalk of grass
trálaer *m* **-aeir** ~ trawler
tram *m* ~ **-anna** tram
tranglam *m* **-aim** ~ confusion
traochta tired out, exhausted
traonach *m* **-aigh** ~ corncrake
trasna across
trasnaím I cross
trasnán *m* **-áin** ~ crossbar
trasnú *m* **-naithe** crossing

trasrian coisithe   pedestrian crossing
trastomhas *m* **-ais** ~ diameter
tráta *m* ~ **-í** tomato
tráth *m* **-a -anna** time, occasion
tráth na gceisteanna question time
tráthnóna *m* ~ **-nta** evening
tráthúil timely, seasonable
tré- trans-, through
treabhaim I plough
treabhdóir *m* **-óra -í** ploughman
tréad *m* **-a** ~ herd, flock
tréadaí *m* ~ **-aithe** shepherd, herd
treafa ploughed, tilled
trealamh *m* **-aimh** equipment
treall *m* **-a -anna** spell, pause
tréan strong, virile, powerful
tréas *m* **-a** treason
treascairt *f* **-artha -airtí** overthrow, overthrowing
treascraím I overthrow
tréaslaím I congratulate
trédhearcach transparent
treibh *f* **-e -eanna** tribe
tréidlia *m* ~ **-nna** veterinary surgeon
tréigean *f* **-gin** forsaking
tréigim I forsake, abandon
tréigthe deserted
tréimhse *f* ~ **-sí** period of time
tréimhseachán *m* **-áin** ~ periodical
treise *f* ~ strength, victory
tréith *f* **-e** ~ quality, characteristic
tréithiúil accomplished
treo *m* ~ direction
treoir *f* **-orach -oracha** direction
treoraí *m* ~ **-aithe** guide, leader
treoraím I guide
trí *m* ~ **-íonna** three
triail *f* **-alach -alacha** trial, experiment, test
triailim I try, test
trialach experimental
triall *m* **-a -ta** journey, journeying
triallaim I journey, proceed
trian *m* **-ain -ta** third
triantán *m* **-áin** ~ triangle
tríchosach three-legged
tríd through him

trilseach plaited, in tresses
trilseán *m* **-áin** ~ tress, plait
trinse *m* ~ **-í** trench
tríocha thirty
triomadóir *m* **-óra -í** dryer
triomadóir gruaige hairdryer
triomaím I dry
Tríonóid *f* **-e** Trinity
triopallach clustering, hanging in curls
triosc *m* **-a** hogwash
triuch *m* **-treacha** whooping cough
triuf *m* ~ **-anna** club (cards)
trócaire *f* ~ mercy, pity
trodaí *m* ~ **-aithe** fighter
troid *f* **-oda -eanna** fight, fighting
troidim I fight
troigh *f* **-e -ithe** foot (measure); leg
troime *f* ~ weight, heaviness
troiscim I fast
troitheán *m* **-áin** ~ pedal
trom heavy
trom (adj.) bold (printing)
tromán *m* **-áin** ~ weight, sinker
tromlach *m* **-aigh -aí** majority
tromluí *m* ~ **-uithe** nightmare
troscadh *m* **-aidh** fast, fasting
troscán *m* **-áin** ~ furniture
trua *f* ~ pity
truafheoil -ola lean (meat)
truaillím I corrupt, defile
truailliú *m* **-ithe** pollution
truamhéalach pitiful
trucail *f* **-e -í** cart
truflais *f* **-e** rubbish, filth
trumpa *m* ~ **-í** trumpet
truslóg *f* **-óige -a** hop
tua *f* ~ **-nna** hatchet
tuáille *m* ~ **-lí** towel
tuaiplis *f* **-e -í** blunder, bungle
tuairgním I hammer, pound
tuairgnín *m* ~ **-í** beetle (flax)
tuairim *f* **-e -í** opinion
tuairimím I opine, conjecture, judge
tuairimíocht *f* **-a** conjecture
tuairisc *f* **-e -í** report, information
tuairt *f* **-e -eanna** crash, thud
tuaisceart *m* **-cirt** north

tuama *m* ~ **-í** tomb
tuar *m* **-air -tha** portent
tuarascáil *f* **-ála -álacha** report, description
tuarastal *m* **-ail** ~ salary
tuata lay
tuatach rustic, uncouth
tuath *f* **-aithe -a** country
tuathal *m* **-ail** blunder, anticlockwise
tuathalach awkward, left-handed
tubaiste *f* ~ **-tí** misfortune
tubaisteach disastrous
tugaim I give, bring
tuí *f* ~ thatch, straw
tuigim I understand
tuile *f* ~ **-lte** flood
tuilleadh *m* **-idh** more, addition
tuilleamh *m* **-limh** earning
tuillim I earn, deserve
tuillte earned, merited
tuíodóir *m* **-óra -í** thatcher
tuirlingím I descend, alight
tuirlingt *f* **-he -í** descent
tuirne *m* ~ **-ní** spinning wheel
tuirse *f* ~ fatigue
tuirsím I tire
tuirsiúil tiresome
túis *f* **-e** incense
túisce sooner, first
tuisceanach understanding (adj.)
tuiscint *f* **-ceana** understanding
tuiseal *m* **-sil** ~ case (grammar)
tuisle *m* ~ **-lí** hinge; stumble
tuislím I stumble
tuismitheoir *m* **-ora -í** parent
tulach *f* **-aí -a** mound
túlán *m* **-áin** ~ kettle
tumaim I dip, dive
túr *m* **-úir** ~ tower
tur dry
turas *m* **-ais** ~ journey
turasóir *m* **-óra -í** tourist
turcaí *m* ~ **-aithe** turkey
turnamh *m* **-aimh** fall, descent
turraing *f* **-e -í** shock, jolt
tús *m* **-úis** beginning
tútach rustic, uncouth

uU

uabhar *m* **-air** pride
uachais *f* **-e -í** earth or lair, den
uacht *f* **-a -anna** will
uachtar *m* **-air** ~ upper part; cream
uachtar reoite ice cream
uachtarach upper, superior
uachtarán *m* **-áin** ~ president
uachtaránacht *f* **-a** presidency
uachtarlann *f* **-ainne -a** creamery
uafar dreadful, horrible
uafás *m* **-áis** ~ horror
uafásach frightful
uaibhreach proud
uaigh *f* **-e -eanna** grave
uaigneach lonely
uaigneas *m* **-nis** loneliness, solitude
uaill *f* **-e -eacha** howl, wail
uaimh *f* **-e -eanna** cave
uain *f* **-e -eacha** time; weather; turn
uaine green
uaineoil *f* **-ola** lamb (meat)
uainíocht *f* **-e** alternation
uainobair *f* **-oibre** shiftwork
uair *f* **-e -eanta** hour, time
uaireadóir *m* **-óra -í** watch
uaisleacht *f* **-a** nobility
uaislím I ennoble, elevate
ualach *m* **-aigh -aí** load
uallfairt *f* **-e -í** howling, howl
uan *m* **uain** ~ lamb
uasal *m* **-ail uaisle** noble, gentleman
uascán *m* **-áin** ~ hogget
uaschamóg *f* **-óige -a** apostrophe
uatha *m* ~ singular (number)
uathcheartaigh (v.) autocorrect (computers)
uathfhormáidigh (v.) autoformat (computers)
uathoibríoch automatic
uathu from them
ubh *f* **uibhe uibheacha** egg

ubh bhruite boiled egg
ubh fhriochta fried egg
ubhchruthach oval
ucht *m* **-a -anna** breast, lap
úd *m* **-úid ~** try (rugby)
úd yon, yonder
údar *m* **-air ~** author, source
údaraím I authorise
údarás *m* **-áis ~** authority
údarásach authoritative
uile all, every
uilechumhachtach omnipotent
uillinn *f* **-e -eacha** angle, elbow
úim *f* **úma úmacha** harness
uimhir *f* **-mhreach -mhreacha** number
uimhrím I number
uimhríocht *f* **-a** arithmetic
úinéir *m* **-éara -í** owner
úinéireacht *f* **-a** ownership
úir *f* **-e** soil, ground
úire *f* **~** freshness
uireasa *f* lack, dearth
uiríseal lowly
uirlis *f* **-e -í** tool
uirstéad *m* **-éid** worsted
uisce *m* **~ -cí** water
uisce beatha whiskey
uiscebhealach *m* **-aigh -aí** waterway
uisce coisricthe holy water
uisce marbh stagnant water
uisce reatha running water
uisciúil watery
uisinn *f* **-e -í** temple (head)
Ulaidh Ulster
ulchabhán *m* **-áin ~** owl
úll *m* **úill -a** apple
ullamh prepared, ready
ullmhaím I prepare
úllmhúchán *m* **-áin ~** preparation
úllord *m* **-oird ~** orchard
úmadóir *m* **-óra -í** harnessmaker
umar *m* **-air ~** trough
umhal humble, obedient
umhlaím I submit, obey, humble
umhlaíocht *f* **-a** humility
uncail *m* **~ -í** uncle
únfairt *f* **-e** wallowing, rolling about

ungadh *m* **-gtha -gthaí** anointing, ointment
ungaim I anoint
unsa *m* **~ -í** ounce
úr fresh, new, raw
urchar *m* **-air ~** shot
urchóid *f* **-e -í** damage, malignancy
urchóideach malignant, harmful
urghabháil *f* **-ála -álacha** seizure, capturing
urghabhaim I seize (property), capture
urlabhra *f* **~** speech, utterance
urlacaim I vomit
urlacan *m* **-ain ~** vomit
urlámh *f* **-láimhe** control
urlámhas *f* **-ais** control, authority
urlár *m* **-áir ~** floor, storey
urnaí *f* **~ -aithe** praying, prayer
urraim *f* **-e** respect, honour
urraím I guarantee, secure
urraíocht *f* **-a** security, sponsorship
urramach respectful, reverend
urrús *m* **-úis** security
ursain *f* **-e -eacha** doorpost
úr novel (adj.), new, fresh
úrscéal *m* **-éil -ta** novel
úrscéalaí *m* **~ -aithe** novelist
urú *m* **-raithe -ruithe** eclipsing, eclipse (grammar)
ús *m* **úis** interest, usury
úsáid *f* **-e -í** use, utility
úsáideach useful
úsáideoir *m* **-eora -eoirí** user (computers)
úsáidim I use
úsáidte used
útamáil *f* **-ála** fumbling, searching
útamálaí *m* **~ -aithe** fumbler
úth *f* **-a -anna** udder

vaigín *m* ~ **-í** wagon
vaimpír *f* **-e -í** vampire
válsa *m* ~ **-í** waltz
vata *m* ~ **-anna** watt
veain *m* ~ **-eanna** van
vearanda *m* ~ **-í** verandah
vearnais *f* **-e -í** varnish
véarsa *m* ~ **-í** verse
veasailín *m* ~ vaseline
veidhlín *m* ~ **-í** violin
veilbhit *f* **-e** velvet
veist *f* **-e -eanna** vest
víreas *m* **-is** ~ virus
vitimín *m* ~ **-í** vitamin
volta *m* ~ **-í** volt
voltas *m* **-ais** voltage
vóta *m* ~ **-í** vote
vótáil *f* **-ála** voting
vótaíocht *f* **-a** polling
vótálaim I vote

x-ghathú *m* ~ **-thaithe -thuithe** x-ray
xileafón *m* **-óin** ~ xylophone

zó-eolaíocht *f* **-a** zoology
zú *m* ~ **-nna** zoo

Sloinnte na hÉireann
Surnames of Ireland

A

ABBOTT Abóid
ADAMS Mac Adaim
AHERN Ó hEathírn
Mac ALISTER Mac Alastair
ALLEN Ó hAilín
ANDREWS Mac Aindriú
Mac ARTHUR Mac Artúir
ASHE Ághas, Ó Luaithre
AUGHEY Mac Eachaidh
Mac AULEY Mac Amhalaí

B

BACON de Bacún
BALFE Balbh
BARNES Barún, Ó Bearáin
BARRETT Bairéid
BARRY de Barra
BATES de Báth
BEATTY Ó Biataigh
BEGGAN Ó Beagáin
BEGLEY Ó Beaglaoich
BEHAN Ó Beacháin
BENNETT Mac Beinéid
BERGIN Ó Beirgin
BERMINGHAM Mac Fheorais
BIRD Ó hÉanna
BLACK Ó Duibh
BLAKE de Bláca
BOLAN(D) Ó Beolláin
BOYD Búiteach
O BOYLAN Ó Baíolláin
O BOYLE Ó Baoill
O BRADY Ó Brádaigh
Mac BREARTY Mac Briartaigh
BREEN Ó Braoin
BRENNAN Ó Braonáin
BRESLIN Ó Breasláin
O BRICK Ó Bric
Mac BRIDE Mac Giolla Bhríde
O BRIEN Ó Briain
BRODERICK Ó Bruadair

BROPHY Ó Bróithe
BROSNAN Ó Brosnacháin
BROWNE de Brún
BUCHANAN Ó Buacháin
BUCKLEY Ó Buachalla
BURKE de Búrca
BURNS Ó Broin
BUTLER de Buitléir
BYRNE Ó Broin

C

Mac CABE Mac Cába
Mac CAFFERTY Mac Eafartaigh
Mac CAFFREY Mac Gafraidh
CAHILL Ó Cathail
CALDWELL Mac Conluain
O CALLAGHAN Ó Ceallacháin
CALLINAN Ó Callanáin
CAMPBELL Mac Cathmhaoil
Mac CANN Mac Cana
CANTWELL Cantual
CAREY Ó Ciara
CARLEY Mac Fhearaile
CARMODY Ó Cearmada
CAROLAN Ó Cearúlláin
CARR Ó Ceara
O CARROLL Ó Cearúill
CARTER Mac Artúir
Mac CARTHY Mac Cárthaigh
CARTY Ó Cárthaigh
O CASEY Ó Cathasaigh
CASHMAN Ó Cíosáin
CASSIDY Ó Caiside
CHRISTOPER Críostóir
CLAFFEY Mac Laithimh
CLANCY Mac Lannchaidh
CLARK(E) Ó Cléirigh
CLEERE de Cléir
CLERKIN Ó Cléirchín
O CLERY Ó Cléirigh
CLIFFORD Ó Clúmháin
CLINTON Cliontún
O CLOHESSY Ó Clochasaigh
Mac CLOSKEY Mac Bhloscaidh

CLUNE Mac Clúin
CLYNE Mac Giolla Chlaoin
COADY Mac Óda
COAKLEY Mac Caochlaoich
COFFEY Ó Cofaigh
COGAN de Cógan
COGHLAN Ó Cochláin
Mac   COLE Mac Comhaill
COLEMAN Ó Colmáin
COLL Mac Colla
COLLINS Ó Coileáin
O   CONCANNON
Ó Concheanainn
CONDON Condún
CONLAN Ó Conalláin
CONNAUGHTON
Ó Connachtáin
CONNEELY Mac Conaola
O   CONNELL Ó Conaill
CONNOLLY Ó Conghaile
O   CONNOR Ó Conchúir
CONROY Ó Conraoi
CONWAY Ó Conbhuí
COOGAN Ó Cuagáin
COONEY Ó Cuana
CORBOY Mac Corrbuí
Mac   CORISH Mac Fheorais
Mac   CORMACK Mac Cormaic
COSGRAVE Ó Coscraigh
COSTELLO(E) Mac Coisteala
COTTER Mac Oitir
COUGHLAN Ó Cochláin
COWAN Ó Comhain
COX Mac an Choiligh
Mac   COY Mac Aodha
COYLE Mac Fiolla Chomhaill
CREAN Ó Croidheáin
Mac   CREEVY Mac Riabhaigh
CREGAN Ó Criagáin
O   CRONIN Ó Cróinín
CROSBIE Mac an Chrosáin
CROTTY Ó Crotaigh
CROWE Mac Conchra
O   CROWLEY Ó Crualaoich
CULLEN Ó Cuilinn

CULLIGAN Ó Cuilleagáin
O   CULLINANE Ó Cuileannáin
CUNNEEN Ó Coinín
CUNNINGHAM
Mac Cuinneagáin
CURRAN(E) Ó Corráin
CURTIS de Cuirtéis
CUSACK Cíosóg

D

O   DALY Ó Dálaigh
DANAGHER Ó Danachair
DARCY, D'ARCY Ó Dorchaí
DARDIS Dairdis
Mac   DAVID Mac Daibhéid
DAVIS Dáibhis
DAVITT (Mac Daid),
Mac Daibhéid
DAY Ó Deá
O   DEA Ó Deá
DEASY Mac an Déisigh
DEIGNAN Ó Duígeannáin
DELANEY Ó Dubhshláine
DEMPSEY Ó Díomasaigh
DENNEHY Ó Duineacha
Mac   DERMOT(T) Mac Diarmada
DESMOND Ó Deasúnaigh
DEVANE Ó Dubháin
DEVEREUX Déabhrús
DEVLIN Ó Doibhilin
DILLON Diolún
O   DINNEEN Ó Duinnín
Mac   DIVER Mac Duibhír
O   DOHERTY Ó Dochartaigh
DOLAN Ó Dúláin
Mac   DONAGH Mac Donncha
Mac   DONALD Mac Dónaill
DONNEGAN Ó Dúnagáin
Mac   DONNELL Mac Dónaill
O   DONNELL Ó Dónaill
O   DONNELLY Ó Donnaile
O   DONOGHUE Ó Donnchú
O   DONOVAN Ó Donnabháin
O   DOOHAN Ó Duacháin

DORAN Ó Deoráin
O DOWD Ó Dúda
DOWDALL Dúdal
DOWLIN(G) Ó Dúllaing
DOWN(ES) Ó Dubháin
O DOYLE Ó Dúghaill, Ó Dúill
O DRISCOLL Ó Drisceoil
DRUM Ó Droma
DUFF Mac Duibh
DUFFY Ó Dufaigh
DUIGNAN Ó Duigeannáin
DUNLEVY Mac Doinnléibhe
DUNN(E) Ó Doinn
DUNPHY Ó Donnchaidh
DURKAN Mac Dhuaracáin
DWYER Ó Dubhuír, Ó Duibhir

E

EDDERY Mac an Ridire
EIVERS Ó hÍomhair
Mac ELHINNEY
Mac Giolla Chainnigh
Mac ELROY Mac Giolla Rua
ENGLISH Inglis
ENNIS Mac Aonais
Mac ENRIGHT Mac Ionnrachtaigh
Mac ENTEE Mac an tSaoi
Mac EVOY Mac Aodha Bhuí,
Mac Fhíobhuí

F

Mac FADDEN Mac Pháidín
FAGAN Fágán
O FAHERTY Ó Fathartaigh
FAHY Ó Fathaigh
FALLON Ó Fallúin
FARMER Mac Scolóige
O FARRELL Ó Fearail
FARRELLY Ó Faircheallaigh
FAULKNER Ó Fachtna
FAY Ó Féich
O FEE (FOY) Ó Fiaich
FENNESSY Ó Fionnasa

FERGUSON Mac Fearghais
FERRITER Feirtéir
FINN Ó Finn
FINNEGAN Ó Fionnagáin
FINUCANE Mac Fionmhacáin
FITZGERALD Mac Gearailt
FITZGIBBON Mac Giobúin
FITZMAURICE Mac Muiris
FITZPATRICK
Mac Giolla Phádraig
FITZSIMON(S) Mac Síomóin
O FLAHERTY Ó Flaitheartaigh
O FLANAGAN Ó Flannagáin
FLANNERY Ó Flannabhra
FLEMING Pléimeann
FLOOD Ó Maoltuile
O FLYNN Ó Floinn
O FOGARTY Ó Fógartaigh
O FOLEY Ó Foghlú
FOX Ó Sionnaigh
FOY Ó Fiaich
O FRAWLEY Ó Freaghaile
FRIEL Ó Fríl
FUREY Ó Foirréidh

G

GAFFNEY Ó Gamhna
Mac GAHERN Mag Eachráin
GALLAGHER Ó Gallchóir
GALLIGAN Ó Gealagáin
O GALVIN Ó Gealbháin
O GARA Ó Gadhra
Mac GARVEY Mac Gairbheith
GARVEY Ó Gairbhith
Mac GAVIGAN Mac Gaibheacháin
GAVIN Ó Gáibhín
Mac GEARTY Mac Oireachtaigh
O GEARY Ó Gadhra
Mac GEE Mac Aoidh
Mac GEEHAN Mac Gaoithín,
Ó Gaoithín
GEOGHEGAN Mac Eochagáin
GERAGHTY Mac Oireachtaigh
Mac GETTIGAN Mac Eiteagáin

	GIBBONS Mac Giobúin			HALTON de Haltún
	GIBNEY Ó Gibne			HANAFIN Ó hAinifín
	GILBERT Gilbeirt			HAND Mac Laithimh
	GILES Ó Glaisne			HANLEY Ó hÁinle
	GILL Mac an Ghaill		O	HANLON Ó hAnluain
Mac	GILLACUDDY			HANNA Ó hAnnaidh
	Mac Giolla Chuda			HANNIGAN Ó hAnnagáin
Mac	GILLERAN MacGiollaráin			HANNON Ó hAnnáin
Mac	GILLESPIE Mac Giolla Easpaig		O	HANRAHAN Ó hAnracháin
	GILMORE Mac Giolla Mhuire			HARDING Hairdín
	GILROY Mac Giolla Rua			HARNEY Ó hAthairne
Mac	GIMPSEY Mac Dhíomasaigh			HART Ó hAirt
Mac	GIN(I)TY Mac Fhinneachta			HARTIGAN Ó hArtagáin
	GLEESON Ó Gliasáin			HARTNETT Ó hAirtnéada
	GLENNON Mac Leannáin		O	HARTY Ó hArtaigh
Mac	GLINCHY Mac Loinsigh			HAUGHEY Ó hEachaidh
	GLYNN Mac Fhloinn			HAYES Ó hAodha
	GODFREY Mac Gothraidh			HEALY Ó hÉilí
	GOGAN (GOGGIN) Gógan			HEANEY Ó hÉanna
	GOGARTY Mac Fhógartaigh			HEERY Ó hÍorua
Mac	GONIGAL Mac Congail			HEFFERNAN Ó hIfearnáin
	GOODWIN Mac Gualraic			HEGARTY Ó hÉigeartaigh
O	GORMAN Ó Gormáin		O	HEHIR Ó hEithir, Ó hAichir
	GORMLEY Ó Garmaile			HENAGHAN Ó hÉineacháin
	GOUGH Mac Eochaidh			HENNESSY Ó hAonasa
Mac	GOVERN Mac Shamhráin		Mac	HENRY Mac Éinrí
Mac	GOWAN Mac Gabhann		O	HERLIHY Ó hIarlatha
O	GRADY Ó Gráda			HICKEY Ó hIcí
	GRAHAM Ó Gréacháin		O	HIGGINS Ó hUiginn
Mac	GRATH Mac Craith			HILL an Chnoic
	GREGORY Mac Gréagair			HINEY Ó hAidhne
Mac	GRIANA Mac Grianna		O	HOGAN Ó hÓgáin
Mac	GRIFFIN Mac Grífin			HOLMES Mac Thómais
	GRIFFITH Ó Gríofa			HONAN Ó hEoghanáin
	GUERIN Ó Géaráin			HORAN Ó hÓráin
Mac	GUILFOYLE Mac Giolla Phóil			HOUGH Ó hEochach
	GUINEY Ó Guiní		O	HOULAHAN Ó hUallacháin
Mac	GUINNESS Mac Aonasa		O	HOURIHAN(E) Ó hAnradháin
	GUNN Mac Giolla Ghunna		Mac	HUGH Mac Aodha
Mac	GURK Mac Oirc			HUGHES Ó hAodha
				HUMPHREYS Mac Unfraidh
				HUNT Ó Fiaich
				HUNTER Ó Fiachra
O	HALLORAN Ó hAllúráin			HUSSEY Ó hEosa
	HALPIN Ó hAilpín			HUTCHINSON Mac Úistín

H

HYDE de Híde
HYNES Ó hEidhin

I

Mac   ILDUFF Mac Giolla Dhuibh
Mac   ILEESE Mac Giolla Íosa
Mac   INERNEY Mac an Airchinnigh
INGOLDSBY
Mac an Ghallóglaigh
Mac   INTYRE Mac an tSaoir
IRWIN Ó hEireamhóin
Mac   IVOR Mac Íomhair

J

JACKSON Mac Siacais
JAMES Séamas
JENNINGS Mac Sheoinín
JOHNSON Mac Seáin
JONES Mac Seoin
JORDAN Mac Shiúrtáin
JOYCE Seoigh
JUDGE Mac an Bhreithiúnaigh

K

KANE Ó Catháin
KAVANAGH Caomhánach
KEANE Ó Céin, Ó Catháin
KEARNEY Ó Cearnaigh
KEATING Céitinn
KEAVENEY
Mac Géibheannaigh
O   KEEFFE Ó Caoimh
KEEGAN Mac Aogáin
KEELAN Ó Céileacháin
KEENAN Ó Cianáin
KEHOE Mac Eochaidh
O   KEILY Ó Cadhla
KELLY Ó Ceallaigh
Mac   KENNA Mac Cionnaith
O   KENNEDY Ó Cionnaith
KENNELLY Mac an Fhailí

O   KENNY Ó Cionaith
KEOGAN Mac Eochagáin
Mac   KEOGH Mac Eochaidh
KERR Mac Giolla Cheara
O   KERRIGAN Ó Ciaragáin
KIELY Ó Cadhla
Mac   KIERNAN Mac Thiarnáin
KILMARTIN
Mac Giolla Mhártain
KILBRIDE Mac Giolla Bhríde
KILLEEN Ó Cillín
KINSELLA Cinsealach
KIRBY Ó Ciarba
KIRWAN Ó Ciarubháin
KYNE Ó Cadhain

L

LACY Ó Laitheasa
Mac   LAFFERTY Mac Laifeartaigh
LALLY Ó Maolalaidh
LALOR Ó Leathlobhair
LAMBE Ó Luain
LANE Ó Laighin
LARKIN Ó Lorcáin
Mac   LAUGHLIN Mac Lochlainn
LAVERY Ó Labhraí
LAW de Lá
LAWLESS Laighléis
LEABH Ó Laocha
O   LEARY Ó Laoire
Mac   LEAVY Mac Dhoinnléibhe
O   LEE Ó Laoi
LEHANE Ó Liatháin
LEMASS Lemass
LENIHAN Ó Leannacháin
LENNON Ó Leannáin
LEONARD Ó Loinín
LIDDY Ó Lidí
LINDSAY Ó Loingsigh
LITTLE Ó Beagáin
LOFTUS Ó Lachtnáin
LOGAN Ó Leocháin
LONG Ó Longáin
LORD Ó Tiarnaigh

O LOUGHLIN Ó Lochlainn
LOWRY Ó Labhraí
LUBY Ó Lúbaigh
LYDON Ó Loideáin
LYNAM Ó Laigheanáin
LYNCH Ó Loinsigh, Ó Loingsigh
LYONS Ó Laighin

M

MACKEN Ó Maicín
O MADDEN Ó Madáin
MADIGAN Ó Madagáin
MAGEE Mag Aoidh
MAGUIRE Mag Uidhir
MAHER Ó Meachair
Mac MAHON Mac Mathúna
O MAHONY Ó Mathúna
O MALLEY Ó Máille
O MALONE Ó Maoileoin
O MALONEY Ó Maoldomhnaigh
O MANNION Ó Mainnín
Mac MANUS Mac Mánais
MARSHALL Marascal
MARTIN Ó Máirtín
MATHEWS Mac Mathúna
MEADE Miach
O MEARA (MARA) Ó Meára
MEENEY Ó Maonaigh
MELIA Ó Máille
Mac MENAMIN Mac Meanman
MERRIMAN Mac Meanman
Mac MICHAEL Mac Michil
MITCHELL Mistéil
O MOLLOY Ó Maolmhuaidh
MONTGOMERY Mac Iomaire
O MOONEY Ó Maonaigh
O MOORE Ó Móra, Ó Mórdha
O MORAN Ó Móráin
MORIARTY Ó Muireartaigh, Muircheartaigh
MORRIS Ó Muiris
MORRISSEY Ó Muireasa
MOYLAN Ó Maoileáin
MOYNIHAN Ó Muíneacháin

O MULCAHY Ó Maolchathaigh
O MULDOON Ó Maoldúin
Mac MULLAN Mac Maoláin
MULLEN Ó Maoláin
MULQUEEN Ó Maolchaoin
O MULVANNY Ó Maolmhána
MULVEY Ó Maoilmhiaigh
MURNANE Ó Murnáin
MURPHY Ó Murchú
MURRAY Ó Muirí
MURTAGH Ó Muireartaigh

N

Mac NAMARA Mac Conmara
Mac NAMEE Mac Con Midhe
NASH de Nais
Mac NAUGHTAN Mac Neachtain
NEALON Ó Nialláin
NEARY Ó Náraigh
NEESON Mac Aonasa
O NEILL Ó Néill
NELIGAN Ó Niallagáin
NEWMAN Nuaman
Mac NICHOLAS Mac Niocláis
NOLAN Ó Nualláin
NOONAN Ó Nuanáin
NORRIS Noiréis
NORTON Ó Neachtain
NUGENT Nuinseann
Mac NULTY Mac an Ultaigh

O

OLIVER Oilibhéar
ORMOND Ó Rua
OWEN(S) Ó hEoghain

P

PARKER Páircéir
PEARSE (PIERCE) Mac Piarais
PETERS Mac Pheadair
PHELAN (PHELON) Ó Faoláin

Mac	PHILLIPS Mac Philib			SCOTT Scot

Mac PHILLIPS Mac Philib
PIGOT (PIGGOTT) Piogóid
PLUNKET(T) Pluincéid
POWER de Paor
PRENDERGAST
de Priondragás
PRIOR Mac an Phríora
PURCELL (PURSELL) Puirséil

Q

Mac QUADE (QUAID) Mac Uaid
O QUIGLEY Ó Coigligh
QUINN Ó Coinn
QUIRK(E) Ó Coirc

R

RABBIT(T) Ó Coinín
O RAFFERTY Ó Raifeartaigh
O RAFTERY Ó Reachtaire
O RAHILLY Ó Raithile
Ó Raghallaigh
RAYMOND Réamann
O REARDAN Ó Ríordáin
O REDDAN Ó Roideáin
O REIDY Ó Riada
O REILLY Ó Raghallaigh
REYNOLDS Mac Ránaill,
Mac Raghnaill
RICE Rís
O RING Ó Rinn
O RIORDAN Ó Ríordáin
Mac ROARTY Mac Robhartaigh
ROBINSON Mac Roibín
ROCHE de Róiste
O ROONEY Ó Ruanaidh
O ROURKE Ó Ruairc
RUSSELL Ruiséil
O RYAN Ó Riain

S

SARSFIELD Sáirséil
SCANLAN Ó Scannláin

SCOTT Scot
O SCULLY Ó Scolaí
SEXTON Ó Seasnáin
SHAFFREY Mac Seafraigh
SHANAHAN Ó Seancháin
Mac SHANLEY Mac Seanlaoich
O SHARKEY Ó Searcaigh
Mac SHARRY Mac Searraigh
O SHAUGHNESSY
Ó Seachnasaigh
SHAW Seách
O SHEA Ó Sé
O SHEEHAN Ó Síocháin
Mac SHEEHY Mac Síthigh
SHERDAN (SHERIDAN)
Ó Sirideáin, Ó Sioradáin
O SHIEL(DS) Ó Siail
SHORT(T) Mac an Gheairr
SILK(E) Ó Síoda
SKELLY Ó Scealaí
SLATTERY Ó Slatara
SMITH Mac Gabhann
SPILLANE Ó Spealáin
STACK Stac
STAFFORD Stafort
STAPLETON Mac an Ghaill
STAUNTON Mac an Mhíle,
Standúin
STEPHENSON Mac Stiofáin
O SUGRUE Ó Siochrú
O SULLIVAN Ó Súilleabháin
Mac SWAN Mac Suain
Mac SWEENEY Mac Suibhne
SWIFT Ó Fuada

T

TAAFFE (taff) Táth
TANSEY Mac an Tánaiste
Mac TEAGUE (tague) Mac Taidh
TEAHAN Ó Téacháin
THOM(P)SON Mac Tomáis
O TIERNEY Ó Tiarnaigh
TIMMON(S) Ó Tiomáin
TOBIN Tóibín

TOOHY Ó Tuathaigh
O   TOOLE Ó Tuathail
O   TOOMEY Ó Tuama
TRAVERS Ó Treabhair
TREACY Ó Treasaigh
Mac   TULLY Mac an Tuile
TUNNEY Ó Tonnaigh
TYRRELL Tirial

V

DE VALERA de Valera
VAUGHAN Ó Macháin
DE VERE de Bhéir
VINCENT Uinseann

W

WALDRON de Bhaldraithe
WALKER Mac Siúlaí
WALL de Bhál
WALLACE Bhailis
WALSH(E) Breatnach
Breatnach
WARD Mac an Bhaird
WEIR Mac an Mhaoir
WELDON Béalatún
WHELAN Ó Faoláin
WHITE de Faoite
WILSON Mac Liam
WOGAN Ugán
WOLFE Ó Mactíre de Bhulbh
WOODS Mac Conchoille
WRIGHT Mac an tSaoir
WYSE Uidheas

Y

YEATS de Gheata
YOUNG de Siún, Ó hÓgáin

Ainmneacha Baiste na hÉireann

Christian names of Ireland

Cailíní

A

Agatha Agata
Agnes Úna
Aideen Éadaoin
Aileen Eibhlín
Aisling Aisling
Alice Ailís
Alison Alsún
Alma Alma
Angela Aingeal
Anne Áine
Annie Eithne
Attracta Athracht

B

Barbara Bairbre
Bernadette Bearnairdín
Betty Beití
Breeda (Bride) Bríd
Brenda Breanda
Brigid (Bridget) Bríd

C

Carmel Cairméal
Carol Caral
Caroline Cearúilín
Catherine Caitríona
Cecelia Síle
Christina Cristíona
Clare Clár
Cloda Clóda
Cora Córa

D

Daphne Daifne
Deirdre Deirdre
Deborah Gobnait

Dervilla Dearbháil
Diana Diána
Doreen Dóirín
Dorothy Doireann
Dymphna (Dympna) Damhnait

E

Edwina Éadaoin
Eileen Eibhlín
Eilis Éilís, Eilís
Eithne Eithne
Eleanor Eilionóir
Elizabeth Éilís, Eilís
Emer Eimear
Emily Eimíle
Esther Eistir
Eva Aoife
Eveleen Eibhlín

F

Fidelma Fedeilme
Finola Fionnuala
Fiona Fióna
Florence Bláthnaid
Frances Proinsias

G

Gabrielle Gaibriél
Geraldine Gearóidin
Gertrude (Gertie) Gráinne
Gloria Glóir
Grace Gráinne

H

Hannah Siobhán
Helen Léan, Héilean
Hilary Ealáir
Hilda Hilde

I

Imelda Imelda
Ina Aghna
Ita Íde

J

Jane Sinéad
Jean Sinéad
Jenny Sinéad
Joan Siobhán
Josephine Seosaimhín
Joy Seoighe
Julia Síle

K

Kate Cáit
Kathleen Caitlín
Kyra Ciara

L

Laura Lára
Lelia Lile
Lena Eibhlín
Lil Lil
Louise Labhaoise
Lucy Laoiseach

M

Mabel Máible
Madeline Madailín
Madge Muireann
Maeve Méabh
Marcella Mairsile
Margaret Maighréad
Maria Máire
Marion Muireann
Martha Marta
Mary Máire
Maud Máda
Maura (Moira) Máire

Maureen (May) Máirín
Miriam Miriam
Molly Máirín
Mona Muanait
Monica Moncha

N

Nan Neans
Nell Neil
Nessa Neasa
Niamh (Neeve) Niamh
Noelle Nollaig
Nora(h) Nóra
Norma Norma
Nuala Nuala

O

Olive Oilbhe
Orlaith Orlaith

P

Patricia Pádraigín
Pauline Póilín
Philomena Filimín
Phyllis Filis
Peg Peig
Peggy Peigí
Penelope Fionnuala

R

Regina Ríonach
Rita Ríte
Roisin Róisín
Rosaleen Róisín
Rose Róis
Rosie Róise
Ruth Rút

S

Sally Sorcha
Sandra Sandra
Sarah Sorcha
Sheila Síle
Stephanie Stiofáinín
Susan Siobhán
Sybil Sibéal
Sylvia Sílbhe

T

Teresa (Tessie) Treasa

U

Una Úna
Ursula Ursula

V

Vivian Béibhinn

Y

Yvonne Aoibheann

Buachaillí

A

Adam Ádhamh
Aidan (Aedan) Aodhán
Alan Ailéin
Albert Ailbhe
Andreas Aindréas
Andrew Aindriú
Angus Aonas, Aonghus
Anthony Antaine
Art Art
Arthur Artúr
Austin Áistín

B

Barry Barra
Bartley Beartlaidh, Beairtle
Ben Beircheart
Benedict Beinidict
Bernard Bearnard
Bertie Beircheart
Brendan Breandán
Brian Brian

C

Cahal Cathal
Canice Cainneach
Cecil Siseal
Charles Séarlas
Christopher Críostóir
Colin Coilín
Colm Colm, Colum
Colman Colmán
Con (Conn) Conn
Conall Conall
Conor Conchúr
Cormac Cormac
Christopher Críostóir
Cyril Coireall

D

Daniel Dónall
David Daibhéid
Davy Dáithí
Declan Déaglán
Denis Donncha
Dermot (Dermod) Diarmaid, Diarmuid
Desmond Deasún
Dominic(k) Doiminic
Donall (Donald) Dónall, Dónal
Donogh Donncha
Douglas Dúghlas, Dubhghlas
Duncan Donncha

E

Eamon Éamann
Eddie (Edmond) Éamann
Edward Éadbhard
Emmet Eiméid
Enda Éanna
Eoghan Eoghan
Eoin Eoin
Eugene Eoghan
Eunan Adhamhnán

F

Felix Feilimí
Fergal Fearghal
Fergus Fearghas
Finian Finnian
Finbar Fionnbharr
Fionan Fionnán
Fintan Fiontán
Florence (Florrie) Flaithrí
Francis Proinsias
Frank Frainc, Proinsias
Frederick Feardorcha

G

Gabriel Gaibriél
Garrett Gearóid

Gay Gaibriél
Geoffrey Séafra
George Seoirse
Gerald Gearalt
Gerard Gearóid
Godfrey Gothraidh
Gordon Gordon
Gregory Gréagóir

H

Harold Aralt
Harry Anraí
Henry Anraí
Hubert Hoibeard
Hugh Aodh

I

Ian Eoin
Ignatius Eighneachán

J

James Séamas
Jarlath Iarlaith
Jerry (Jerome) Diarmaid
Jimmy Séimí
John Seán
Joseph Seosamh

K

Keith Ceiteach
Kevin Caoimhín
Kieran Ciarán

L

Laurence Labhrás
Leslie Leaslaoi
Leo Leon
Lorcan Lorcán
Luke Lúcás

M

Mannix Mainchín
Manus Mánas
Mark Marcas
Martin Máirtín
Matt Mait, Maitiú
Matthew Maitiú
Maurice Muiris
Michael Mícheál
Myles Maolmhuire

N

Niall (Neale) Niall
Nicholas Nioclás
Noel Nollaig

O

Oisin Oisín
Oliver Oilibhéar
Oscar Oscar
Owen Eoghan

P

Paddy Páidín, Pádraig
Pascal Pascal
Pat Páid
Patrick Pádraig
Paul Pól
Peter Peadar
Phelim Féilim
Philip Pilib
Pierce Piaras

R

Raymond (Redmond) Réamann, Réamonn
Richard Risteard
Rickard Riocard
Robert Roibeard
Roddy (Roderick) Ruairí
Ronan Rónán

Rory Ruairí

S

Seamus Séamas
Shane Seán
Simon Síomón
Sidney Séanna
Stanislaus Ainéislis
Stephen Stiofán
Sylvester Sailbheastar

T

Terence Toirealach
Thomas Tomás
Tiernan Tiarnán
Tim Taidhgín
Timothy Tadhg

U

Ulick Uileag
Ultan Ultán

V

Val Vail
Valentine Vailintín
Victor Buach
Vincent Uinseann

W

Walter Ualtar
William Liam

Logainmneacha na hÉireann
Place names of Ireland

A

Abbeyfeale Mainistir na Féile
Abbeyleix Mainistir Laoise
Achill Island Oileán Acla
Antrim Aontraim (**County Antrim**
Contae Aontroma)
Aran Islands Oileáin Árann
Ardee Áth Fhirdhia
Arklow An tInbhear Mór
Armagh Ard Mhacha (**County Armagh**
Contae Ard Mhacha)
Arranmore Island Árainn Mhór
Athlone Baile Átha Luain
Athy Áth Í
Atlantic Ocean An tAigéan Atlantach

B

Ballina Béal an Átha
Ballinasloe Béal Átha na Slua
Ballybofey Bealach Féich
Ballycastle (Co Antrim) Baile an
Chaisleáin
Ballycastle (Co Mayo) Baile an Chaisil
Ballymena An Baile Meánach
Banbridge Droichead na Banna
Bangor Beannchar
Bandon Droichead na Bandan
Bann An Bhanna
Bantry Beanntraí
Barrow An Bhearbha
Belfast Béal Feirste
Belfast Lough Loch Lao
Belmullet Béal an Mhuirthead
Birr Biorra
Blackwater (Leinster) An Abhainn
Dhubh
Blackwater (Munster and Ulster)
An Abhainn Mhór
Blasket An Blascaod Mór
Boyle Mainistir na Búille
Boyne An Bhóinn
Brandon Cnoc Bréanainn
Bray Bré, Bhrí Chualainn

Buncrana Bun Cranncha
Bundoran Bun Dobhráin

C

Cahir An Chathair
Cahirciveen Cathair Saidhbhín
Cape Clear Island Oileán Chléire
Carrantuohill Corrán Tuathail
Carnsore Point Ceann an Chairn
Carlingford Lough Loch Cairlinn
Carrickfergus Carraig Fhearghasa
Carrickmacross Carraig Mhachaire Rois
Carrick-on-Shannon Cora Droma Rúisc
Carrick-on-Suir Carraig na Siúire
Carlow Ceatharlach
(**County Carlow** Contae Cheatharlach)
Cashel Caiseal
Castlebar Caisleán an Bharraigh
Castleblayney Baile na Lorgan
Castlerea An Caisleán Riabhach
Cavan An Cabhán (**County Cavan**
Contae an Chabháin)
Celtic Sea An Mhuir Cheilteach
Charleville Ráth Luirc (An Ráth)
Clare An Clár (**County Clare** Contae
an Chláir)
Clare Island Oileán Chléire
Claremorris Clár Chlainne Mhuiris
Clew Bay Cuan Má
Clifden An Clochán
Clonakilty Cloch na Coillte
Clones Cluain Eois
Clonmel Cluain Meala
Coleraine Cúil Raithin
Connacht Connacht (**Province of
Connacht** Cúige Chonnacht)
Connemara Conamara
Cookstown An Chorr Chríochach
Cork Corcaigh (**County Cork** Contae
Chorcaí)
Croagh Patrick Cruach Phádraig

D

Deel An Daoil
Derry Doire (**County Derry** Contae
  Dhoire)
Dingle An Daingean
Donegal Dún na nGall (**County
  Donegal** Contae Dhún na nGall)
Down An Dún (**County Down** Contae
  an Dúin)
Downpatrick Dún Pádraig
Drogheda Droichead Átha
Dublin Baile Átha Cliath (**County
  Dublin** Contae Bhaile Átha Cliath)
Dundalk Dún Dealgan
Dungannon Dún Geanainn
Dungarvan Dún Garbhán
Dunmanway Dún Mánmhaí
Dun Laoghaire Dún Laoghaire

E

Ennis Inis
Enniscorthy Inis Córthaidh
Enniskillen Inis Ceithleann
Erne An Éirne
Errigal Earagal
Erris Head Ceann Iorrais

F

Fair Head An Binn Mór
Feale An Fhéil
Fergus An Forghas
Fermanagh Fear Manach (**County
  Fermanagh** Contae Fhear Manach)
Fermoy Mainistir Fhear Maí
Foyle An Feabhal

G

Galley Head Ceann Dhún dTéide
Galteemore Cnoc Mór na nGaibhlte
Galway An Ghaillimh
  (**County Galway** Contae na Gaillimhe)

Gorey Guaire
Gort An Gort
Grand Canal An Chanáil Mhór

H

Hook Head Rinn Duáin
Howth Head Rinn Bhinn Éadair

I

Inishark Inis Airc
Inishbofin Inis Bó Finne
Inisheer Inis Oírr
Inishmaan Inis Meáin
Inishmore Inis Mór, Árainn
Inishturk Inis Toirc
Ireland Éire
Ireland's Eye Inis Mac Neasáin
Irish Sea Muir Éireann

K

Kanturk Ceann Toirc
Kells Ceanannas Mór
Kenmare Neidín
Kerry Ciarraí
  (**County Kerry** Contae Chiarraí)
Kildare Cill Dara
  (**County Kildare** Contae Chill Dara)
Kilkenny Cill Chainnigh (**County
  Kilkenny** Contae Chill Chainnigh)
Killarney Cill Airne
Killybegs Na Cealla Beaga
Kilkee Cill Chaoi
Kilrush Cill Rois
Kinsale Cionn tSáile
Kippure Cipiúr
Knock Cnoc Mhuire

L

Lagan Abhainn an Lagáin
Lambay Reachrainn

Laois Laois
  (**County Laois** Contae Laoise)
Larne Latharna
Lee An Laoi
Leinster Laighin
  (**Province of Leinster** Cúige Laighean)
Leitrim Liatroim
  (**County Leitrim** Contae Liatroma)
Leixlip Léim an Bhradáin
Letterkenny Leitir Ceanainn
Liffey An Life
Limerick Luimneach
  (**County Limerick** Contae Luimnigh)
Lisburn Lios na gCearrbhach
Listowel Lios Tuathail
Longford An Longfort
  (**County Longford** Contae an Longfoirt)
Loop Head Ceann Léime
Loughrea Baile Locha Riach
Lough Allen Loch Aillionn
Lough Conn Loch Con
Lough Corrib Loch Coirib
Lough Derg (Co Donegal) Loch Dearg
Lough Derg (Shannon) Loch Deirg
Lough Derravaragh Loch Dairbhreach
Lough Erne Upper/Lower Loch Éirne
  Uachtair/Íochtair
Lough Foyle Loch Feabhaill
Lough Mask Loch Measca
Lough Neagh Loch nEatach
Lough Owel Loch Uail
Lough Ramor Loch Ramhar
Lough Ree Loch Rí
Lough Sheelin Loch Síleann
Lough Swilly Loch Súilí
Louth Lú (**County Louth** Contae Lú)
Lugnaquilla Log na Coille
Lurgan An Lorgain

M

Macroom Maigh Chromtha
Maigue An Mháigh
Malin Head Ceann Mhálainne
Mallow Mala

Mayo Maigh Eo (**County Mayo** Contae
  Mhaigh Eo)
Meath An Mhí (**County Meath** Contae
  na Mí)
Midleton Mainistir na Corann
Mitchelstown Baile Mhistéala
Mizen Head Carn Uí Néid
Monaghan Muineachán (**County
  Monaghan** Contae Mhuineacháin)
Mount Leinster Stua Laighean
Mourne Mountains Beanna Boirche
Moy An Mhuaidh
Mullingar An Muileann gCearr
Munster An Mhumhain (**Province of
  Munster** Cúige Mumhan)

N

Naas Nás, Nás na Rí
Navan An Uaimh
Nenagh An tAonach
Nephin Néifinn
Newbridge An Droichead Nua
Newcastle Caisleán Nua
Newcastle West An Caisleán Nua
Newry An tIúr, Iúr Cinn trá
New Ross Ros Mhic Thriúin
Nore An Fheoir
North Channel Sruth na Maoile

O

Offaly Uíbh Fhailí (**County Offaly**
  Contae Uíbh Fhailí)
Old Head of Kinsale An Seancheann
Omagh An Ómaigh

P

Portadown Port an Dúnáin
Portlaoise Port Laoise
Portrush Port Rois
Portumna Port Omna

R

Rathlin Reachlainn
Roscommon Ros Comáin (**County Roscommon** Contae Ros Comáin)
Roscrea Ros Cré
Rosslare Ros Láir
Royal Canal An Chanáil Ríoga

S

St George's Channel Muir Bhreatan
Saltee Islands Oileáin an tSalainn
Shannon An tSionainn
Silvermine Mountains Sliabh an Airgid
Skibbereen An Sciobairín
Slaney An tSláine
Slieve Bloom Mountains Sliabh Bladhma
Slieve Donard Sliabh Dónairt
Slievenamon Sliabh na mBan
Sligo Sligeach
  (**County Sligo** Contae Shligigh)
Slyne Head Ceann Léime
Sperrin Mountains Sliabh Spéirín
Strabane An Srath Bán
Strangford Lough Loch Cuan
Suck An tSuca
Suir An tSiúir

T

Tara Teamhair
Templemore An Teampall Mór
Thurles Durlas, Durlas Éile
Tipperary Tiobraid Árann (**County Tipperary** Contae Thiobraid Árann)
Tory Island Toraigh, Oileán Thoraigh
Tralee Trá Lí
Trim Baile Átha Troim
Tuam Tuaim
Tubbercurry Tobar an Choire
Tullamore An Tulach Mhór
Twelve Bens Na Beanna Beola
Tyrone Tír Eoghain
  (**County Tyrone** Contae Thír Eoghain)

U

Ulster Ulaidh
  (**Province of Ulster** Cúige Uladh)

V

Valentia Island Dairbhre, Oileán Dairbhre
Virginia Achadh an Iúir

W

Waterford Port Láirge (**County Waterford** Contae Phort Láirge)
Westmeath An Iarmhí (**County Westmeath** Contae na hIarmhí)
Westport Cathair na Mart
Wexford Loch Garman (**County Wexford** Contae Loch Garman)
Wicklow Cill Mhantáin (**County Wicklow** Contae Chill Mhantáin)

Y

Youghal Eochaill

Logainmneacha an Domhain
Place names of the World

A

Afghanistan An Afganastáin
Africa An Afraic
Albania An Albáin
Alps Na hAlpa
Amazon An Amasóin
America Mericeá
Amsterdam Amstardam
Andes Na hAindéis
Antarctic An tAntartach
Antarctic Ocean An tAigéan Antartach
Arctic An tArtach
Arctic Ocean An tAigéan Artach
Argentina An Airgintín
Asia An Áise
Athens An Aithin
Atlantic Ocean An tAigéan Atlantach
Australasia An Astraláise
Australia An Astráil
Austria An Ostair
Azores Na hAsóir

B

Baltic Sea Muir Bhailt
Bay of Biscay Bá na Bioscáine
Belgium An Bheilg
Black Sea An Mhuir Dhubh
Brazil An Bhrasaíl
Britain An Bhreatain
Brussels An Bhruiséil
Bulgaria An Bulgáir, An Bhulgáir

C

Canada Ceanada
Canary Islands Na hOileáin
  Chanáireacha
Caribbean Sea Muir Chairib
Caspian Sea Muir Chaisp
Celtic Sea An Mhuir Cheilteach
Channel Islands Oileáin Mhuir nIocht
China An tSín
Copenhagen Cóbanhávan

Cuba Cúba
Cyprus An Chipir

D

Danube An Danóib
Denmark An Danmhairg

E

Egypt An Éigipt
England Sasana
English Channel Muir nIocht
Equator An Meánchiorcal
Ethiopia An Aetóip
Europe An Eoraip

F

Finland An Fhionlainn
France An Fhrainc

G

Geneva An Ghinéiv
Germany An Ghearmáin
Glasgow Glaschú
Greece An Ghréig
Greenland An Ghraonlainn
Gulf of Mexico Murascaill Mheicsiceo

H

Hague, The An Háig
Helsinki Heilsincí
Himalayas Na Himiléithe
Holland An Ollainn
Hungary An Ungáir

I

Iceland An Íoslainn
India An India
Indian Ocean An tAigéan Indiach

Iran An Iaráin
Iraq An Iaráic
Ireland Éire
Isle of Man Oileán Mhanann
Israel Iosrael
Italy An Iodáil

J

Japan An tSeapáin

L

Latin America Meiriceá Laidineach
Lebanon An Liobáin
Lisbon Liospóin
London Londain
Luxembourg Lucsamburg

M

Madrid Maidrid
Majorca Mallarca
Malta Málta
Mediterranean Sea An Mheánmhuir
Mexico Meicsiceo
Moscow Moscó

N

Netherlands An Ísiltír
Newfoundland Talamh an Éisc
New York Nua-Eabhrac
New Zealand An Nua-Shéalainn
Nigeria An Nigéir
Nile An Níl
North Pole An Mol Thuaidh
North Sea An Mhuir Thuaidh
Norway An Iorua

O

Oslo Osló

P

Pacific Ocean An tAigéan Ciúin
Pakistan An Phacastáin
Palestine An Phalaistín
Paris Páras
Philippines Na hOileáin Fhilipíneacha
Poland An Pholainn
Portugal An Phortaingéil

R

Red Sea An Mhuir Rua
Rhine An Réin
Romania An Rómáin
Rome An Róimh
Russia An Rúis

S

Sahara An Sahára
Scandinavia Críoch Lochlann
Scotland Albain
Sicily An tSicil
South Africa An Afraic Theas
South Pole An Mol Theas
Spain An Spáinn
Stockholm Stócólm
Sweden An tSualainn
Switzerland An Eilvéis

T

Tasmania An Tasmáin
Tokyo Tóiceo
Turkey An Tuirc

U

United Kingdom An Ríocht Aontaithe
United States of America Stáit
  Aontaithe Mheiriceá

V

Vatican City Cathair na Vatacáine
Vienna Vín

W

Wales An Bhreatain Bheag
West Indies Na hIndiacha Thiar